用友
ERP-U8 V13版
财务系统标准教程

何 平 ◎ 编著

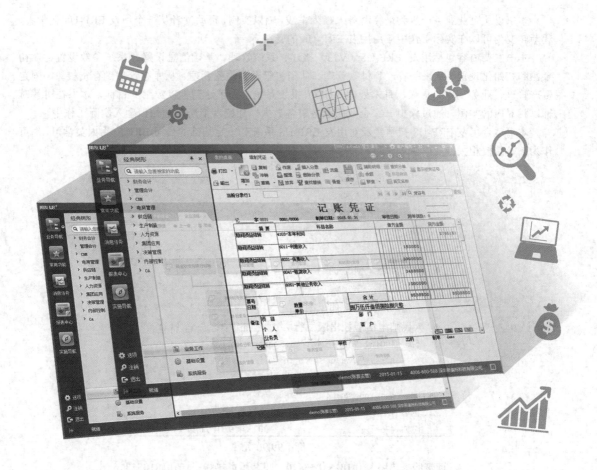

人民邮电出版社
北京

图书在版编目（CIP）数据

用友ERP-U8财务系统标准教程：V13版 / 何平 编著. -- 北京：人民邮电出版社，2023.9
ISBN 978-7-115-58936-1

Ⅰ．①用… Ⅱ．①何… Ⅲ．①企业管理－财务管理－计算机管理系统－教材 Ⅳ．①F275-39

中国版本图书馆CIP数据核字(2022)第046621号

内 容 提 要

本书以从企业业务产生到最终财务入账为主线，辅以实例，帮助读者从一个用友 ERP-U8 初学者，逐渐转变为可以在实际工作中应用用友 ERP-U8 的受益者。

本书主要内容包括用友 ERP-U8（V13）概述、系统管理、基础信息设置、系统参数设置、期初余额和初始化设置、从采购管理到付款管理、从销售管理到收款管理、从库存管理到存货核算、固定资产管理、业务制单和总账、月末处理、UFO 报表系统。为了达到学以致用的目标，本书在讲解时辅以相对应的实例，通过模拟一家企业的业务财务数据，让读者把所学的知识融入实际工作中。

本书适合用友 ERP-U8 初学者及对用友 ERP-U8 系统有一定基础的公司 ERP 应用人员学习，也可作为高等院校相关专业学生的学习用书。

◆ 编　著　何　平
　责任编辑　李永涛
　责任印制　王　郁　胡　南

◆ 人民邮电出版社出版发行　北京市丰台区成寿寺路 11 号
　邮编　100164　电子邮件　315@ptpress.com.cn
　网址　https://www.ptpress.com.cn
　涿州市般润文化传播有限公司印刷

◆ 开本：787×1092　1/16
　印张：18.25　　　　　　　　　　2023 年 9 月第 1 版
　字数：475 千字　　　　　　　　　2023 年 9 月河北第 1 次印刷

定价：99.90 元

读者服务热线：(010)81055410　印装质量热线：(010)81055316
反盗版热线：(010)81055315
广告经营许可证：京东市监广登字 20170147 号

前　言

用友 ERP-U8 是用友公司开发的一套成熟的 ERP 产品，其功能包括财务管理、供应链管理、生产制造管理和人力资源管理等，是可供企业选择的主流 ERP 产品之一。

本书编著者有 20 多年的用友 ERP 行业工作经验，是用友公司认证的用友 ERP-U8 高级咨询顾问，从事过用友软件的销售、实施培训、技术服务、企业管理咨询等工作。

本书编著者有多年的用友 ERP-U8 图书编写经验，经过多年应用用友 ERP-U8 系统的实践，总结了企业在应用用友 ERP-U8 系统时的常用功能、容易出错的设置、业务逆向处理、重点提示、注意事项等。

本书的主要特点如下。

- 避免大而全的"撒胡椒面"式的讲解，着重介绍企业财务核算中的常用功能。
- 抓重点、难点、常用点。对于常用功能，不仅讲解了该功能的使用，还详细分析了该功能背后存在的企业业务需求，期望读者不仅能学会用友 ERP-U8 软件的操作，还能学习到与之相关的财务知识和企业管理知识。
- 使用用友 ERP-U8 的 V13 版本进行讲解，更好地与企业实际应用相匹配。
- 书中各讲解环节，搭配相匹配的模拟账套实例数据截图演示，最终完成一家企业的完整账套数据，制作出财务报表。

本书适合想通过学习用友 ERP-U8 进一步提升自身知识并期望在企业中有进一步发展的自学者学习，也适合所在企业现在需要实施 ERP，或者已经购买用友 ERP-U8 软件，但不知道如何操作软件的读者学习。本书还可以作为高等院校财务和企业经营管理专业的配套教材。

参与本书编写的还有何亮、张芳威、龚解园、陈静等，由于编者水平有限，书中难免存在不足，殷切希望读者批评指正。本书责任编辑联系邮箱：liyongtao@ptpress.com.cn。

何平
2023 年 5 月

用友 U8+云演示平台使用说明

用友 U8+云演示平台是北京霆智科技有限公司推出的针对用友 U8+产品的云端服务，具有无须安装用友 U8+客户端、免维护、更安全等特点，是 U8+管理软件上云的专属配套解决方案。

U8+云演示平台提供了已建好的 001、003、009 账套供读者练习使用。

U8+云演示平台不开放"系统管理"功能，如需练习此功能，可以参考书中内容自行安装用友软件。

1. U8+13.0 云演示平台账号申请流程

扫描二维码进行注册，用户名为手机号码，密码默认为手机号码的后 6 位，请注意查收邮件中的相关信息。

如二维码变化无法注册，请登录 http://www.tzfse.com.cn/page121 页面查询最新的二维码。

2. 下载并设置接入端

（1）登录 http://www.tzfse.com.cn/page121 页面下载接入端，然后双击下载的文件进行安装。

（2）打开接入端，单击"虚拟应用"→"集群"→"新增集群"，如图 1 所示。

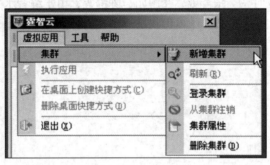

图 1

（3）在弹出的窗口中（见图 2）输入集群名称"U8"、集成主机"222.128.67.107"、集群端口"6320"、用户名（手机号）和密码（手机号后 6 位）等集群信息。

（4）单击"确定"按钮登录，登录集群后右击集群名称，可以利用弹出的菜单修改密码，如图 3 所示。

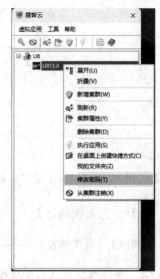

图 2　　　　　　　　　　　　图 3

3. 进入用友 U8+

双击 U8+ 图标，弹出图 4 所示窗口，保持默认设置，输入密码"DEMO"并选择相应的账套，即可进行操作。

- 001 账套，登录日期为 2016 年 1 月任一时间，在此账套中可以参考本书内容建立基础档案、录入期初余额、进行业务处理工作。
- 003 账套，登录日期为 2021 年 7 月任一时间，此账套已建好基础档案和期初余额，可参考本书内容进行业务处理工作。
- 999 账套，登录日期为 2015 年 1 月任一时间，此账套已建好基础档案、期初余额和业务单据，读者可以学习参考。

图 4

提示　如果使用中遇到技术问题或提相关意见，请添加服务微信：t6865198 或致电：010-59699927。

目　录

第1章　用友 ERP-U8（V13）概述 ... 1
1.1　会计信息系统的定义 ... 1
1.2　会计信息系统的发展 ... 1
1.2.1　会计信息系统的发展过程 ... 1
1.2.2　会计信息系统的发展趋势 ... 1
1.3　用友 ERP-U8（V13）简介 ... 2
1.4　用友 ERP-U8 财务会计数据流程 ... 3
1.5　安装用友 ERP-U8 软件 ... 5
1.5.1　安装 SQL 数据库 ... 6
1.5.2　安装用友 U8 ... 11
1.6　系统管理注册和导入演示账套 ... 15
1.6.1　系统管理注册 ... 15
1.6.2　引入账套 ... 17

第2章　系统管理 ... 20
2.1　注册 ... 20
2.2　用户（操作员）和角色 ... 22
2.3　建立新账套 ... 25
2.4　用户和角色的权限设置 ... 32
2.5　账套备份 ... 33
2.5.1　手工备份 ... 34
2.5.2　自动备份 ... 35
2.5.3　账套引入 ... 37
2.6　系统管理的其他功能 ... 37
2.6.1　安全策略 ... 37
2.6.2　视图 ... 39
2.6.3　升级 SQL Server 数据 ... 41

第3章　基础信息设置 ... 42
3.1　基本信息 ... 42
3.2　基础档案 ... 43
3.2.1　机构人员设置 ... 43
3.2.2　客商信息 ... 47
3.2.3　存货设置 ... 52
3.2.4　财务 ... 57
3.2.5　收付结算 ... 68
3.2.6　业务信息 ... 70
3.3　单据设置 ... 73
3.3.1　单据格式设置 ... 73
3.3.2　单据编号设置 ... 74
3.3.3　单据打印控制 ... 75
3.4　档案编码设置 ... 76

第4章　系统参数设置 ... 77
4.1　总账系统业务参数设置 ... 77

4.2 应收款管理系统业务参数设置 ………… 81

4.3 应付款管理系统业务参数设置 ………… 87

4.4 固定资产管理系统业务参数设置 ………… 93

4.5 存货核算系统参数设置 ………… 98

4.6 销售管理系统业务参数设置 ………… 101

4.7 采购管理系统业务参数设置 ………… 105

4.8 库存管理系统业务参数设置 ………… 106

第 5 章 期初余额和初始化设置 ………… 109

5.1 采购管理系统期初 ………… 109

5.2 销售管理系统期初 ………… 111

5.3 库存管理系统期初 ………… 111

5.4 存货核算系统初始化设置 ………… 112

 5.4.1 科目设置 ………… 112

 5.4.2 期初余额设置 ………… 115

5.5 应收款管理系统初始化设置 ………… 117

 5.5.1 初始设置 ………… 117

 5.5.2 摘要设置 ………… 121

 5.5.3 科目自定义项对照表 ………… 122

 5.5.4 期初余额设置 ………… 122

5.6 应付款管理系统初始化设置 ………… 126

 5.6.1 初始设置 ………… 126

 5.6.2 摘要设置 ………… 129

 5.6.3 科目自定义项对照表 ………… 130

 5.6.4 期初余额设置 ………… 130

5.7 固定资产管理系统初始化设置 ………… 131

 5.7.1 部门对应折旧科目设置 ………… 131

 5.7.2 资产类别设置 ………… 131

 5.7.3 资产组设置 ………… 132

 5.7.4 增减方式设置 ………… 133

 5.7.5 使用状况设置 ………… 133

 5.7.6 折旧方法设置 ………… 134

 5.7.7 卡片项目设置 ………… 135

 5.7.8 卡片样式设置 ………… 135

 5.7.9 原始卡片录入 ………… 136

 5.7.10 卡片管理 ………… 139

5.8 总账系统初始化设置 ………… 140

第 6 章 从采购管理到付款管理 ………… 144

6.1 请购业务 ………… 144

6.2 采购订货 ………… 146

6.3 采购到货 ………… 147

6.4 采购入库 ………… 149

6.5 采购发票 ………… 151

 6.5.1 专用采购发票 ………… 151

 6.5.2 运费发票 ………… 153

 6.5.3 红字发票 ………… 154

6.6 采购结算 ………… 154

 6.6.1 自动结算 ………… 154

 6.6.2 手工结算 ………… 155

6.7 应付处理 ………… 157

6.8 付款申请 ………… 158

6.9 付款单据处理 ………… 159

6.10 付款核销 161
6.11 常用报表查询 163
 6.11.1 单据联查 163
 6.11.2 采购业务执行查询 164
 6.11.3 采购报表 165
 6.11.4 应付账龄分析与付款账龄
   分析 166
 6.11.5 对账单 166

第 7 章 从销售管理到收款管理 168

7.1 销售订货 168
7.2 销售发货 171
7.3 发货签回 172
7.4 销售开票 173
 7.4.1 销售发票 173
 7.4.2 红字发票 175
7.5 销售支出 176
7.6 应收款确认和欠款分析 176
7.7 收款处理 178
 7.7.1 选择收款 178
 7.7.2 收款单 179
7.8 收款核销 180
7.9 销售账表 182
 7.9.1 订单执行统计表 182
 7.9.2 销售综合统计表 182
 7.9.3 应收明细账 183

第 8 章 从库存管理到存货核算 184

8.1 入库业务 184

8.1.1 采购入库单 184
8.1.2 其他入库单 186
8.2 出库业务 186
 8.2.1 销售出库单 186
 8.2.2 其他出库单 188
8.3 调拨业务 188
8.4 盘点 189
8.5 成本记账 191
 8.5.1 暂估成本录入 191
 8.5.2 结算成本处理 192
 8.5.3 特殊单据记账 193
 8.5.4 正常单据记账 194
 8.5.5 发出商品记账 195
8.6 恢复记账 195
8.7 期末处理 196
8.8 账表 197
 8.8.1 现存量查询 197
 8.8.2 收发存汇总表 197
 8.8.3 库龄分析 198

第 9 章 固定资产管理 200

9.1 概述 200
9.2 固定资产卡片管理 200
 9.2.1 资产增加 200
 9.2.2 资产变动 202
 9.2.3 批量变动 202
 9.2.4 资产评估 203

9.2.5 资产减少 204
9.2.6 资产盘点 204
9.3 固定资产处理 205
9.3.1 工作量输入 205
9.3.2 计提本月折旧 206
9.3.3 折旧清单 206
9.3.4 折旧分配表 207
9.4 固定资产账表查询 207

第 10 章 业务制单和总账 209

10.1 应收款管理系统制单处理 209
10.2 应付款管理系统制单处理 212
10.3 固定资产批量制单 214
10.4 存货核算制单 216
10.5 总账凭证处理 220
10.5.1 新增凭证 220
10.5.2 查看凭证来源 224
10.5.3 生成常用凭证 225
10.5.4 草稿凭证的处理 227
10.5.5 凭证修改 227
10.5.6 冲销凭证 228
10.5.7 删除凭证 228
10.6 出纳签字 229
10.7 凭证审核 231
10.8 凭证打印 232
10.9 凭证记账 233
10.9.1 记账 234

10.9.2 恢复记账前状态 235
10.9.3 汇总表 236
10.10 出纳管理 237
10.10.1 出纳账查询 237
10.10.2 银行对账 238
10.11 现金流量表 243
10.12 账表查询 244
10.12.1 科目账查询 244
10.12.2 部门辅助账 246

第 11 章 月末处理 247

11.1 采购月末结账 247
11.2 应付款管理系统期末处理 248
11.3 销售月末结账 249
11.4 应收款管理系统期末处理 250
11.5 库存管理月末结账 250
11.6 存货核算月末结账 252
11.6.1 期末处理 252
11.6.2 月末结账 252
11.7 固定资产月末处理 253
11.7.1 对账 253
11.7.2 月末结账 254
11.8 总账月末处理 255
11.8.1 转账 255
11.8.2 对账 257
11.8.3 结账 258

第 12 章　UFO 报表系统 ……………… 260

12.1　概述 …………………………… 260
12.2　设计报表 ……………………… 260
12.2.1　打开 UFO 报表 …………… 260
12.2.2　调整表尺寸和线条 ……… 262
12.2.3　单元格属性 ……………… 263
12.2.4　组合单元 ………………… 264
12.2.5　关键字设置 ……………… 265
12.3　编辑报表公式及数据处理 …… 267
12.3.1　定义单元公式 …………… 267
12.3.2　保存报表格式 …………… 270
12.3.3　报表数据处理 …………… 271
12.4　报表管理 ……………………… 274
12.4.1　表页排序 ………………… 274
12.4.2　表页查找 ………………… 274
12.4.3　表页透视 ………………… 275
12.4.4　显示比例和显示风格 …… 276
12.4.5　设置打印分页 …………… 276
12.5　图表功能 ……………………… 277
12.6　报表模板 ……………………… 279
12.6.1　调用报表模板 …………… 279
12.6.2　自定义模板 ……………… 282

第1章 用友 ERP-U8（V13）概述

> **本章重点**
> - 会计信息系统基础知识
> - 用友 ERP-U8 财务软件功能介绍和数据流程
> - 用友 ERP-U8 安装方法
> - 导入用友 ERP-U8 演示账套

1.1 会计信息系统的定义

会计信息系统（Accounting Information System）是指利用信息技术，对会计信息进行采集、存储、处理及传送，完成会计核算、监督、管理和辅助决策任务的信息系统。

会计信息系统的主要目标是向企业内、外部（包括企业内部各个部门，企业外部的工商、税务等政府机构，以及相关的客户、供应商等）的管理者提供需要的会计信息以及对会计信息有重要影响的非会计信息（如企业创新能力、市场占有率等表现企业独创性、前瞻性和影响力等方面的指标）。

1.2 会计信息系统的发展

1.2.1 会计信息系统的发展过程

会计信息系统是社会经济、科学技术发展的产物。会计信息系统的发展一览表如表 1-1 所示。

表 1-1　　　　　　　　　　会计信息系统发展一览表

应用层级	岗位级→部门级→企业级→供应链级→多组织集团应用
业务处理	单项业务→全面核算→会计管理→面向决策→财务共享中心
操作系统	DOS→Windows→跨平台（适应于不同操作系统应用）
网络技术	F/S→C/S（应用端需安装系统）→B/S（浏览器应用）→云应用（云服务器）
数据库	文件系统→小型数据库→大型数据库

1.2.2 会计信息系统的发展趋势

随着互联网的迅速发展，包括财务管理、生产管理、人力资源管理、供应链管理、客户关系管理和电子商务应用在内的完整的企业管理信息系统将会得到全面发展。供应链管理（SCM）系统得到的重视将逐渐超过财务系统；以提高客户满意度、快速扩张市场份额为目标的客户关系管理（CRM）系统将成为热点；企业资源计划 ERP（Enterprise Resource Planning）系统将得到广泛应用。财务专项管理向全面企业管理的转变，将实现对企业物流、资金流和信息流一体化、集成化的管理。

虽然企业的规模和类型不同，发展也会不平衡，但主要都是向着集成化、网络化和智能化方向发展。

（1）集成化。做好财务管理工作，不仅需要财会数据，还必须有供、产、销、劳资、物资和设备等多方面的经济业务信息。因此，不仅要有会计核算系统，还必须建立以财务管理为核心的企业全面管理信息系统（财务是企业业务的反映和监督，业务最终都将传到财务系统中进行记录和处理），同时还要建立决策支持系统等。集成化不仅体现在内部集成，将具有多种不同功能的系统，通过系统集成技术组合在一起，形成一个综合化与集成化统一的信息系统，从而实现互相衔接、数据共享；而且还体现在与其他的第三方系统的集成上，如与银行系统的对接，实现银企业务互联；与税务系统的对接，实现纳税申报、电子发票处理；与 OA（如钉钉、企业微信）对接，实现费用报销处理等。

（2）网络化。局域网的广泛应用实现了会计数据处理的并发操作、统一管理和数据共享。随着互联网技术的发展，财务人员的工作方式也发生了巨大的变化。网络化体现在实现互联网的在线办公，互联网的计算机就是财务人员的工作台，大部分工作均在互联网的计算机上完成；实现移动办公，无论何时何地，只要将计算机连接到互联网上，就可以向公司发送订单，查看上级的工作安排，了解市场行情；实现远程传输和查询，远程查账、远程报账和远程审计变得随手可得。更是在多组织集团型企业中，由集团成立财务共享中心来统一处理各分（子）公司的财务工作，从而取消或减少分（子）公司的财务职能人员数量。

（3）智能化。随着市场经济的发展，影响企事业单位生产经营活动的因素越来越复杂，预测、决策、控制、分析和管理的难度越来越大，除了要加大数据的采集和运用，不断提高对数据的处理、分析和判断的能力外，还要逐步实现信息系统的智能化。利用人工智能研究的新成果，采集专家的经验和智慧，归类存入计算机。在预测与决策过程中，当决策目标确定以后，利用专家系统中的专家经验和智慧，进行辅助决策，将极大地提高决策的可靠性。

1.3 用友 ERP-U8（V13）简介

用友 ERP-U8 是用友 ERP 产品中面向单组织企业的一款经典 ERP 系统，也是用友公司的主打产品。用友 ERP-U8（V13）（后文简称为用友 U8）是用友在收集众多用户反馈的基础上不断开发、打磨、优化完善的一套 ERP 系统，其中包含财务会计、管理会计、供应链、生产制造、人力资源、集团应用等内容，是用友公司推出不久的用友 U8 版本，其主界面如图 1-1 所示。

用友 U8 支持使用的系统为 Windows 操作系统，其使用的架构为 C/S 架构。

用友 U8 后台使用的数据库为 SQL。

用友 U8 支持简体中文、繁体中文、英文 3 种语言。

本书介绍的内容包括用友 U8 财务会计中的总账、应收款管理、应付款管理、固定资产管理、UFO 报表；供应链中的采购管理、库存管理、销售管理、存货核算。

图 1-1

1.4 用友 ERP-U8 财务会计数据流程

用友 U8 中的功能是分模块使用的，企业可根据自身的需要，启用所需要的功能模块。

> **注** 如果财务人员要使用用友 U8，则总账、UFO 报表是必须启用的，固定资产管理就看企业的固定资产业务是不是比较多，如果比较多，建议也启用；如果是商业企业，则财务数据来自于业务（采购、库存、销售），所以一般财务部门与业务部门（采购部、仓库部、销售部）配合使用用友 U8 系统，因此也会启用采购管理、库存管理、销售管理、应收款管理、应付款管理、存货核算系统，本书就是以一个商业企业的业务做讲解；如果是生产型企业，则可能还会与生产有关的部门配合使用用友 U8 系统，比如启用物料清单（BOM）、需求规划（MRP）、生产订单管理、委外管理等，但这一部分不在本书的讲解范围之内。

用友 U8 财务会计数据流程如图 1-2 所示。

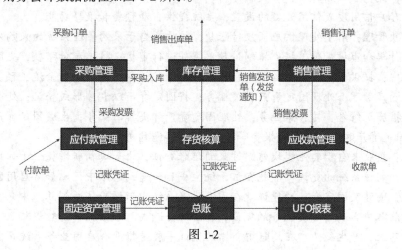

图 1-2

（1）**业务部分**：主要使用用友 U8 中的采购管理、库存管理、销售管理。

- **采购管理**：对采购业务的全部流程进行管理，提供包括请购、订货、到货（退货）、开票和采购结算等管理；提供比价生单（同一种原材料，不同供货商的供货价格不同，系统可优先选择最低价而生成相应的采购订单）功能，用户可根据实际情况进行采购流程的定制；提供采购订单的到货期提前预警功能和供货商价格对比分析等报表。提供供应商档案管理、供应商价格管理、供应商供货成本分析、采购报表统计、采购分析、采购预警、采购报警（预警和报警主要是针对下了采购订单到期后尚未到货或未完全到货的单据，系统自动进行预警和报警）等功能。

- **库存管理**：处理由采购部门传递过来的采购到货业务，如果检验过关，则执行采购入库业务，如果检验不过关，则退货；处理销售部门传过来的销售发货通知，经确认生成销售出库；处理生产车间材料领用、半成品、产成品入库、调拨、盘点等工作，查询各种库存账表（如库存台账、出入库流水账、收发存汇总表等），提供最高库存、最低库存、安全库存报警等功能；提供齐套领料（针对生产订单订料）、限额领料、组装拆卸业务、最高最低库存控制、呆滞料报警、再订货点自动生成采购计划等功能。

- **销售管理**：对销售业务的全部流程进行管理，提供包括销售报价、销售订单、销售发货（退货）、销售开票和销售分析的完整销售流程管理；提供信用管控、最低售价控制、交货期预警等功能；提供客户档案资料的全线管理、客户价格维护资料的管理，以及各种销售报表统计和销售分析、销售预警、销售报警（预警和报警主要是针对销售订单到期却尚未发货或未完全发货的单据，系统自动对其进行预警和报警）等功能。

（2）**财务业务**：主要使用用友 U8 中的存货核算、应收款管理、应付款管理、固定资产管理、总账和 UFO 报表。

- **存货核算**：主要由企业的材料成本会计使用，用于处理存货成本的核算业务，接收来自于库存管理系统的各种出入库单据，根据预先定义好的成本借转方式（如先进先出、后进先出、移动平均等）自动借转出库成本；处理暂估成本业务；处理销售成本业务；最后生成记账凭证传递到总账中。

- **应收款管理**：用于处理客户应收账款，接收来自于销售管理系统的销售发票信息、录入应收单和审核应收单据；填制收款单，审核收款单；核销应收账款，生成凭证传递到总账中；提供应收账龄分析、欠款分析、回款分析等统计分析；提供资金流入预测功能；根据客户信用度或信用天数的设置，系统提供自动预警和报警功能。

- **应付款管理**：用于处理供应商应付账款，接收来自于采购管理系统的采购发票信息、录入应付单和审核应付单据；填制付款单据并进行审核；核销应付账款，生成凭证传递到总账中；提供应付款的账龄分析、欠款分析等统计分析；提供资金流出预算功能。

- **固定资产管理**：处理固定资产相关业务；将固定资产以卡片形式登记；处理固定资产新增、报废、维修、转移等业务；处理固定资产计提折旧业务；生成固定资产的相关凭证（如固定资产购进、折旧和报费等），并将其传递到总账管理中。

- **总账**：接收来自于其他模块传递过来的记账凭证，比如填制新增凭证（如果其他系统有启用，则该系统的凭证一般就在该系统生成后传递到总账中，比如有启用固定资产管理系统，则涉及固定资产的凭证就在固定资产系统中新增后传递到总账中来，因此最好不要在总账中再新增该类业务的凭证，否则就会造成总账系统中的数据与业务系统中的数据对不上，产生疑义。在总账中新增的凭证一般是指没有启用业务系统而需要在总账系统中直接增加的凭证，比如费用报销凭证、工资发放凭证、月末转账凭证等）、生成财务报表、进行月底结转等工作。
- UFO 报表：提供资产负债表、损益表等报表模版，也可以从各功能模块中取数而生成自定义报表。

1.5 安装用友 ERP-U8 软件

使用用友 U8 系统的网络拓扑图如图 1-3 所示。

（1）在局域网环境下，如果有多台计算机都要使用用友软件，则需要指定一台计算机作为主机（服务器），其他计算机作为客户端。主机兼有计算、保存数据和响应客户端请求等功能，因此配置要求更高。在服务器上安装 SQL Server 数据库和用友 U8 的服务器程序，在客户端上安装用友 U8 的应用客户端程序。

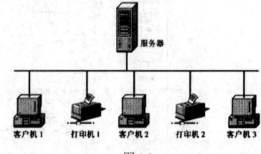

（2）如果单机使用用友 U8，则该计算机既做服务器又做客户端，需要在该计算机上安装 SQL Server 数据库，还要安装用友系统的服务器程序和客户端程序。

图 1-3

本书讲解如何在读者的个人计算机上安装用友 U8，计算机上的操作系统不能使用家庭版操作系统，需使用 Windows 7 及以上的操作系统，最好使用 Windows Server 或 Windows 企业版/专业版/旗舰版。建议使用 SQL Server 2008 及以上的数据库。最好是双核 CPU，内存 4GB（最好在 4GB 以上），硬盘剩余空间有 200GB 以上就可以。

注　计算机名称不要使用特殊字符，比如"-"".."等字符。从计算机系统的"控制面板"中选择"更改显示语言"，在"区域和语言"设置窗口中，将"日期和时间格式"的短日期格式改为"yyyy-MM-dd"，如图 1-4 所示。

图 1-4

1.5.1 安装 SQL 数据库

用友 U8 使用的后台数据库是 Microsoft 公司开发的 SQL Server。下面介绍 SQL Server 2008 的安装方法，安装用友 U8 之前需要先安装 SQL Server 数据库。

（1）打开 SQL Server 2008 安装程序文件夹，找到"setup"安装程序，如图 1-5 所示。

图 1-5

（2）双击"setup"安装程序图标，系统进入 SQL Server 2008 安装程序，提示"SQL Server 2008 R2 安装程序要求安装 Microsoft .NET Framework 和更新的 Windows Installer"，单击"确定"按钮，如图 1-6 所示。

（3）此时系统会自动安装 Microsoft .NET Framework，然后系统进入"SQL Server 安装中心"窗口，如图 1-7 所示，选择"SQL Server 安装中心"窗口左侧的"安装"项，然后选择右侧的"全新安装或向现有安装添加功能"命令进行安装。

图 1-6

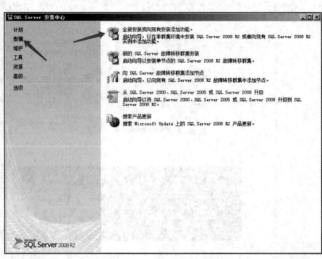

图 1-7

(4)安装进入要求录入产品密钥的窗口,如图1-8所示,录入密钥后单击"下一步"按钮。

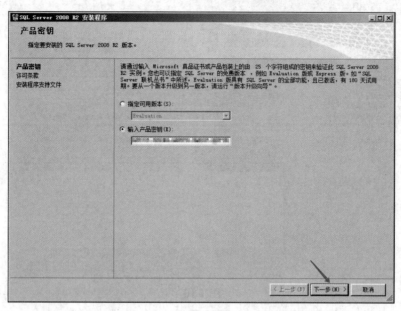

图1-8

(5)系统进入"功能选择"窗口,如图1-9所示,单击"全选"按钮后再单击"下一步"按钮。

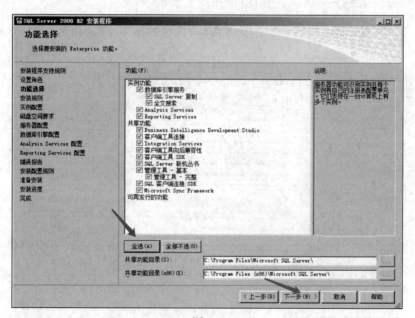

图1-9

(6)系统进入"实例配置"窗口,如图1-10所示,选择"默认实例"项,然后单击"下一步"按钮继续安装。

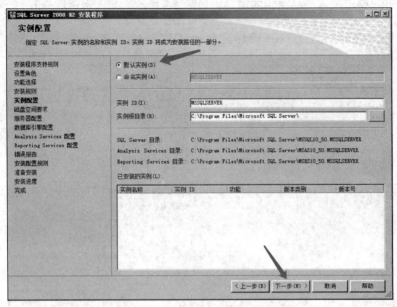

图 1-10

（7）系统进入"服务器配置"窗口，如图 1-11 所示，单击"对所有 SQL Server 服务使用相同的账户"按钮，系统提示选择账户名，单击下拉选择按钮，选择一个账户名，单击"确定"按钮，然后返回"服务器配置"窗口，单击"下一步"按钮。

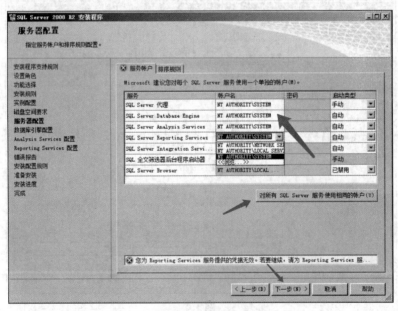

图 1-11

（8）系统进入"数据库引擎配置"窗口，如图 1-12 所示，在"账户设置"页中的"身份验证模式"中勾选"混合模式（SQL Server 身份验证和 Windows 身份验证）"项，录入内置的 SQL Server 系统管理员账户密码，并牢记密码（组合使用大小写英文与数字的密码才能生效），因为该密码会在用友 U8 软件安装后使用。单击"添加当前用户"按钮,系统将当前进入 Windows 系统的用户添加为 SQL Server 管理员,然后单击"下一步"按钮。

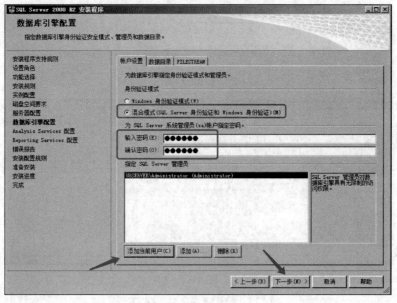

图 1-12

(9)此时系统要求进行 Analysis Services 配置,如图 1-13 所示,在"账户设置"页中,单击"添加当前用户"按钮为用户指定 Analysis Services 管理权限,然后单击"下一步"按钮。

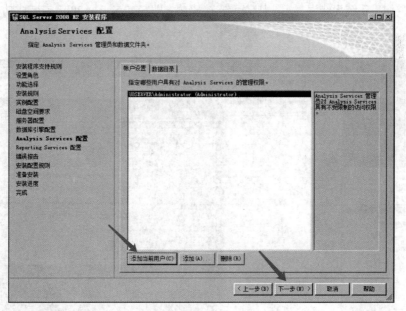

图 1-13

(10)接下来,系统要求指定 Reporting Services 配置模式,如图 1-14 所示,勾选"安装本机模式默认配置"项,然后单击"下一步"继续完成 SQL Server 安装。

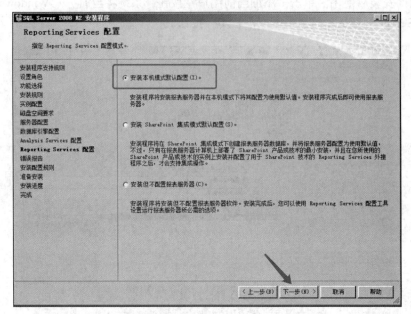

图 1-14

（11）SQL Server 安装完成之后，选择"开始\所有程序和文件\Microsoft SQL Server 2008 R2\SQL Server Management Studio"命令，系统打开"Microsoft SQL Server Management Studio"窗口，并提示连接到服务器配置，如图 1-15 所示，服务器类型、服务器名称、身份验证和用户名都使用系统默认，密码就是在安装 SQL Server 2008 时输入的密码（请参阅本章中的图 1-12），然后单击"连接"按钮，如果系统无错误提示，则表示连接成功，即 SQL Server 2008 安装成功，最终效果如图 1-16 所示。

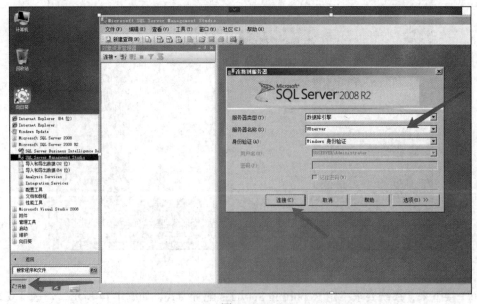

图 1-15

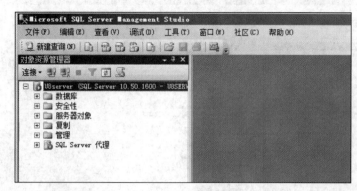

图 1-16

1.5.2 安装用友 U8

安装用友 U8 时，操作系统一定要安装 IIS 组件，方法是从"控制面板"的"程序"中选择"打开或关闭 Windows 功能"，然后在"服务器管理器"窗口中选择"功能"命令，再单击"添加功能"按钮，如图 1-17 所示。

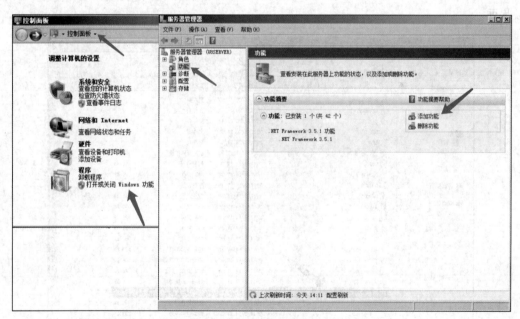

图 1-17

系统打开"添加功能向导"窗口，如图 1-18 所示，勾选"WinRM IIS 扩展"项，单击"下一步"按钮对所有 IIS 选项进行安装。

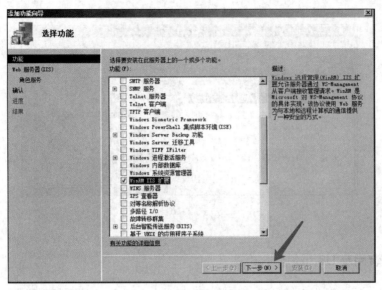

图 1-18

接下来介绍安装用友 U8（V13）系统的流程。

(1) 打开用友 U8（V13）安装程序文件夹，双击"setup"文件，如图 1-19 所示，系统进入安装界面。

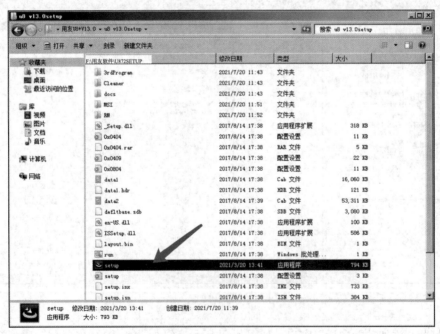

图 1-19

(2) 安装过程中，系统提示选择"安装类型"，如图 1-20 所示，选择"经典应用模式"，单击"下一步"按钮继续安装。

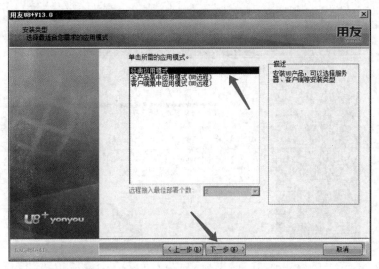

图 1-20

（3）在"安装类型"窗口选择"全产品"安装后，单击"下一步"按钮，如图 1-21 所示。

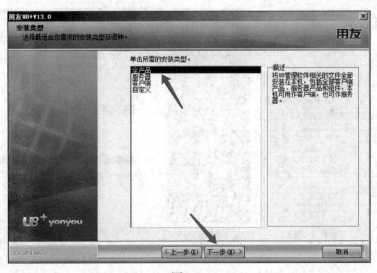

图 1-21

（4）系统进入"环境检测"窗口，如图 1-22 所示，由于在安装用友 U8（V13）时，需要有适合系统的环境，因此如果环境检测不过关，则无法完成用友 U8（V13）的正确安装，单击"检测"按钮进行检测。

（5）系统给出环境检查结果，如图 1-23 所示，系统列出了"基础环境"中的符合和不符合项，"缺省组件"中的已安装和未安装项，并且系统在"信息"栏中给出了使基础环境和缺省组件完全符合安装要求的安装程序地址，直接双击信息链接，就可以打开用友 U8 安装程序中的该缺省组件的安装源程序，然后进行安装。当基础环境和缺省组件都安装完成（可选组件可以不用安装），并且所有的环境检测都合格之后，便可继续安装用友软件，如图 1-24 所示。

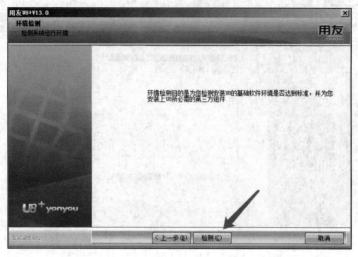

图 1-22

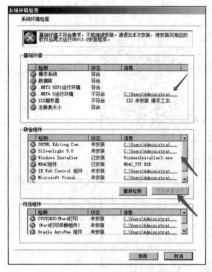

图 1-23

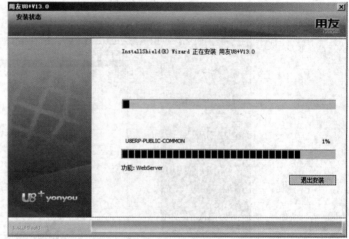

图 1-24

（6）最终系统提示安装完成，并要求重新启动计算机，如图 1-25 所示，选择"是，立即重新启动计算机"项，然后单击"完成"按钮，系统将重新启动计算机。

（7）计算机重新启动之后，系统自动进入数据源配置窗口，如图 1-26 所示。

（8）在数据库处录入安装 SQL Server 2008 时的数据库名称，如果安装 SQL Server 2008 时数据库名称使用的是系统默认的名称，则是指本台计算机的计算机名称，录入 SA 口令（提示 SA 口令就是安装 SQL Server 2008 时的口令），然后单击"测试连接"按钮，如果系统显示连接成功，则表示用友 U8 软件已经安装成功，单击"完成"按钮，系统提示是否进行系统初始化，单击"是"按钮，用友系统开始进行系统初始化处理。

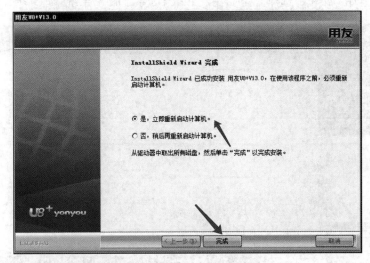

图 1-25

图 1-26

1.6　系统管理注册和导入演示账套

为了使读者能尽快对用友 U8 有一个全面认识，本节将介绍如何导入用友 U8 提供的一套 999 演示账套数据，以便读者学习使用。

账套是指一组相互关联的数据，每一家企业的数据在系统内都体现为一个账套。

1.6.1　系统管理注册

系统管理模块是用友 U8 软件用来完成账套的建立、修改、删除和备份，以及操作员的建立、角色的划分和权限的分配等操作的一个集中管理平台。

软件安装完成后，首先要做的就是注册进入系统管理，因为此时系统内尚未有任何账套数据，所以只能使用 admin 名称进行注册进入系统管理（admin 是用友 U8 指定的系统管理员名称，不能更改），该用户的密码为空。如果以后有了账套数据，则可以用账套主管的身份注册进入系统管理（admin 和账套主管拥有的权限是不同的，详情请参阅本书第 2 章的表 2-1"安全管理员、系统管理员、账套主管的区别"）。具体登录方法如下。

（1）单击"开始"菜单，选择"程序/用友 EPR-U8/系统服务/系统管理"项，如图 1-27 所示。

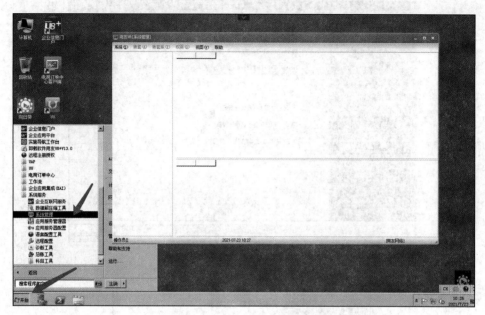

图 1-27

> 提示　"U8 企业应用平台"以后会长期使用，可以考虑在桌面上建立快捷方式，便于使用。

（2）系统弹出"登录"窗口，如图 1-28 所示。

图 1-28

"登录"窗口中的各项介绍如下。
- 登录到：服务器计算机名（单机使用时，系统默认为本机计算机名）。
- 操作员：admin（系统默认）。
- 密码：无（系统默认无密码，可勾选"修改密码"项，账套选择完成后，单击"确定"按钮，系统会提示更改新密码）。
- 账套：系统默认为 default。

（3）单击"登录"按钮完成登录。

由于系统中还没有任何账套数据，因此系统首先进入"创建账套"窗口，在此可以建立账套，如图1-29所示，建立账套的方式将在本书第2章进行讲解，所以在此单击"取消"按钮。

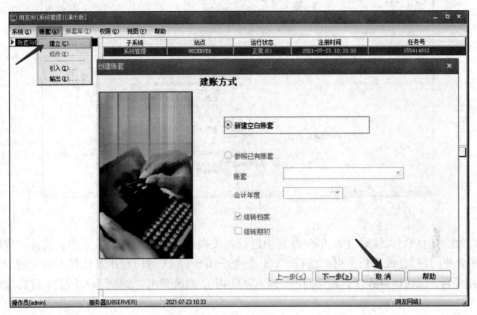

图1-29

1.6.2 引入账套

以admin的身份注册进入用友系统管理之后，需要将企业数据导入系统（即建账），然后进行日常操作。但是对于刚学习使用用友U8软件的读者而言，可能并不知道该如何建立一套新账套，为此用友U8（V13）提供了演示账套（999星空演示）供读者学习。

注 账套只能在应用服务器导入。

999星空演示账套是以生产、销售手机和计算机业务为主的企业模拟账套，该套账的基础数据都已设置完毕，并且模拟了该企业从2014年12月1日（2014年12月已结账，这个月内的数据只可以查询，不能做业务处理）建账到2015年1月的财务、供应链、生产、人力资源等方面的运行数据。初学者在正式使用用友U8软件做账之前，最好先引入这套账中的账套数据进行学习。

导入999星空演示账套的步骤如下。

（1）在用友U8（V13）中有999星空演示账套数据，在系统管理窗口中以admin的身份注册，选择"账套"菜单下的"引入"命令，弹出"账套引入"窗口，单击"选择备份文件"按钮，然后找到999星空演示账套的文件夹，选定该文件夹中的"UfErpAct.Lst"文件（注意：如果999备份文件是一个文件压缩包，则先解压），如图1-30所示。

（2）单击"是"按钮，系统给出默认的引入账套后的存储目录，也可以重新选择存储目录。然后单击"确定"按钮，系统提示正在引入999账套，最后系统提示"账套[999]引入成功！"。

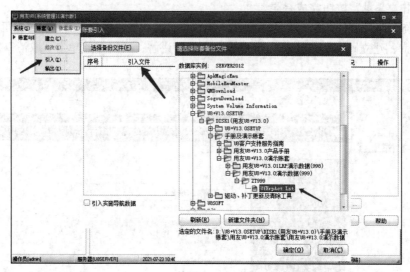

图 1-30

（3）此时用户可以注册进入 999 账套中进行相关操作。单击"开始"菜单，选择"程序/用友 ERP-U8/企业门户"，或者双击桌面图标"U8 企业应用平台"（可以在用友软件安装完成后将"U8 企业应用平台"以快捷方式发送到桌面上，以方便使用），系统弹出"企业门户注册"窗口，如图 1-31 所示。

图 1-31

"企业门户注册"窗口中的各项介绍如下。

- 登录到：如果本机是服务器端（网络中的服务器或单机），则系统会自动出现本机计算机名；如果本机是客户端，则应录入服务器计算机名。
- 操作员：demo（demo 是 999 演示账套的账套主管）。
- 密码：DEMO（注意，是大写的英文字母，可勾选"修改密码"项，登录信息录入完成后，单击"确定"按钮，系统会提示录入新密码）。
- 账套：999 星空演示（需单击下拉按钮进行选择）。
- 操作日期：2015-01-23（注意年、月、日之间用短横线隔开）。

提示　只有操作员和密码都录入正确，才能选择该操作员有权限操作的账套。如果没有权限操作的账套，则在此系统中不会显示出来供选择，这一点起到了很好的账套保密功能。如果没有一套账套可供选择，则系统将提示"读取数据源出错：口令不正确！"。

（4）单击"登录"按钮就可以注册成功进入用友U8操作界面，如图1-32所示，单击"业务导航"旁边的下拉箭头按钮，可以展开用友U8系统的相关功能菜单进行业务处理。

图1-32

注　由于用友U8软件为演示版，因此每一套单独账套的数据时间跨度均不能超过3个月，如果录入了超范围的数据，则退出用友U8软件后无法再次打开此账套，系统会提示"演示期已过"，此时只能重新建账或者购买正式版软件。向用友购买正式版软件之后，用友会给出加密注册资料，正确导入用友U8系统中之后，就可以接着之前的数据往下处理业务，不存在用友U8系统需要重装或者数据丢失的情况。

在999星空演示数据中，因为2014年12月已经结账，所以以2015年1月的身份进入，就可以进行数据测试。

第 2 章 系统管理

本章重点

- 角色和用户设置方法
- 建立新账
- 设置权限
- 备份账套
- 设置安全策略

用友 U8 是一套企业管理系统,可以同时管理 999 个经营单位或核算主体。一家核算主体的数据称为一个账套。

账套由一个或多个账套库组成,一个账套库含有一年或多年使用的数据。

系统管理是用友 U8 系统的管理平台,在此平台上完成账套的建立、修改、删除和备份,以及建立操作员、划分角色、分配权限、备份账套等操作。系统管理的使用对象为企业安全管理员(sadmin)、系统管理员(admin)、账套主管。

系统管理对各个模块和资料进行统一管理和维护,其主要功能如下。

(1) 对账套进行统一管理,主要包括建立账套、修改账套、引入和输出账套。

(2) 对操作员及其功能权限实行统一管理,设立统一的安全机制,包括用户和角色的权限设置。

(3) 设置自动备份计划,系统根据这些设置定期自动备份。

(4) 以不同的身份(sadmin、admin、账套主管)处理业务。

(5) 记录工作日志。

(6) 实时监控各客户端的用友 U8 的使用情况。

第一次使用系统管理,要以系统管理员(admin)的身份注册进入系统管理,设置用户(如张三、李四等)和角色(如销售总监、采购文员等),然后建立新账套,之后再为用户和角色设置权限(如为张三设置出纳权限)。

为保证数据安全,需要及时对账套进行备份(设置自动备份方式或手工备份方式)。

可以以账套主管(一个具有指定账套主管权限的操作员)的身份注册,对账套信息进行修改等操作。

2.1 注 册

找到用友 U8 系统中的"系统管理"并将其打开,如图 2-1 所示。

在"系统管理"窗口中,展开"系统"菜单,选择"注册"命令,系统会弹出"注册"窗口,如图 2-2 所示。

图 2-1

图 2-2

此时可以根据需要选择不同的注册方式，以安全管理员（默认名为 sadmin）、系统管理员（默认名为 admin）的身份或账套主管（只有在建好账套的情况下，才能设置该套账的账套主管）的身份进行注册。三者功能上的区别如表 2-1 所示。

表 2-1　　　　　　　　安全管理员、系统管理员、账套主管的区别

	安全管理员（sadmin）	系统管理员（admin）	账套主管
系统	（1）初始化数据库 （2）安全策略	（1）初始化数据库 （2）设置备份计划（可进行年度账或账套备份） （3）升级 SQL Server 数据库 （4）清除工作流数据 （5）加密证书管理	设置年度账备份计划
账套		建立、引入和输出（备份）账套	修改所主管的账套信息
账套库		无	可清空、引入、输出年度账
操作员及其权限		设置账套主管，增加或注销角色或操作员，修改角色或操作员权限	改变角色或操作员权限
视图	查询系统日志	（1）刷新、阅读系统和上机日志 （2）清除异常任务、清除选定任务、清除所有任务、清退站点、清除单据锁定	

安全管理员（sadmin）主要从系统安全的角度制定安全策略。

系统管理员（admin）负责用友U8系统的总体控制和维护，管理该系统中的所有账套。系统管理员可以建立、引入和输出账套，设置用户、角色及其权限，设置备份计划，监控系统运行过程以及清除异常任务等。系统管理员的名称是用友U8系统默认并固定的名称（用户名为admin，初始密码默认为空，可修改）。

账套主管是系统管理员在建立账套的过程中指定的管理该账套的主管。账套主管负责账套的维护，主要包括对账套进行修改，对所选年度内的账套进行管理（包括账套的创建、清空、引入、输出及各子系统的年末结转），以及设置该账套操作员的权限（如用友U8系统自带的999演示账套的账套主管为demo）。

账套主管可以登录U8企业应用平台（参见图2-16）对有权限的账套进行业务操作，但系统管理员不能对账套业务进行操作。

> **提示** 安全管理员（sadmin）和系统管理员（admin）的名字是系统默认的，不能修改；它们的初始密码为空，为了保证系统安全，应及时勾选"修改密码"项，单击"登录"按钮后，系统会提示系统管理员录入新的密码。

2.2 用户（操作员）和角色

用户（操作员）是指有权限登录用友U8系统，并对用友U8进行操作的人员。每次登录用友U8时，用友U8都要对操作员身份的合法性进行验证，只有合法的用户才能登录用友U8。

角色可以被理解为岗位（或职位）的名称（如财务总监、销售总监、仓库主管等）。

> **实例分析** 当用户（操作员）的工作岗位（职位）变动时，重新给他分配操作权限会很烦琐，而且还花费不少时间，所以可以在系统中设置不同的岗位角色，然后为该角色设置相应的权限。设置用户时，为用户赋予相应角色，用户就自动继承了该角色的权限。当然，也可以独立给该用户赋予权限。用户可以不归属于任何角色。当用户岗位发生变化时，只需更改该用户所属的角色即可。

建立新账时，需要统计使用用友U8软件的人员和岗位角色，以便随时调整，用户和角色一旦在做账过程中被引用就不能删除。

> **提示** 用户和角色的设置不分先后。但对于自动传递权限来说，应该首先设定角色，然后分配权限，最后进行用户的设置。这样在设置用户的时候，只要选择其归属的角色，用户就会自动拥有该角色的权限。
>
> 一个角色可以拥有多个用户，一个用户也可以分属于多个不同的角色。
>
> 若已经设置过角色，则系统会将所有的角色名称自动显示在角色设置中所属角色名称的列表中。用户自动拥有所属角色所拥有的所有权限，同时可以额外增加角色中没有包含的权限。
>
> 若修改了用户的所属角色，则其对应的权限也跟着角色的改变而改变。
>
> 所有新增用户默认都属于"普通用户"角色。
>
> 只有系统管理员有权限进行本功能的设置。

例2-1 增加一个角色：编号为"CGY"，角色名称为"采购员"。

（1）在"系统管理"窗口中，选择"系统"菜单下的"注册"命令，弹出系统管理注册窗口，在操作员处输入"admin"（首次登录时密码为空），在账套选择处，单击下拉箭头，选择"default"，单击"登录"按钮注册进入系统管理，如图2-3所示。

图 2-3

（2）在系统弹出的窗口中选择"权限"菜单下的"角色"命令，系统弹出"角色管理"窗口，如图2-4所示。单击"增加"按钮，系统弹出"角色详细情况"窗口，在角色编号中输入"CGY"，在角色名称中输入"采购员"，单击"添加"按钮保存设置并新增角色。在"备选用户列表"选项中，系统列出了当前系统中存在的用户名称，可勾选属于该角色的用户，为选中的用户赋予该角色权限。

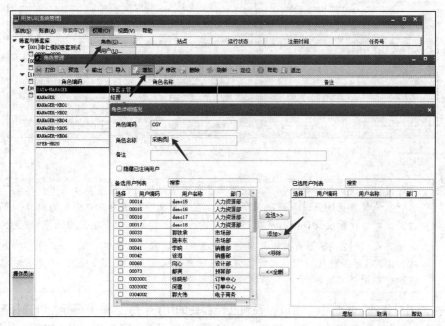

图 2-4

（3）单击"增加"按钮保存新增的角色设置，此时会重新弹出"角色详细情况"窗口以再增加角色。

例2-2 增加用户。用户的详细资料如下所示。

编号	说明	姓名
111	总经理	仁渴
112	财务主管	何平
113	财务会计	龚冰冰
114	销售员	何玉琪
115	采购员	何玉琳
116	仓管员	严秀兰

（1）选择"权限"菜单下的"用户"命令，系统弹出"用户管理"窗口，单击"增加"按钮，系统弹出"操作员详细情况"窗口，在编号中输入"111"，在姓名中输入"仁渴"，单击"增加"按钮保存并增加新用户。

（2）继续录入例2-2中的其他资料，如图2-5所示。

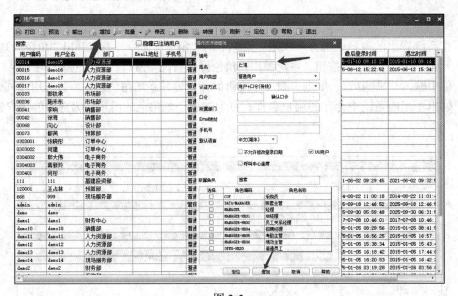

图 2-5

> **提示**
> 此时可以不设置用户口令，而是在用户登录系统时再自行设置。如果用户忘记了口令，可以让系统管理员注册进入系统管理之后，在此直接删除该用户口令中的内容，即将口令置为空，然后重新设置口令。用友 U8 系统为了安全起见，口令字符均以"*"显示。
> 认证方式：用友 U8 系统提供了多种用户身份认证方式，其中"用户+口令"的方式最为普通，用友 U8 系统还可以通过第三方系统来进行认证，以提高安全性。（为了练习方便，建议读者都选择"用户+口令"方式。）

（3）在"用户管理"窗口中，可以查看到已经存在的用户信息，单击鼠标左键选择需要修改的用户，然后单击"修改"按钮修改用户信息，也可以勾选该用户所属角色，用于继承该角色的权限。

（4）如果不再允许某用户使用用友 U8 系统（如该职员辞职），则可以在"操作员详细情况"

窗口中,单击"注销当前用户"按钮,如图 2-6 所示。如果想重新启用被注销的用户则可以在修改操作员窗口中单击"启用当前用户"按钮启用该操作员。

图 2-6

(5)在"用户管理"窗口中,单击"转授"按钮可以将指定操作员的权限转授给另一位指定的操作员。

2.3 建立新账套

建立新账套(简称为建账),就是将会计核算主体的名称、所属行业、启用时间和编码规则等信息设置到系统中。建账完成之后,才可以启用各个子系统,进行相关的业务处理。

用友 U8 可以建立 999 套账套(账套编号从 001 到 999,账套编号不能重复)。

例2-3 ① 建立一套新账,基本要求如下。

账套名称	深圳市和氏商贸有限公司
账套号	003
企业类型	商业
账套启用日期	2021 年 7 月 1 日
账套存储路径	系统默认路径
账套主管	何平
本位币	人民币
行业性质	2007 年新会计准则科目

② 登录①所建立的新账套，登录方式如下。

		备注
操作员	112	这是账套主管"何平"的编号
密码	无	可勾选"修改密码"项进行修改
账套	[003]深圳市和氏商贸有限公司	
会计年度	2021	
操作日期	2021-07-01	日期之间以短横线隔开

（1）在"系统管理"窗口中，以系统管理员（admin）的身份注册，然后选择"账套"菜单下的"建立"命令，系统弹出"创建账套"窗口，如图2-7所示。

图 2-7

建账方式：可以选择"新建空白账套"，也可以选择"参照已有账套"。

实例
分析

对于新公司而言，可以选择"新建空白账套"。虽然有的公司之前也使用用友U8系统，但希望对之前使用的老账套中的很多业务数据和流程都进行调整，因此不如直接新建一个账套，勾选"结转档案"将原来老账套中设置的基础档案、权限设置、单据格式等都引入新账套中，然后在新账套中重新调整，从而得到一套干净的新账套来工作；如果勾选"结转期初"项，则把老账套的期末余额作为新账套的期初余额引入，那么新账套就不需要再录入期初余额了。

例如，深圳有一家生产型企业，集研发、销售、采购、生产、财务于一体，后来在惠州自购土地新建了厂房，于是把生产工厂搬到了惠州，并单独注册了惠州公司，深圳公司保留除生产工厂外的其他部门业务，于是惠州公司就参照深圳公司的账套建了新账，把基础档案和账套的各种参数设置都一次性复制了过去，但是没有将期初引入，因为是两家不同的公司，所以深圳公司把剩余的所有物料进行了盘点，以售卖的形式卖给了惠州工厂。

（2）在此选择"新建空白账套"，然后单击"下一步"按钮进入图2-8所示的"账套信息"录入窗口。

图 2-8

"账套信息"窗口中的各项介绍如下。

- 已存账套:为了避免重复建账,系统在此列出已存在的账套供参考,但不能输入或修改。
- 账套号:新建账套的编号,也称为"账套代码",为 3 位数字,范围为 001~999,并且不能与已存在的账套号重复。这里输入"003"。
- 账套名称:新建账套的名称,作用是标识新账套,在显示和打印账簿或报表时都会使用。这里输入"深圳市和氏商贸有限公司"。
- 账套路径:新建账套的保存路径(最好用系统默认的路径,以便日后资料出错时进行维护)。系统不支持网络路径。这里选择"C:\U8SOFT\Admin"。
- 启用会计期:账套的启用时间,用于确定应用系统的起点,确保证、账、表资料的连续性。一旦设定启用会计期,就不能更改(建议年初启用)。这里设置为 2021 年 7 月。

会计知识:会计期间

会计期间(Accounting Periodicity)是将会计主体的持续经营活动,按特定的时间量度分为均等的时间段落,这些时间段落就是会计期间。新《企业会计准则——基本准则》第七条规定:"企业应当划分会计期间,分期结算账目和编制财务会计报告。会计期间分为年度和中期。中期是指短于一个完整的会计年度的报告期间。"这就是对"会计分期"的规定和要求。

会计期间的划分是正确计算收入、费用和损益的前提,只有进行会计期间的划分,才会产生上期、本期、下期等不同会计期间的区别,才能分别计算各会计期间的收入、费用和损益等。

> 说明:可能存在企业的实际核算期间和正常的自然日期不一致的问题,会计期间便可以解决此问题。系统根据"启用会计期"的设置,自动将启用月份以前的日期标识为不可修改;而将启用月份以后的日期(仅限于各月的截止日期,至于各月的初始日期则随上月截止日期的变动而变动)标识为可以修改。用户可以任意设置。例如本企业由于需要,每月 25 日结账,那么在"会计日历—建账"界面双击便可以修改日期部分(灰色部分),在显示的会计日历上输入每月结账日期,系统自动将下月的开始日期设置为上月截止日期+1(26 日),每个月都以此类推,年末 12 月仍然以 12 月 31 日为截止日期。设置完成后,企业每月 25 日为结账日,25 日以后的业务记入下个月。每月的结账日期可以单独设置,但其开始日期为上一个截止日期的下一天。

(3)单击"下一步"按钮,结果如图 2-9 所示。在此窗口中输入单位信息,单位信息用于记录本次新建账套的单位基本信息,在此输入"深圳市和氏商贸有限公司",单位简称处输入"和氏商贸"。

图 2-9

（4）单击"下一步"按钮，弹出图 2-10 所示的"核算类型"窗口。

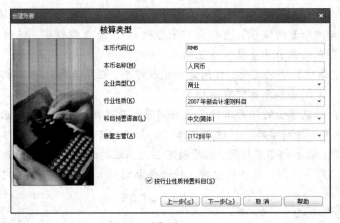

图 2-10

"核算类型"窗口中的各项介绍如下。

- 本币代码：如 RMB、HKD 等。这里输入"RMB"。
- 本币名称：如人民币、港币、美元等。这里输入"人民币"。

会计知识：本位币

货币计量（Monetary Unit）是指会计主体在会计核算过程中采用货币作为计量单位，记录、反映会计主体的经营情况。我国的《会计法》和《企业会计准则》都规定，会计核算以人民币为记账本位币，如果业务收支是以人民币以外（如美元）的货币为单位，则可以选定其中一种货币作为记账本位币，但是编制的财务会计报告应当折算为人民币。

- 企业类型：分为工业和商业两种类型。这里选择"商业"。如果选择工业，则系统可以处理材料领用、产成品入库等业务，而选择商业则不可以处理这些业务（在库存管理系统中都不会显示这些业务命令的菜单）。
- 行业性质：为接下来的"按行业性质预置科目"确定科目范围，并且系统会根据企业所选企业类型（工业和商业）预制一些行业的特定方法和报表，如工业有"原材料"科目，而商业则没有。这里选择"2007 年新会计准则科目"。

会计知识：2007 年新会计准则科目
　　会计制度是进行会计工作所遵循的规则、方法和程序的总称。我国的会计制度是国家财政部门通过一定的行政程序制定的，是具有一定强制性的会计规范的总称。新会计准则是指财政部在人民大会堂发布的一项条例，并且于 2007 年 1 月 1 日起在上市公司中执行，其他企业鼓励执行。值得关注的是，新会计准则体系基本实现了与国际财务报告准则的趋同。

- 科目预置语言：选择会计科目预置语言。这里选择中文（简体）。
- 账套主管：从下拉列表中选择账套主管，也就是 2.2 节中建立的用户——"[112]何平"。
- 按行业性质预置科目：勾选此项，系统会根据所选行业性质自动设置标准的会计科目，在此基础上，企业可以根据需求再增加或修改会计科目；如果不勾选此项，则所有会计科目都需要用户自己设置。

（5）单击"下一步"按钮，系统弹出图 2-11 所示的"基础信息"窗口。

图 2-11

"基础信息"窗口中的各项介绍如下。

- 存货是否分类：如果核算单位的存货较多且类别繁多，则可以勾选此项，表明要对存货进行分类管理。如果要对存货进行分类管理，那么在进行基础信息设置时，必须先设置存货分类，然后才能设置存货档案。这里勾选此项。
- 客户是否分类：如果核算单位的客户较多且希望进行分类管理，则可以勾选此项，表明要对客户进行分类管理。如果要对客户进行分类管理，那么在进行基础信息设置时，必须先设置客户分类，然后才能设置客户档案。这里勾选此项。
- 供货商是否分类：如果核算单位的供货商较多且希望进行分类管理，则可以勾选此项，表明要对供货商进行分类管理。如果要对供货商进行分类管理，那么在进行基础信息设置时，必须先设置供货商分类，然后才能设置供货商档案。这里勾选此项。
- 有无外币核算：勾选此项表示核算单位有外币业务，建账时建议勾选该项，哪怕现在没有外币业务，将来有外币业务时就可以直接使用，而不必再修改设置。

会计知识：本位币外的其他币种，都被称为外币

（6）单击"下一步"按钮，系统提示"是否可以建账了？"单击"是"按钮开始建账。建账完成后，系统弹出"编码方案"窗口，如图2-12所示，这是本套账由系统预设置的编码方案。按要求进行修改后单击"确定"按钮即可。编码方案一旦被使用就不能再更改。若要更改，必须将相应的档案资料删除之后才能进行。

编码方案对系统将要用到的一些编码级次及每级的位数进行定义，以便录入各类信息目录。编码级次和各级编码长度的设置，将决定核算单位如何对经济业务资料进行分级核算、统计和管理。它通常采用群码方案，这是一种段组合编码，每一段都有固定的位数。任何一个系统都必须设置编码。

例如，某企业会计科目编码规则为4-2-2，代表科目级次为三级，一级科目编码为4位长（编码"1001"代表现金科目），二、三级科目编码均为2位长（编码"100101"代表现金下面的人民币科目）。

（7）这里使用系统默认编码方案，单击"确定"按钮，系统弹出图2-13所示的"数据精度"定义窗口，数据精度表示系统处理资料的小数位数，超过该精度的数据，系统会以四舍五入的方式进行取舍。

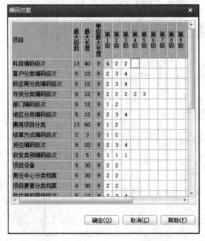

图2-12　　　　　　　　　　　图2-13

（8）如果要使用系统默认的设置，则单击"确定"按钮，账套建立完毕。此时系统提示是否启用模块，如图2-14所示，启用时系统记录启用日期和启用人。模块只有被启用，才能在用友U8中使用。

（9）单击"是"按钮直接进入图2-15所示的"系统启用"设置窗口。

图2-14　　　　　　　　　　　图2-15

（10）勾选相应模块，系统会提示录入启用会计日期。

系统启用日期与功能模块的初始化资料相关，没有启用过的模块不能使用。勾选应付款管理、应收款管理、固定资产、总账、存货核算，启用日期设为 2021 年 7 月 1 日。

> **注** UFO 报表系统不需要启用，随时可以使用。
> 只能启用已经安装的模块。
> 在进入系统时，系统会判断该模块是否已经启用，如果没有启用，则不能登录该模块。
> 各模块的启用日期必须大于等于账套的启用日期。
> 根据不同的业务需要，各模块的启用日期可以不同，只需在相同的时间点上，各功能模块中的期初数据能对应得起来就可以，比如总账是当年 7 月份启用的，而固定资产是当年 8 月启用的，则只需要两个模块在 8 月初的固定资产和累计折旧数据相同即可。

下面进行登录操作。

（1）单击"程序\用友 ERP-U8\U8 企业应用平台"进行登录，登录后如图 2-16 所示。

（2）在操作员框中输入"112"，输入密码（如果没有密码，则密码为空），选择 003 账套，语言区域选择"简体中文"，操作日期处输入"2021-07-01"，单击"登录"按钮，系统打开用友 U8 门户窗口，如图 2-17 所示。这里都是以用户 112 号何平的身份对 003 账套进行的操作。

图 2-16

图 2-17

 提示 只有在操作员编号和密码完全正确的情况下，系统才会显示该操作员有权限操作的账套，而不会显示系统里面的所有账套，从而起到账套保密的作用。

2.4 用户和角色的权限设置

随着企业管理要求的不断变化和提高,越来越多的信息表明权限管理必须向更细、更深的方向发展。用友 U8 提供集中权限管理,除了可以对各模块进行操作之外,还提供了金额的权限管理和资料的字段级和记录级控制,通过不同的权限组合方式,企业可以更好地对财务业务进行集中控制。

在用户、角色设置完毕,并且新账套建立完成之后,需要为用户、角色设置具体权限。
管理员和账套主管可以随时更改用户和角色的权限。

例2-4 为以下操作员赋予 003 账套的权限。

编号	说明	姓名	权限
111	总经理	仁渴	账套主管
112	财务主管	何平	账套主管
113	财务会计	龚冰冰	基本信息、财务会计
114	销售员	何玉琪	基本信息、供应链的销售管理
115	采购员	何玉琳	基本信息、供应链的采购管理
116	仓管员	严秀兰	基本信息、供应链的库存管理

(1)打开"系统管理"窗口,以"admin"的身份注册,选择"权限"菜单下的"权限"命令,系统弹出"操作员权限"窗口,在此可以查询用户和角色针对不同套账、不同年度所拥有的权限(如操作员 112 号何平,享有[003]深圳和氏商贸有限公司 2021 年度的账套主管权限),如图 2-18 所示。

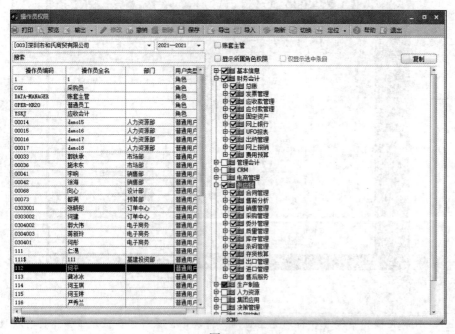

图 2-18

（2）单击选中账套、操作员，然后单击"修改"按钮，勾选赋予操作员权限的功能模块，为该操作员赋予该账套的相应权限。

（3）权限设置完毕后，单击"保存"按钮保存设置。

> **提示**　一般企业中，凭证制单和审核不能同为一个，所以在用友 U8 系统中可以建两个用户，一个用来制单，一个用来审核。如果企业规模较小，只有一名财务人员，则可以建立一个虚拟的用户，也可以在用友 U8 的总账选项中设置"制单人审核人允许为同一人"（设置请参阅本书第 4 章中的图 4-1）。

操作员登录到用友系统时，系统只显示其拥有权限的功能菜单。

> **实例分析**　账套主管拥有该账套的所有权限，一般操作员的权限要逐一设置，但也常常出现明明勾选了功能模块的所有权限，但进入用友 U8 系统中还是存在有的功能菜单不显示的情况，比如勾选了某操作员被赋予了库存管理系统的所有权限，但是进入库存管理系统还是没有入库单、出库单的功能，这是因为这些权限是放在"基本信息"中来设置的，如图 2-19 所示。

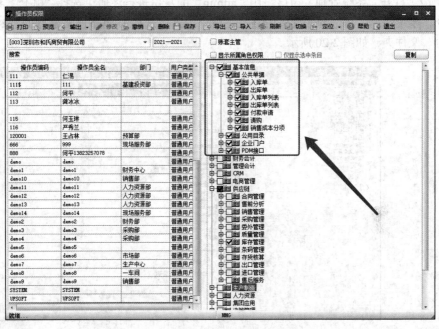

图 2-19

2.5 账套备份

将企业资料备份保存到不同的介质上（如移动硬盘、网盘等）是非常重要的，如果因为外界的原因（如地震、火灾、计算机病毒或人为的误操作等）使软件失效，则备份资料可以将企业的损失降到最小。

企业不仅应做好备份工作，如将备份的资料复制到不同的机器上进行保存、年度资料刻录为光盘进行保存等，还要处理好信息化系统的安全问题，如安装防火墙、杀毒软件，使用 UPS（不间断电源）等，加强资料的安全性。

账套备份是将账套从建立开始到备份时间为止的所有数据进行压缩打包存储，所以每次备份时都是从最开始到备份为止的最新数据。在实际业务中，常常因为要进行某个功能测试时，担心把账套数据弄乱了不好恢复，因此一般情况下先进行账套备份，然后通过复制一套账的方法来进行功能测试，或者就在原账套上测试，如果有问题，就将之前备份的账套数据再恢复回来就可以。下面介绍如何在系统管理中对账套数据进行备份。

2.5.1 手工备份

手工备份就是人为地根据需要进行资料备份。

2-5　将[003]账套备份到 D 盘的"20210704003 账套备份"文件夹中。

（1）首先需要在 D 盘手动新建一个文件夹，并改名为"20210704003 账套备份"作为备用。

> 提示　建议备份数据的文件夹以当天备份的日期+账套号作为文件夹的名称，这样便于将来看到该文件夹就知道是什么时候备份的数据。

（2）打开"系统管理"窗口，用"admin"的身份进行注册。选择"账套"菜单下的"输出"命令，系统弹出"请选择账套备份路径"窗口，这里选择 D 盘下已新建好的"20210704003 账套备份"文件夹，如图 2-20 所示。

图 2-20

（3）单击"确定"按钮，系统打开"账套输出"窗口，在此勾选 003 账套，再次确认一下输出的文件位置对不对，如图 2-21 所示。如果在备份账套后，需要把用友 U8 系统中的该账套删除，则可以勾选"删除当前输出的账套"项，确认无误后，单击"确认"按钮，系统开始备份数据，最终提示"输出成功"，表示备份成功。

（4）备份成功之后，在 D 盘的"20210704003 账套备份"文件夹下就能找到备份好的账套数据，如图 2-22 所示，其共有两个文件，以记事本的方式打开"UfErpAct.Lst"文件，就能看到所备份数据的账套号、账套名、备份时间等信息。如果要将 003 账套复制一套账出来，则可以手动修改"cAcc_Id=003"信息，比如将 003 修改为 123，即"cAcc_Id=123"，然后保存该文件，再选择系统管理"账套"下的"引入"功能，即可成功复制该套账为 123 账套。

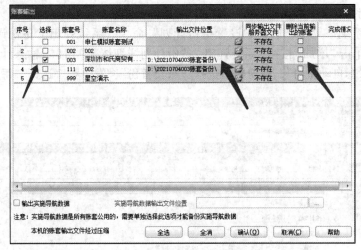

图 2-21

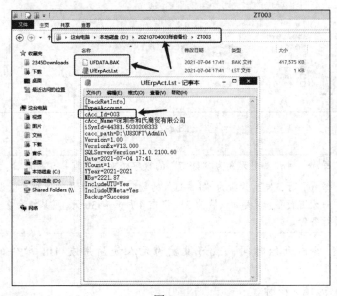

图 2-22

2.5.2 自动备份

用友 U8 具有自动备份功能，能够自动对账套进行备份。系统可以定时备份账套，也可以同时备份多个账套。这在很大程度上减轻了系统管理员的工作量。

例 2-6 按如下要求设置自动备份计划。

计划编号	003	开始时间	23:00:00
计划名称	003 账套自动备份	有效触发	2 小时
备份类型	账套备份（可选择年度备份）	保留天数	10 天
发生频率	每天（可选择每周或每月）	备份路径	D:\003 账套自动备份

（1）打开"系统管理"窗口，以"admin"的身份登录。

（2）展开"系统"菜单，选择"设置备份计划"命令，系统弹出"备份计划设置"窗口，如图2-23所示。单击"增加"按钮，系统弹出"备份计划详细情况"窗口，输入计划编号为"003"，计划名称"003账套自动备份"，备份类型选择"账套备份"，发生频率选择"每天"。

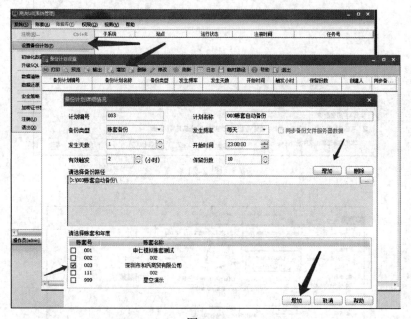

图2-23

 说明　选择"每周"时，发生天数为"1～7"的数字，对应星期一～星期日。
选择"每月"时，发生天数为"1～31"的数字，如果某月的天数小于设置的天数，则系统按最后一天进行备份。例如设置为31，但在4月只有30天，则系统会在4月的最后一天（30日）进行备份。

- 开始时间：备份开始时间，最好设置为无人使用用友U8软件的时候。这里输入"23:00:00"。
- 有效触发：选择2小时。
- 保留份数：选择10。

有效触发是指在备份开始后，每隔一定时间进行一次触发检查，如果备份不成功，则重新备份。

 说明　如果备份资料在硬盘中保存的时间超过保留天数，则会被系统自动删除。如果设置为10，则系统以机器时间为准，10天前的备份资料自动删除。当数值为0时，系统默认为永不删除备份（最好不要设置为0，否则重复备份的数据会不断增加）。

- 请选择备份路径：可以选择备份的路径，但只能选择本地硬盘。这里选择"D:\003账套自动备份"。

（3）在"请选择账套和年度"列表中，勾选"003"账套。

（4）单击"增加"按钮保存设置，单击"取消"按钮退出设置。

系统会根据备份计划的设置将账套数据备份到指定的文件夹中，并且以日期作为备份文件夹的名称。

 提示　只有在服务器在开机的情况下账套才能自动备份。

2.5.3　账套引入

引入账套功能是指将系统外某账套数据引入本系统中。有时账套数据损坏，也要将原来备份好的资料重新引入进来。

（1）打开"系统管理"窗口，用"admin"的身份进行登录。

（2）选择"账套"菜单下的"引入"命令，系统弹出"账套引入"窗口，如图2-24所示，选择需引入的账套数据，然后单击"确定"按钮。

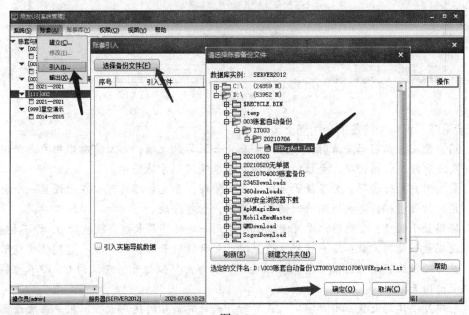

图2-24

（3）系统提示是否更改引入的目标账套路径，单击"否"按钮，默认系统路径，即可把资料引入进来。

用友U8引入用友账套备份数据文件，默认文件名是"UfErpAct.Lst"（读者也可以参阅本书第1章引入999演示账套）。文件"UfErpAct.Lst"包含该备份账套的基本信息。

2.6　系统管理的其他功能

2.6.1　安全策略

用友U8的安全策略包括用户身份和密码管理，子系统和用户特权管理，数据、功能等权限管理，安全日志等。

在系统管理中以系统安全管理员"Sadmin"（注意：不是admin）的身份登录，然后选择"系统"菜单下的"安全策略"命令，系统弹出"安全策略"设置窗口，如图2-25所示。

图 2-25

"安全策略"窗口中的各项介绍如下。

- 用户使用初始密码登录时强制修改密码：如果勾选此项，则所有新增用户或老用户，只要没有修改初始密码，登录时都会强制其修改密码才能登录。
- 新增用户初始密码：为了便于系统管理员管理，系统管理员可以在此设置一个企业级的用户初始密码，即新增用户时的默认密码，但可修改。
- 密码最小长度：控制用户设置密码必须达到一定的字符长度，默认为 0，即不控制长度。
- 密码最长使用天数：用户密码从设置时开始计算最长的使用天数，达到使用期限后，用户必须修改密码才能正常登录。只能输入数字，单位为天，默认为 0，即不控制密码最长使用天数。
- 密码最小使用天数：用户密码从设置时开始计算最短的使用天数。用户每次设置的密码都必须使用一定天数之后才可以修改。只能输入数字，单位为天，默认为 0，即不控制密码最小使用天数。建议此控制与"强制密码历史 记忆密码个数"结合使用。
- 登录时密码的最多输入次数：只能输入数字，为数字型可用的最大位数，默认为 0，即不限制次数，比如在此输入数字"1"时，则表示在登录用友 U8 系统时，必须一次性将操作员的密码输入正确才能登录用友 U8 系统，一旦密码录入错误，系统会将该操作员在后台进行注销，无论后面输入的密码是否正确，用友 U8 系统都拒绝该操作员登录；如果要再启用该操作员，则需要系统管理员去重新启用该操作员（请参阅本章中的图 2-6）。该功能主要是为了防止那些知道操作员编号，而不断尝试该操作员密码正确与否的不良企图者登录。
- 强制密码历史 记忆密码个数：用友 U8 保存用户曾经使用过的密码，系统管理员在此处录入的个数意味着用户修改密码时，不能重复修改为在这数字内的前几个使用过的密码。建议此控制与"密码最小使用天数"结合使用。
- 拒绝客户端用户修改密码：用以满足用户在 IT 管理方面的需求，如统一分配用户及密码，方便系统维护。

- 登录密码的安全级别：设置密码安全度，分为高、中、中低、低，默认为低。修改密码时，按安全策略的密码安全度设置进行控制。
- 不允许同一操作员在不同客户端同时登录：用以满足用户在IT安全方面的需求，如发现和避免账号盗用的情况。勾选此项后，账号在一台客户端登录成功，如果另一台客户端还尝试用此账号登录时，则将提示已在别处登录，如继续登录将自动清退上一登录。对于有特殊需要的操作员，可以设置为"例外"，即不受此项设置的控制，提高控制的灵活性。
- 客户端自动清退时间：设置一个时间范围，如果客户端登录产品占用加密后闲置时间超过此范围，则自动清退该客户端，以避免无操作用户长时间占用加密许可，影响用户正常使用。对于领导或有特殊需要的操作员，可以设置为"例外"，即不受此项设置的控制，提高清退控制的灵活性。默认为0，即不控制客户端自动清退。

实例分析　由于购买用友U8软件，其中有一项是按许可（license）来计算收费的，为了避免有人打开了用友，但却一直在忙其他的事而占用着许可，使得其他人员想进用友操作却存在许可不够的情况，通过"客户端自动清退时间"功能就能很好地清除从打开了用友到闲置时间为止未操作用友的用户，进而把资源释放出来给其他用户使用。

2.6.2 视图

"系统管理"主界面还将显示此时网络中各工作端计算机以及操作员打开子系统的运行情况，如图2-26所示。

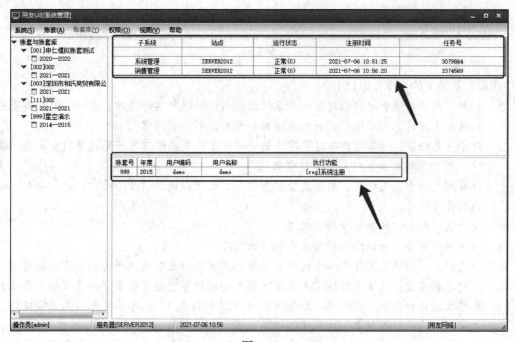

图 2-26

| 实例分析 | 该功能常用来实时监控各用户的情况,也常用于强行清退正在使用用友 U8 的人,以便达到其他操作目的,比如当操作某一功能(如备份账套)可能需要正在运行的工作端全部退出用友 U8 软件时,可以在此查看是否还有工作端计算机未退出用友 U8 软件,如果有的话,可以对其强行清退。|

在系统管理中以"admin"的身份登录,在"视图"菜单下查看清除异常任务、上机日志等操作,如图 2-27 所示。

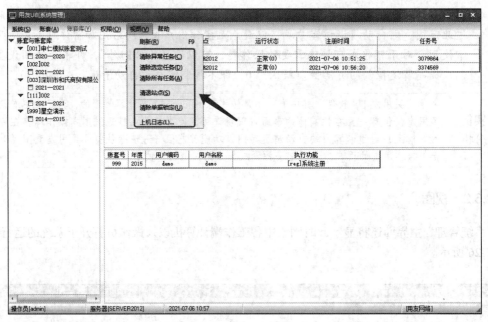

图 2-27

"视图"菜单下的各项介绍如下。

- 刷新:由于系统管理可以对各个子系统的运行情况进行实时监控,因此,当需要看最新的系统内容时,可以选择该功能来适时刷新功能列表的内容。
- 清除异常任务:如果用户超过异常限制时间未工作或由于不可预见的原因非法退出某系统,则将其视为异常任务,系统管理主界面中的"运行状态"将显示为"异常",系统会在到达服务端失效时,自动清除异常任务,也可以选择"清除异常任务"命令,自行删除异常任务。
- 清除选定任务:强制清除指定任务。
- 清除所有任务:强制清除所有正在执行的任务。
- 清退站点:清退选定客户端上的所有任务,同时释放该客户端所占的所有产品许可。
- 清除单据锁定:在使用过程中由于不可预见的原因可能会造成单据锁定(如正在填制业务单据时,计算机突然断电,就有可能出现这种情况),此时单据将不能正常操作,可以使用"清除单据锁定"功能使其恢复正常。
- 上机日志:为了保证系统的安全运行,系统随时对各个产品或模块的每个操作员的上机时间、操作的具体功能等情况进行登记,形成上机日志,以便使所有的操作都有所记录、有迹可寻。另外,还可以将上机日志备份到指定的文件中保存,以便查看。

2.6.3 升级 SQL Server 数据

系统管理中的"升级 SQL Server 数据"功能用来完成对用友 U8（V13）之前版本账套数据的升级，以保证数据的一致性和可追溯性，如图 2-28 所示。

> 提示　为了安全起见，在升级之前，一定要备份原有的 SQL Server 数据。

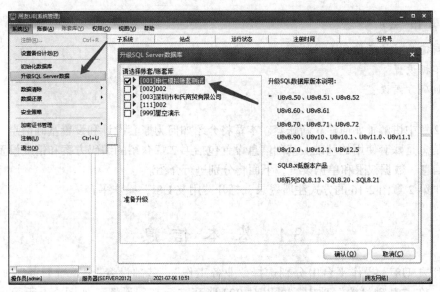

图 2-28

第 3 章　基础信息设置

> **本章重点**
> - 新建基础档案信息
> - 单据设置
> - 编码方案设置

在第 2 章中讲解了如何建立新账套。本章将介绍如何为账套设计和设置基础信息。

基础信息是账套使用的基础。基础信息设置包括第 2 章介绍的编码方案和精度设置，还包括基础档案信息、数据权限和单据设置，下面将分别进行介绍。

以本书第 2 章图 2-16 的方式注册登录，打开"用友 U8⁺"操作平台。

3.1　基本信息

在"用友 U8⁺"操作平台中分别选择"业务工作""基础设置""系统服务"项进行业务处理工作，在"基础设置"项中，可以对 003 账套进行基础设置，如图 3-1 所示。

图 3-1

在"基础设置"项中,展开"基本信息"菜单,如图 3-2 所示。

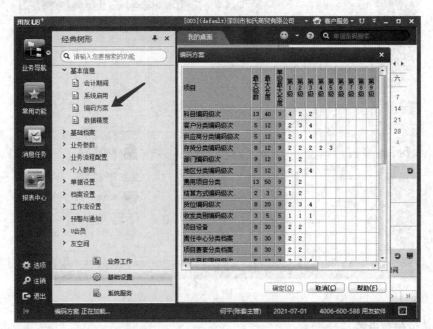

图 3-2

"基本信息"菜单下的各项介绍如下。

- 会计期间:可以进行会计期间设置,一般使用默认设置即可。
- 系统启用:选择"系统启用"命令,系统弹出"系统启用"窗口,可以查询或修改系统中的功能模块启用信息(启用模块和启用时间),一旦使用功能模块,就不允许取消启用,可以根据企业实际业务需求选择需要启用的功能模块和时间点。
- 编码方案:选择"编码方案"命令,系统弹出"编码方案"窗口,可以查询或修改系统编码方案,如图 3-2 所示。
- 数据精度:选择"数据精度"命令,系统弹出"数据精度"窗口,在此可以查询或设置数据精度,系统默认为小数位 2 位。

系统启用设置、编码方案设置和数据精度设置这 3 项在本书第 2 章 2.3 节中有详细的讲解,请读者参阅其进行操作。

3.2 基 础 档 案

在"用友 U8+"操作平台的"基础设置"项中,展开"基础档案"菜单,可以在此分别设置机构人员、客商信息、存货、财务、收付结算、业务、对照表和其他信息,如图 3-3 所示。

3.2.1 机构人员设置

机构人员设置包括本单位信息设置、部门档案设置、人员档案设置等。

图 3-3

1. 本单位信息设置

本单位信息是企业本身的一些基本信息,包括企业的中文名称、英文名称、法人代表和联系电话、企业 LOGO 等。本单位信息在系统建账时可以输入,方便用户修改维护,在系统管理中只有系统管理员可以修改此信息;单位信息在业务单据、报表展示中都会引用到。在用友 U8 企业应用平台中,有此功能权限的操作员都可使用此功能。具体操作如下。

(1)展开"机构人员"项的"机构"菜单,选择"本单位信息"命令,系统弹出"单位信息"设置窗口,如图 3-4 所示。

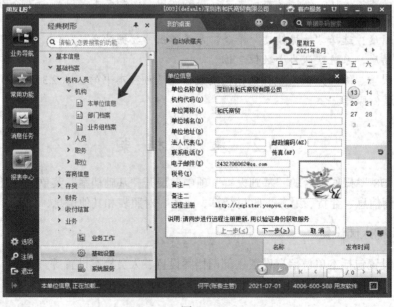

图 3-4

（2）在"单位信息"设置窗口中单击"下一步"或"上一步"按钮可详细设置本单位信息。

2. 部门档案设置

部门指核算单位管辖的具有财务核算和业务管理要求的单元体，它不一定是实际中的部门机构（如果该部门不进行财务核算或业务管理，则可以不在系统中设置该部门档案）。部门档案信息包含部门编码、名称、负责人和部门属性等。

例3-1 在003账套中设置部门档案，数据如下。

1：总经理室　　　　　　　　　　　6：采购部
2：行政部　　　　　　　　　　　　7：库管部
3：人事部
4：财务部
5：销售部
　　501：销售一部
　　502：销售二部

（1）展开"机构人员"项的"机构"菜单，选择"部门档案"命令，系统弹出"部门档案"设置窗口，如图3-5所示。部门档案的编码规则为"＊＊＊"（编码规则设置请参阅本书第2章中的2.3节），表示编码方案为 1-2，即一级部门编号由一位数字（1～9）组成，其下属部门编号由两位数字（01～99）组成。

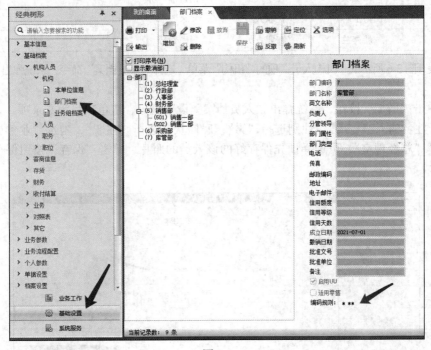

图 3-5

（2）选择"部门"分类项，然后单击工具栏上的"增加"按钮，在窗口的右侧输入部门编码为"1"，部门名称为"总经理室"，单击"保存"按钮保存设置。

（3）录入例 3-1 中的其他数据，将一级部门设置完毕。

（4）单击"增加"按钮，在窗口的右侧输入部门编码为"501"，部门名称为"销售一部"，单击"保存"按钮保存设置。按此操作,增加"502""销售二部"(这两个部门的编码以5开始,因为上级部门销售部的编码是5)。

在设置部门档案时,部门负责人暂时不用设置,等职员数据设置完成后再返回到此处补充即可。

如果在此发现编码方案不适合,则可以在部门档案数据为空时(如果已添加档案,可将档案删除)修改部门编码方案。例如,本例中的编码规则为1-2,所以"销售部"就用数字"5"表示,而"销售一部"和"销售二部"分别用"501"和"502"表示。

信用信息是指该部门对所负责客户的信用额度和最大信用天数,包括信用额度、信用等级和信用天数,在销售管理系统中进行按部门信用控制时使用。

3. 人员档案设置

人员档案是指企业各职能部门中需要进行核算(如个人借款)和业务管理(如采购员)的职员信息。

例3-2 在003账套中设置人员档案,数据如下。

人员编码	姓名	人员类别	所属部门	是否业务员	备注
001	仁渴	在职人员	总经理室	是	总经理
002	何平	在职人员	财务部	是	财务主管
003	龚冰冰	在职人员	财务部	是	财务会计
004	何玉琪	在职人员	销售部一部	是	销售员
005	何玉琳	在职人员	采购部	是	采购员
006	严秀兰	在职人员	库管部	是	库管员

(1)展开图3-6所示的"机构人员"项的"机构"菜单,选择"人员档案"命令,系统弹出"人员列表"窗口。

(2)单击"增加"按钮,系统弹出"人员档案"设置窗口,蓝色项目为必录项,人员编码输入"001",姓名输入"仁渴",性别选择"男",雇佣状态选择"在职",勾选"业务员"项,行政部门选择"总经理室",可选择预先保存好的该人员的照片,单击"保存"按钮保存设置,如图3-6所示。

图3-6

（3）录入例 3-2 中其他的数据。

"人员档案"窗口中的部分项介绍如下。

- 人员编码具有唯一性，人员姓名可以重复。
- 业务员：只有勾选此项，在做各种业务单据时（如销售订单），才能作为业务员被选入。
- 信用信息：包括信用天数、信用额度和信用等级，指该职员对所负责客户的信用额度和最大信用天数，在销售管理系统中销售信用控制按业务员控制时生效。
- 生效日期：作为业务员时可操作业务产品的日期，默认为建立人员时的登录日期，可修改。
- 注销日期：已经做业务的业务员不能被删除，当他不再做业务时，取消其使用业务功能的权利；已注销的业务员可以取消注销日期。
- 是否操作员：指此人员是否可操作用友 U8 产品，可以将本人作为操作员，也可与已有的操作员做对应关系，与本书第 2 章系统管理中设置的操作员相对应。

> 注　为什么在系统管理中建立了操作员，又要在此建立职员呢？这是因为系统管理中的操作员是指可以操作用友 U8 系统的人员，而在此建立的职员是指处理此账套中的职员，因为用友 U8 可以同时建立多套账，所以操作员可能有权限处理多套账的数据，但是职员信息只与当前这套账有关。

（4）人员档案设置完毕，结果如图 3-7 所示。

图 3-7

> 实例分析　员工岗位变动（部门变动），不要在月中变动，最好在月底将该员工的所有业务处理完成之后再变动，否则可能出现业务差异问题，比如当月该员工发生的管理费用使用了个人辅助核算（个人所属部门也被记录），在月底时要进行损益结转，而该员工如果所在的部门发生了变化，则会出现业务发生的部门与结转的部门不一致的情况（个人辅助核算时，选定个人，所属部门自动带入，并且不能修改）。

3.2.2 客商信息

客商信息功能用来设置与企业有相关业务往来的客商信息，包括供应商分类设置、供应商档案设置、客户分类设置和客户档案设置等。

为了更有效地管理客户和供应商，便于统计分析业务数据，企业可以建立地区、行业分类信息，然后在建立供应商和客户档案时引用这些信息，用于指定客户和供应商所属的地区和行业，以便在后期业务发生后按地区、行业进行统计分析。

地区、行业分类并非强制要求录入，企业可根据实际情况确认是否使用。

1．供应商分类设置

如果在建账时（请参照本书第 2 章的 2.3 节）选择了要对供应商进行分类，则须先进行供应商分类，否则后面无法在供应商分类下面再建立供应商档案。

例3-3 在003账套中设置供应商分类，分类档案数据如下。

01：电脑类供应商

02：手机类供应商

09：其他

（1）展开"客商信息"菜单，选择"供应商分类"命令，系统弹出"供应商分类"窗口。

（2）单击"增加"按钮，在分类编码处录入"01"、分类名称处录入"电脑类供应商"，单击"保存"按钮保存设置，如图3-8所示。

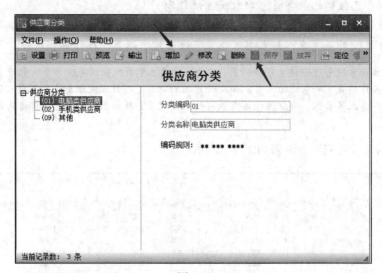

图 3-8

（3）重复步骤（2），录入例3-3中的其他数据。

由于在设置供应商档案时，可以选择该供应商的所属地区和所属行业，因此建议在此做供应商分类时，从所属地区或所属行业分类中选择，因为这样可以多一个角度对供应商进行分析。

2. 供应商档案设置

供应商档案功能用于设置往来供应商的档案信息，便于管理供应商资料，录入、统计和分析业务数据。如果在建立账套时勾选了供应商分类，则必须先设置供应商分类，然后才能编辑供应商档案。

建立供应商档案主要是为企业的采购管理、库存管理和应付款管理服务。填制采购入库单、采购发票，进行采购结算、应付款结算和有关供货单位统计时都会用到供货单位档案，因此要正确设立供应商档案，以减少工作差错。在输入单据时，如果单据上的供货单位不在供应商档案中，则需要在此建立该供应商的档案。

例3-4 在003账套中设置供应商档案，档案数据如下。

供应商编码	供应商名称	所属分类	属性
001	深圳芳威贸易有限公司	电脑类供应商	采购
002	深圳市太信手机科技有限公司	手机类供应商	采购
12345	深圳华夏物流有限公司	其他	服务

（1）展开图3-8所示的"客商信息"菜单，选择"供应商档案"命令，系统弹出"供应商档案"窗口。

（2）单击"增加"按钮，系统弹出"增加供应商档案"设置窗口，在其中录入"001"供应商档案，如图3-9所示。

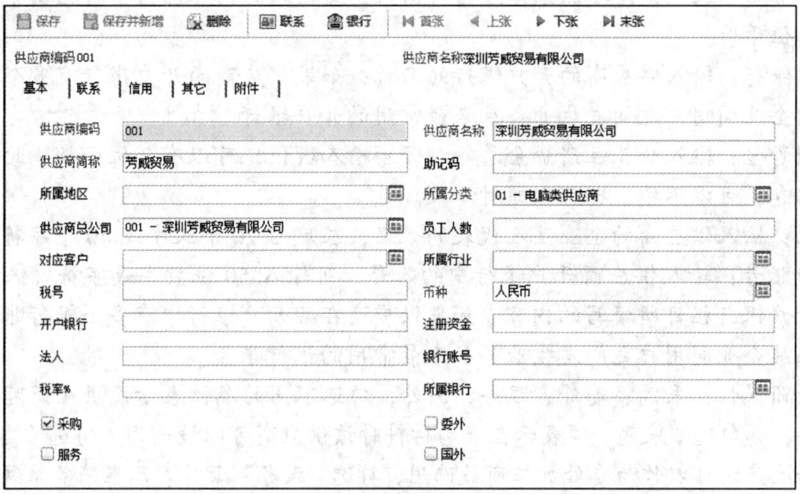

图 3-9

（3）重复步骤（2），录入例3-4中的供应商档案。

"增加供应商档案"窗口中的各项介绍如下。

① "基本"选项卡。

- 供应商编码：供应商编码必须唯一。供应商编码可以用数字或字符表示，最多可输入20位数字或字符。
- 供应商名称：可以是汉字或英文字母，供应商名称最多可写49个汉字或98个字符。供应商名称用于销售发票的打印，即打印出来的销售发票的销售供应商栏目显示的内容为销售供应商的名称。
- 供应商简称：可以是汉字或英文字母，供应商简称最多可写30个汉字或60个字符。供应商简称用于业务单据和账表的屏幕显示。
- 所属地区：可输入供应商所属地区的代码，输入系统中已存在的代码时，自动转换成地区名称，显示在该栏目右侧的编辑框内。
- 所属分类：选择已设置好的供应商分类编码。
- 供应商总公司：当前供应商所隶属的最高一级的公司，该公司必须是已经通过"供应商档案"设置好了的另一家供应商。在供应商开票结算处理时，具有同一家供应商总公司的不同供应商的发货业务，可以汇总在一张发票中统一开票结算。在执行信用额度控制时，也可以执行控制总公司的信用额度。
- 员工人数：输入该供应商企业的员工人数，只能输入数值，不能有小数。此信息为企业辅助信息，可以不填，也可以随时修改。
- 对应客户：在供应商档案中输入对应客户的名称时不允许记录重复，即不允许有多个供应商对应一个客户的情况出现。如001供应商中输入了对应客户编码为888，则在保存该供应商信息时同时需要将888客户档案中的对应供应商编码记录存为

001。此功能的作用是在做应收或应付处理时,及时联查该客户或供应商所对应的应付账款或应收账款,并进行相关的业务处理。
- 所属行业:选择该供应商已经归属的行业。
- 税号:输入供应商的工商登记税号,用于销售发票中税号栏内容的屏幕显示和打印输出。
- 币种:必输入项,可参照选择或自行输入;所输入的内容应为币种档案中的记录。默认为本位币。
- 开户银行:输入供应商的开户银行的名称,如果供应商的开户银行有多个,则在此处输入该企业同用户之间发生业务往来最常用的开户银行。
- 注册资金:输入企业注册资金总额,必须输入数值,可以有2位小数。此信息为企业辅助信息,可以不填,也可以随时修改。
- 法人:输入供应商的企业法人代表的姓名,长度为20个汉字或40个字符。
- 银行账号:输入供应商开户银行中的账号,可输入50位数字或字符。银行账号应对应于开户银行栏目所填写的内容。如果供应商在某开户银行中有多个银行账号,则在此处输入该企业同用户之间发生业务往来最常用的银行账号。
- 供应商属性:采购、委外、服务、国外,勾选不同的属性表示该供应商可以实现的采购业务,如勾选"采购"项表示在采购材料时该供应商可以被选用,勾选"委外"项表示在委外生产时可以作为委外加工商被选用,勾选"服务"项时表示在采购系统中开具采购的运费发票时可以被选用,勾选"国外"项表示在处理进口业务时该供应商可以被选用。

② "联系"选项卡。
- 分管部门:选择该供应商归属分管的采购部门。
- 专营业务员:表示该供应商由哪个业务员负责联系业务。只有在设置人员档案时,勾选了"业务员"项的人员,在此才能被选择(请参阅本书第3章图3-6)。
- 地址:可用于采购到货单中供应商地址栏内容的屏幕显示和打印输出,最多可输入127个汉字或255个字符。如果供应商的地址有多个,则在此处输入该企业同用户之间发生业务往来最常用的地址。
- 电话、手机号码:可用于采购到货单中供应商电话栏内容的屏幕显示和打印输出。
- 到货地址:可用于采购到货单中到货地址栏的缺省取值,它可以与供应商的地址相同,也可以不同。在大多数情况下,到货地址是供应商主要仓库的地址。
- E-mail:最多可输入127个汉字或255个字符,需手动输入,可为空。
- 到货方式:采购到货单中发运方式栏的缺省值,输入系统中已存在的代码时,自动转换成发运方式名称。
- 到货仓库:采购单据中仓库的缺省值,输入系统中已存在的代码时,自动转换成仓库名称(设置仓库档案之后,回到此处补充完成本设置)。

③ "信用"选项卡。
- 单价是否含税:显示的单价是含税价格还是不含税价格。
- 账期管理:默认为不可修改。如果用户选中,则表示要对当前供应商进行账期的管理,那么就必须选择立账依据。
- 应付余额:由系统自动计算并显示该供应商当前的应付账款的余额,不能手动修改该栏目的内容。
- ABC等级:可根据该供应商的表现选择A、B、C 3个信用等级符号表示该供应商的信用等级，可随时根据实际发展情况予以调整。
- 扣率：显示供应商在一般情况下给予的购货折扣率，可用于采购单据中折扣的缺省取值。
- 信用等级：按照用户自行设定的信用等级的分级方法，依据供应商在应付款项方面的表现，输入供应商的信用等级。
- 信用额度：内容必须是数字，可输入两位小数，可以为空。
- 信用期限：可作为计算供应商超期应付款项的计算依据，其度量单位为"天"。
- 付款条件：可用于采购单据中付款条件的缺省取值，输入系统中已存在的代码时，自动转换成付款条件表示。
- 最后交易日期：由系统自动显示供应商的最后一笔业务的交易日期。
- 最后交易金额：由系统自动显示供应商的最后一笔业务的交易金额。
- 最后付款日期：由系统自动显示供应商的最后一笔付款业务的付款日期。
- 最后付款金额：由系统自动显示供应商的最后一笔付款业务的付款金额。金额的单位为发生实际付款业务的币种。

> 提示　应付余额、最后交易日期、最后交易金额、最后付款日期和最后付款金额这5个条件项是系统在应付款管理系统中根据相关数据自动计算并显示在此的。如果没有启用应付款管理系统，则这5个条件项不可使用。这5个条件项在基础档案中只可查看，不可修改。

④ "其他"选项卡。
- 发展日期：供应商与企业建立供货关系的日期。
- 停用日期：如果因为信用等原因，企业决定停止与该供应商的业务往来，则在此输入该供应商被停止使用的日期。

> 注　只要是停用日期栏内容不为空的供应商，在任何业务单据中都不能使用，但可进行查询。如果要使被停用的供应商恢复使用，则将停用日期栏的内容清空即可。

- 使用频度：供应商在业务单据中被使用的次数。
- 对应条形码中的编码：最多可输入30个字符，可以随时修改，可以为空，不能重复。
- 备注：如果该供应商还有其他信息需要录入说明，则可以在备注栏录入，长度最多为120个汉字，可输入可不输入，也可随时修改备注内容。
- 所属银行：付款账号缺省时所属的银行，可输入可不输入。
- 建档人：在增加供应商记录时，系统自动将该操作员编码存入该记录中作为建档人，以后不管是谁修改这条记录均不能修改这一栏目，且系统也不能自动进行修改。
- 所属的权限组：该项目不允许编辑，只能查看；该项目在数据分配权限中被定义。
- 变更人：新增供应商记录时变更人栏目存放的操作员与建档人相同，以后修改该条记录时，系统自动将该记录的变更人修改为当前操作员的编码。该栏目不允许手动修改。
- 变更日期：新增供应商记录时变更日期存放当时的系统日期，以后修改该记录时，系统自动用修改时的系统日期替换原来的信息。该栏目不允许手动修改。

> 提示　建档人、所属的权限组、变更人和变更日期这4项只能查看，不能修改。

3. 客户分类设置

企业可根据业务需要对客户进行分类，便于进行管理，比如可将客户按行业、地区等进行划分，然后根据不同的分类建立客户档案。如果建账时未勾选"客户是否分类"项，则不能使用本功能。

例3-5 在 003 账套中设置客户分类，分类档案数据如下。

01：分销

02：零售

03：电商

4. 客户档案设置

客户档案用于设置往来客户的档案信息，以便管理客户资料，以及录入、统计和分析数据。如果在建立账套时勾选了客户分类，则必须设置完客户分类后再编辑客户档案。

建立客户档案主要是为企业的销售管理、库存管理和应收款管理服务。在填制销售出库单、销售发票，进行销售结算、应收款结算和有关客户单位统计时都会用到客户单位档案，因此必须正确设立客户档案，以减少工作差错。在输入单据时，如果单据上的客户单位不在客户档案中，则需要在此建立该客户的档案。

例3-6 在 003 账套中设置客户档案，客户档案数据如下。

客户编码	客户名称	所属分类
001	北京市远东有限公司	分销
002	上海上思实业有限公司	零售

客户档案的设置方式与供应商档案的设置方式类似，在此不再赘述，最终效果如图 3-10 所示。

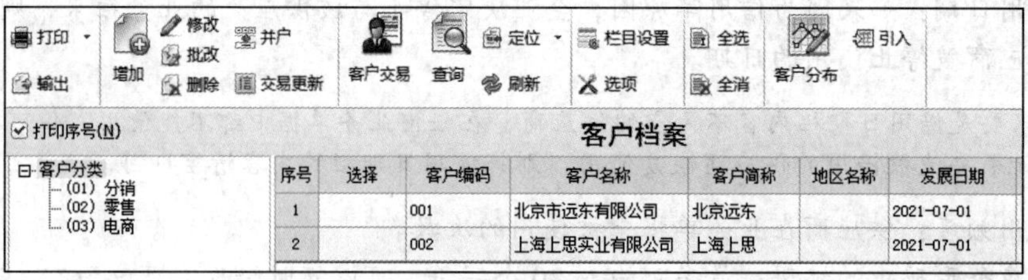

图 3-10

3.2.3 存货设置

存货即仓库内的库存商品，存货设置包括存货分类设置、计量单位设置和存货档案设置等。

1. 存货分类设置

对存货进行分类管理，便于企业统计和分析业务数据。存货分类最多可分为 8 级，编码总长不能超过 30 位，用户可自由定义每级级长。每个分类可以设置的项有分类编码、名称及所属经济分类。

例3-7 在 003 账套中设置存货分类，分类档案数据如下。

01：电子产品

02：食品

03：其他

（1）展开图 3-11 所示的"存货"菜单，选择"存货分类"命令，系统弹出"存货分类"设置窗口。

（2）单击"增加"按钮，按照例 3-7 分别进行存货分类设置，如图 3-11 所示。

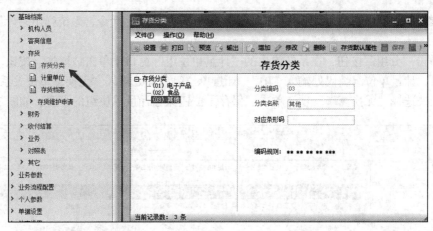

图 3-11

> **注** 只有在建账时勾选了"存货分类"项,才能在此设置存货分类。

工业企业与商业企业在设置存货分类时有所不同:工业企业的存货分类中一般分为材料、产成品和应税劳务等;而商业企业的存货分类一般分为商品和应税劳务等。然后再在这些分类下面设置明细分类。

2. 计量单位设置

计量单位是系统在进行存货核算时,为不同存货设置的计量标准。存货的计量单位可以是单计量单位,也可以是多计量单位(如1支笔为1支,12支笔为1打,10打为1盒)。因为进行出入库业务处理时,系统会自动换算,所以在设置存货档案之前要先设置计量单位。

设置计量单位前,应先对计量单位进行分组。用友U8软件提供的计量单位组可分为无换算、浮动换算和固定换算3种,每个计量单位组中都有一个主计量单位和多个辅计量单位,可以设置主、辅两种计量单位之间的换算率,还可以设置采购、销售、库存和成本系统所默认的计量单位。3种计量单位组的介绍如下。

- **无换算**:该组下的所有计量单位都单独存在,各计量单位之间不需要输入换算率,系统默认为主计量单位。
- **浮动换算**:设置为浮动换算率时,可以选择的计量单位组中只能包含两个计量单位。此时需要将该计量单位组中的主计量单位、辅计量单位显示在存货卡片上。
- **固定换算**:设置为固定换算率时,可以选择的计量单位组中可以包含两个以上(不包括两个)的计量单位,且每一个辅计量单位对主计量单位的换算率不为空。此时需要将该计量单位组中的主计量单位显示在存货卡片上。

例3-8 在003账套中设置计量单位组,然后在该计量单位组下面设置计量单位。设置内容如下。

"01:无换算单位关系组":类别为无换算关系(表明该计量单位组内的单位之间没有换算关系)。

请在"无换算单位关系组"下增加以下计量单位。

001:台 002:只
003:条 004:个
005:盒 006:块

（1）展开图3-11所示中的"存货"菜单，选择"计量单位"命令，系统弹出"计量单位"设置窗口。

（2）单击"分组"按钮，在系统弹出的"计量单位组"窗口中单击"增加"按钮，填写新的计量单位组，计量单位组编码处输入"01"，计量单位组名称处输入"无换算单位关系组"，计量单位组类别处选择"无换算率"项，单击"保存"按钮保存计量单位组的设置，如图3-12所示。

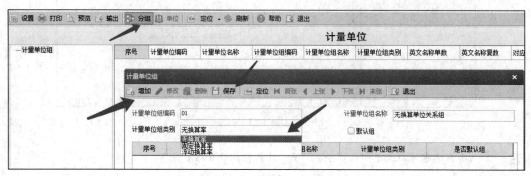

图 3-12

（3）单击"退出"按钮，退出"计量单位组"设置窗口。

（4）选定已经设置好的计量单位组（即"无换算关系单位组"），然后单击"单位"按钮，系统弹出"计量单位"设置窗口。

（5）单击"增加"按钮，在该计量单位组下增加新的计量单位。输入计量单位编码为"001"、计量单位名称为"台"，单击"保存"按钮保存设置。

（6）录入例3-8中的其他计量单位数据，如图3-13所示。

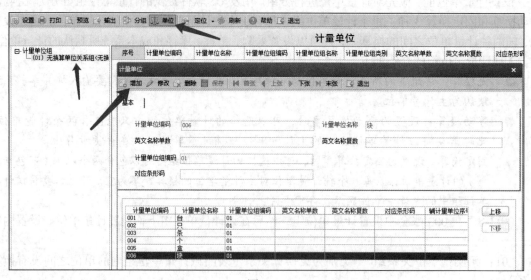

图 3-13

3. 存货档案设置

存货档案用于保存企业生产经营中的存货信息，便于企业管理这些数据并进行统计分析。存货档案包括存货基本信息、成本和控制等内容。

例3-9 在003账套中设置存货档案,档案数据如下。

存货编码	存货名称	计量单位	存货分类	存货属性	计价方式	进项和销项税率
01001	风火3游戏电脑	台	电子产品	采购、内销	移动平均法	13
01002	静雨8办公电脑	台	电子产品	采购、内销	移动平均法	13
02001	大米6PLUS手机	只	电子产品	采购、内销	移动平均法	13
03001	运输费	台	其他	应税劳务	移动平均法	

(1)展开图3-11所示的"存货"菜单,选择"存货档案"命令,系统弹出"存货档案"设置窗口。

(2)选中存货分类"01电子产品"项,然后单击"增加"按钮,系统弹出"增加存货档案"窗口。存货档案设置窗口有7个选项卡:基本、控制、价格成本、计划、其他、图片、附件。

(3)在"基本"选项卡中,存货编码录入"01001",存货名称录入"风火3游戏电脑",计量单位组选择"无换算单位关系组"项,主计量单位选择"台",存货属性中分别勾选"内销"项、"采购"项,如图3-14所示。

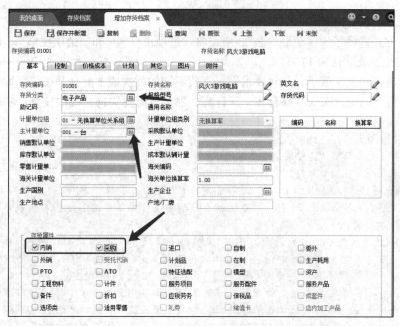

图3-14

① "基本"选项卡中的蓝色项目为必填项。

> **提示** 同一存货可以设置多个属性,如果没有为存货设置相应的属性,则填制相应的业务单据时,无法进行参照。如果没有设置存货的外购属性,则在采购入库单以及采购发票时,不能选择该存货。

② "控制"选项卡可以对存货进行物流控制,如最低库存、盘点周期、定额上限和积压标准等。
③ "价格成本"选项卡中包含控制存货成本方面的选项,如计价方式、最高进价和最低售价等内容。

计价方式选项用于设置存货出库时的成本计价方式。行业类型为工业时,计价方式可为计划价法、全月平均法、移动平均法、先进先出法、后进先出法和个别计价法;行业类型为商业时,计价方式可为售价法、全月平均法、移动平均法、先进先出法、后进先出法和个别计价法。图3-15显示001电脑整机选择的计价方式为"移动平均法"。

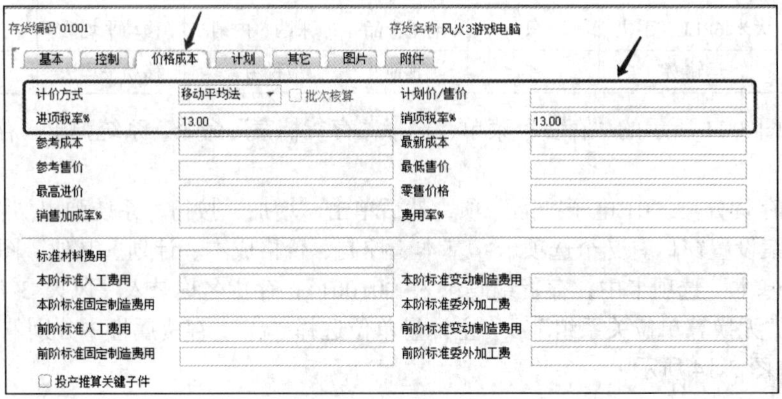

图 3-15

因为计价方式选择了"移动平均法",所以将"进项税率%"和"销项税率%"根据当前财税制度修改为13(系统默认为17)。

如果存货有使用批次管理,并且要求同一存货不同的批次成本要分开按"存货+批次"计算,而不是同一存货不同的批次成本都合在一起计算,那么就需要勾选"批次核算"项。

财务知识:计价方式

自2007年1月1日起所实行的新会计准则中,规定上市公司企业不得再使用"后进先出法"的计价方式,其他企业将逐步执行该规定。用友U8软件为了满足部分企业的需求,仍然保留该功能。

现举一例说明计价方式。比如公司先以10元1只的价格购买了10只鼠标,然后又以12元1只的价格购买了6只鼠标,现在以15元1只的价格销售了11只鼠标,则销售这11只鼠标的成本价就会因计价方式的不同而有所区别。

① 先进先出法:成本价为先进来的10只鼠标的成本100元再加上后进来的11只鼠标中的1只成本12元,在不考虑其他费用的情况下,本次销售利润为15×11-(100+12)=53元。

② 后进先出法:成本价为后进来的6只鼠标的成本72元,再加上先进来的10只鼠标中的5只成本50元,在不考虑其他费用的情况下,本次销售利润为15×11-(72+50)=43元。

③ 移动平均法:取当前所有鼠标的平均成本单价,表明鼠标的平均成本单价是(10×10+12×6)/(10+6)=10.75元,而本次销售成本则为11×10.75=118.25元,在不考虑其他费用的情况下,本次销售利润为15×11-118.25=46.75元。

④ 全月平均法:需要计算整个月的鼠标平均成本,必须在进行期末处理操作之后(请参阅本书第11章的11.6.1小节)才能计算出来,在未做期末处理之前,还可能有新的鼠标入库。

⑤ 个别计价法:单独手动指定存货的出库成本。

提示 在存货核算系统选择存货核算时必须对每一个存货记录都设置计价方式,缺省选择全月平均法,若前面已经有新增记录,则计价方式与前面新增记录的相同。如果存货核算系统中使用该计价方式,则不能对其进行修改。

④ "计划"选项卡用于设置生产型企业与生产、采购有关的物料的需求时间、数量等参数。

⑤ "其他"选项卡中包含设置存货启用日期和停用日期等选项。
⑥ "图片"选项卡用于设置该存货的图片信息，便于查询和显示。
⑦ "附件"选项卡用于设置该存货的相关附件资料，比如技术资料等。

（4）单击"保存"按钮保存数据，之后录入例3-9中的其他数据，录入完成的结果如图3-16所示。

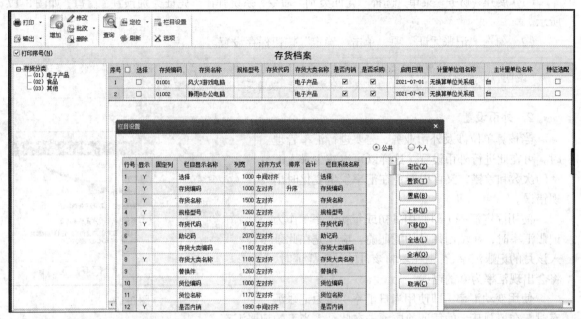

图 3-16

3.2.4 财务

财务方面的设置包括凭证类别、外币设置、会计科目和项目目录。

1. 凭证类别

凭证又分为原始凭证和记账凭证。原始凭证又称为单据，是在经济业务发生或完成时取得或填制的，用以记录或证明经济业务发生或完成情况的文字凭证，比如采购发票、销售发票、销售出库单、报销交通费的车票等。记账凭证又称为记账凭单，是会计人员根据审核无误的原始凭证按照经济业务事项的内容加以归类，并据此确定会计分录后所填制的会计凭证，它是登记账簿的直接依据，也就是通常所讲的借贷凭证。

按反映的经济业务内容的不同可以对记账凭证进行分类，比如可以分为收款凭证、付款凭证、转账凭证，也可以分为现金凭证、银行凭证、转账凭证。企业也可以按业务需求，自定义不同的凭证类别，用于后期按凭证类别进行分类统计或导出数据。为了应用方便，很多时候企业往往也只使用"记账凭证"这一种类别。

有的核算单位为了便于登记现金日记账和银行存款日记账，及时结出现金余额和银行存款余额，将现金收款和付款凭证作为现金凭证统一编号，将银行收款和付款凭证作为银行存款记账凭证进行统一编号，于是记账凭证就可以分为现金凭证、银行凭证和转账凭证3种。

如果核算单位业务量少、凭证不多，则可以不按以上凭证分类，就只使用一种凭证类别，即记账凭证。

实例分析 有的企业为了进行业务分类统计和分析,设置了多种凭证类别,不同的业务生成所属类别的凭证,后期可以按凭证类别进行查询统计,并且也可以将指定凭证导出,或者将指定凭证导入另外一套账中。

例3-10 在003账套中设置凭证类别为"记账凭证"。

(1)展开"财务"菜单,选择"凭证类别"命令,系统弹出"凭证类别预置"窗口,如图3-17所示。

(2)勾选"记账凭证"项,单击"确定"按钮保存设置。

说明 第一次设置凭证类别时,系统会提供几种常用的分类方式,如"记账凭证""收款凭证"等。这里还可以选择"自定义"分类方式,以满足不同单位的需求。

2. 外币设置

当核算单位涉及外币业务,需要进行汇率管理时,可在此进行外币设置。这样既可以减少录入汇率的次数和差错,又可以避免在汇率发生变化时出现错误。

使用固定汇率(即使用月初或年初汇率)作为记账汇率时,在填制每月的凭证前,应预先在此录入该月的记账汇率,否则在填制该月的外币凭证时,将会出现汇率为0的错误。

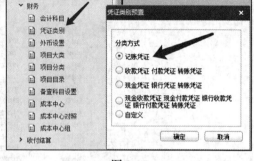

图3-17

使用变动汇率(即使用当日汇率)作为记账汇率时,在填制某天的凭证前应预先在此录入当天的记账汇率。

例3-11 在003账套中设置一个外币类别,设置内容如下。

币符:USD 最大误差:0.00001
币名:美元 汇率方式:固定汇率
汇率小数位:5 折算方式:外币×汇率=本位币

(1)展开图3-17所示的"财务"菜单,选择"外币设置"命令,系统弹出"外币设置"窗口,如图3-18所示。

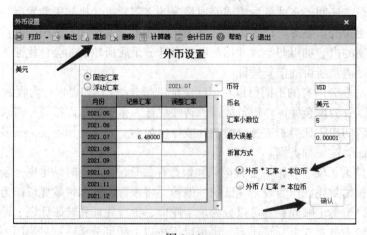

图3-18

（2）单击"增加"按钮输入例 3-11 中的外币设置信息。

（3）设置完毕后，单击"确认"按钮保存设置。在设置会计科目时可以引用外币。只有在建账时勾选"外币核算"项，才能使用本功能（请参阅本书第 2 章的 2.3 节）。

3. 会计科目

一级科目设置必须符合会计制度的规定，而明细科目则可以根据实际情况，在满足核算、管理及报表的要求下进行设置。在建账时（请参阅本书第 2 章的 2.3 节）如果选择了按行业预设科目，则系统会按新建账套的行业类型预设一级会计科目。

例3-12 在 003 账套中设置会计科目，设置内容如下。

类型	级次	科目编码	科目名称	币种核算	辅助账类型	余额方向	受控系统	银行账	日记账
资产	1	1001	库存现金			借			Y
资产	2	100101	人民币			借			Y
资产	2	100102	美元	美元		借			Y
资产	1	1002	银行存款			借		Y	
资产	2	100201	工行深圳金海支行			借		Y	Y
资产	2	100202	招行建安支行			借		Y	Y
资产	1	1121	应收票据		部门客户	借	应收系统		
资产	1	1122	应收账款		部门客户	借	应收系统		
资产	1	1123	预付账款		部门供应商	借	应付系统		
资产	1	1221	其他应收款			借			
资产	2	122101	部门应收款		部门核算	借			
资产	2	122102	个人应收款		个人往来	借			
资产	1	1405	库存商品			借	存货核算系统		
资产	1	1406	发出商品			借	存货核算系统		
资产	1	1604	在建工程		项目核算	借			
资产	1	1605	工程物资		项目核算	借			
负债	1	2201	应付票据		部门供应商	贷	应付系统		
负债	1	2202	应付账款			贷			
负债	2	220201	应付暂估款			贷			
负债	2	220202	应付商品款		部门供应商	贷	应付系统		
负债	1	2203	预收账款		部门客户	贷	应收系统		
负债	1	2211	应付职工薪酬			贷			
负债	2	221101	工资			贷			
负债	1	2221	应交税费			贷			
负债	2	222101	应交增值税			贷			
负债	3	22210101	进项税额			贷			
负债	3	22210102	销项税额			贷			
负债	1	2231	应付利息			贷			
负债	1	2232	应付股利			贷			

续表

类型	级次	科目编码	科目名称	币种核算	辅助账类型	余额方向	受控系统	银行账	日记账
负债	1	2241	其他应付款			贷			
负债	2	224101	应付个人款		个人往来	贷			
损益	1	6601	销售费用			借			
损益	2	660101	差旅费		部门核算	借			
损益	2	660102	招待费		部门核算	借			
损益	2	660103	工资		个人往来	借			
损益	1	6602	管理费用			借			
损益	2	660201	交通费		部门核算	借			
损益	2	660202	通信费		部门核算	借			
损益	2	660203	薪资		部门核算	借			
损益	2	660204	折旧费		部门核算	借			
损益	2	660205	工资		个人往来	借			

（1）展开图3-19所示的"财务"菜单，选择"会计科目"命令，系统弹出"会计科目"设置窗口。如果在建账时勾选"按行业预设科目"项，则在设置会计科目时，系统自动生成相应行业的会计科目，在此基础上再根据企业的需要设置明细科目即可。

（2）在"会计科目"窗口中，单击"增加"按钮，系统弹出"新增会计科目"窗口，如图3-19所示。

图3-19

（3）按例 3-12 录入新的会计科目或修改已有的会计科目。

"新增会计科目"窗口中的部分项介绍如下。

- 币种核算：当科目需进行外币核算时，应勾选"币种核算"项（如果在建账时，没有设置本账套，那么需要进行外币核算时，"币种核算"项将不被激活，详情请参阅本书第 2 章的 2.3 节），并选择其核算的币种以及该科目是否需要日记账或银行账（比如现金科目则勾选"日记账"项，银行存款科目则勾选"日记账"与"银行账"两项），如图 3-20 所示。

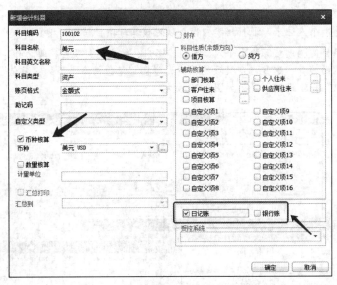

图 3-20

- 辅助核算：如果有些科目需要借助个人、部门、客户、供应商或项目完成相应的核算，则进行科目设置时，应勾选"辅助核算"中的相应项，如图 3-21 所示。

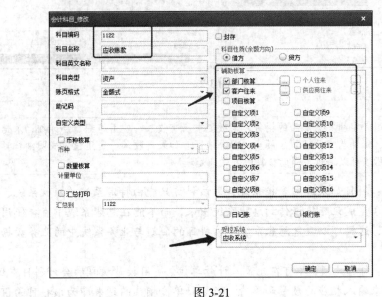

图 3-21

说明　如果不使用系统做财务账而使用手工做账时，会计科目是没有辅助核算一说的。手工做账是通过设置会计科目的下级明细科目方式来做账的，比如在"应收账款"科目下面设置客户名称，如果有50家客户，就设置50个明细科目来分别表示这50家客户，同时"预收账款"科目下也设置50个明细科目来分别表示这50家客户。如果要使用用友U8做账，则只要先设置好客户档案，然后将"应收账款"和"预收账款"科目的辅助核算设置成"客户往来"，则这两个科目就自动与客户档案有了勾稽关系，在填制凭证时，其效果与设置明细科目的效果是一样的，而且减少了设置明细科目的工作量，后期查询客户往来时也可以将指定客户所发生的所有科目业务在一个账簿中展现出来。

辅助核算的客户往来与客户档案勾稽、供应商往来与供应商档案勾稽、部门核算与部门档案勾稽、个人往来与职员档案勾稽、项目核算与项目档案勾稽。

会计科目的辅助核算除去个人、部门、客户、供应商、项目核算之外，还提供了16个自定义项辅助核算，这些自定义项的档案设置在"基础档案"下的"其他"菜单中，选择"自定义项"档案设置即可，如图3-22所示。

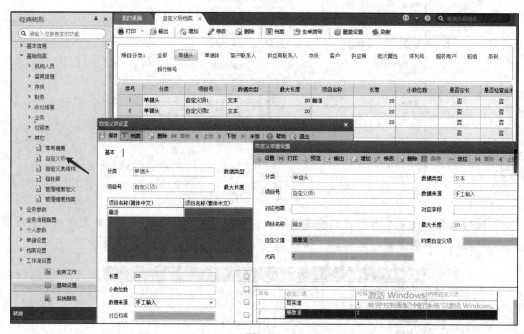

图 3-22

实例分析　某公司做字画等艺术品的销售，老板要求所有收入、费用等都需要详细记录是来自哪位艺术家、哪件艺术品、哪次展会、哪个地区。如果将收入、费用设置成明细科目将会比较烦琐，所以可以通过多辅助核算的方式来处理。

- 受控系统：科目如果选定受控系统，则该科目只能由特定系统（应收系统、应付系统和存货核算）生成记账凭证传到总账系统中来，而不能在总账系统中直接使用该科目填制记账凭证，这样可以避免总账系统中该科目的余额与业务系统中的业务数据对账不平的情况。
- 数量核算：勾选此项，即可在此录入计量单位。使用数量核算的会计科目在填制凭证时，系统会要求输入相应的数量和单价，数量和单价相乘的结果即为该科目的值。该功能常常用于没有启用存货核算系统，而只启用了总账系统的情况，在总账系统中填制数量金额凭证来记录库存商品的数量、单价、金额。在总账、明细账中查询该科目时，也可以以数量金额的方式来体现账簿。

（4）科目设置完毕后，单击"确定"按钮保存设置并退出。

实例分析　关于二级以下的会计科目名称到底如何设置才好呢？比如会计科目"6601 销售费用"和"6602 管理费用"，在这两个科目下都想增加"交通费"这个会计科目，那么是其下级科目名都设置为"交通费"，还是设置为"销售费用—交通费"和"管理费用—交通费"？如果采用第一种方案，那么在查询数据时，查到的"交通费"到底是属于"销售费用"，还是属于"管理费用"，就要在用友 U8 总账的"选项"设置中选择查询报表时，将报表科目显示为"全级名称"（也就是把该科目的上级科目全部显示出来）。

实例分析　如果同一科目如果要进行多币种核算，则需要启用多币种核算业务，详情请参阅本书第 4 章。

（5）在"会计科目"窗口中，单击"指定科目"按钮，系统弹出"指定科目"窗口，如图 3-23 所示。这里指定的现金科目和银行科目供出纳管理使用（在查询现金、银行存款日记账前，必须指定现金、银行存款科目）；指定现金流量科目，在总账中填制该科目凭证时，系统强制要求将该科目的发生业务记入各现金流量项目中，在此设置了现金流量科目之后，还需要到项目目录设置中增加一个现金流量项目，详情请参阅本章的项目目录设置。

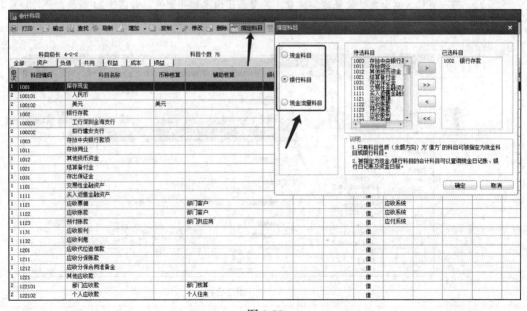

图 3-23

注　只有科目性质（余额方向）为"借方"的科目方可被指定为现金科目或银行科目。
UFO 报表中现金流量表的取数函数使用这些指定的现金流量科目，在录入凭证时，对指定的现金流量科目，系统自动弹出窗口，要求指定当前录入分录的现金流量项目。
如果不希望在填制凭证时系统强制要求将该科目的发生额记入现金流量项目中，则不要指定现金流量科目。

（6）若要修改科目信息，则可以在"会计科目"窗口中，选择科目，再单击"修改"按钮进行修改，单击"删除"按钮可删除科目。

注	不能删除已经制单或者录入了期初余额的科目；不能删除已被指定为"现金、银行科目"的科目，只有取消"现金、银行科目"的设置后方可删除。 在设置会计科目时要考虑与其他子系统的衔接。因为在总账系统中，只有末级会计科目才允许有发生额，才能接收各子系统转入的数据。 如果会计科目已有业务发生，则不要随意修改（增加或减少）会计科目的辅助核算项，这样会导致该科目的总账和辅助账对账不平，如果要修改，最好是在每年的年初将会计科目的期初清空之后再修改。
说明	如果已经制单或者有了期初余额的科目，再增加新的下级科目时，它会将与该科目有关的数据自动转至所增加的下级科目中的第一级。例如，原来只用 1001 现金科目来做人民币业务，如果制单后要在现金科目下面增加两个下级科目，比如 100101 人民币科目和 100102 美元科目，这时系统就会将原来 1001 现金科目的数据自动转至 100101 人民币科目业务中。
应用技巧	如果某个会计科目被停用，就可以对该科目进行封存，封存后的会计科目不会影响之前已发生的业务。在新增会计科目的过程中，如果遇到新增会计科目的下级科目与一个已设置好的科目的下级明细科目类似（如管理费用科目和销售费用科目的下级明细科目就常常类似），在这种情况下如果设置一批新的下级明细科目，非常浪费时间和人力，因此用友 U8 提供了成批复制下级明细科目的功能。可以将本账套或其他账套中相似的下级科目复制给某一科目，减少重复设置的工作量，并提高正确率和一致性，如图 3-24 所示，还可以从其他账套中将会计科目复制过来。

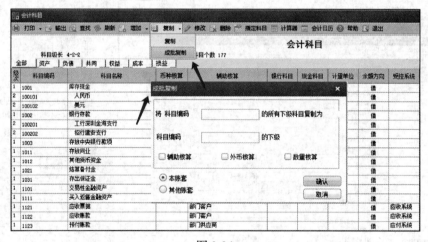

图 3-24

4. 项目目录

企业因业务核算的需要，要对具体的项目进行核算和管理，比如在建工程、对外投资、技术改造、销售合同等，可以通过设置项目档案，然后指定会计科目对其进行核算，后期可以查询该项目档案的业务报表。

在项目目录设置中，首先定义进行项目核算的项目大类，接着再定义该项目大类的项目级次（共可分为 8 级），然后在该项目大类下再定义项目小类。

建立完项目小类后,开始建立具体的项目档案。最后为该项目大类指定对其进行核算的会计科目。

例3-13 在003账套中设置项目档案,并设立项目核算。
项目大类:在建工程
项目级次:1
项目小类:工厂厂房
项目档案:001 科技园厂房;002 西丽厂房
核算科目:在建工程

(1)展开图3-25所示的"财务"菜单,选择"项目大类"命令,系统弹出"项目大类"设置窗口,如图3-25所示。在"项目大类"设置窗口中,单击"增加"按钮,系统弹出"项目大类定义_增加"窗口,输入新项目大类的名称为"在建工程",项目属性选为"普通项目"。

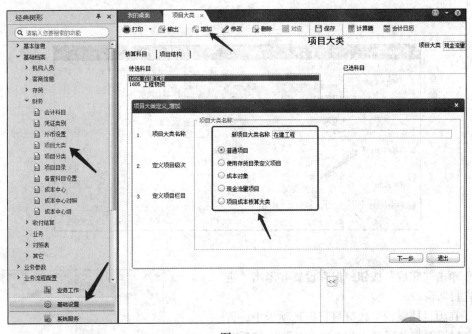

图 3-25

提示 如果选择"使用存货目录定义项目",则系统会自动勾稽存货档案生成存货的项目大类,用于有需要进行存货核算的会计科目(如"库存商品")进行存货的项目核算,如果是从外部系统(如采购入库单、销售出库单等生成凭证到总账中来时,其所对应的会计科目如果使用了项目核算,并且其项目是指存货目录,则自动将采购入库单、销售出库单上的存货作为此次核算的存货项目);如果选择"现金流量项目",则可以建立现金流量项目档案(系统自动建立默认档案,可以修改),用于指定了需要进行现金流量核算的会计科目使用。

(2)单击"下一步"按钮,进入图3-26所示的"定义项目级次"设置窗口。
系统默认一级为1,其他都为0,还可以修改项目级次,一共可以定义8级。
(3)系统的默认设置即可满足要求,单击"下一步"按钮,系统弹出"定义项目栏目"窗口,在这里定义项目描述。单击"增加"按钮可以增加新的描述字段,标题输入"备注",类型选择"文本",长度输入"60",如图 3-27 所示。

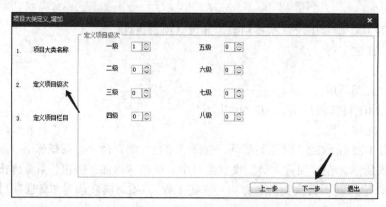

图 3-26

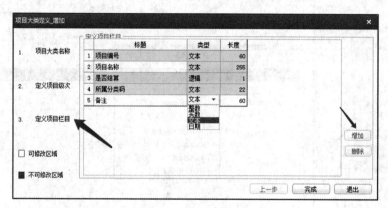

图 3-27

(4)单击"完成"按钮,保存设置并退出"定义项目栏目"窗口。

(5)在项目档案的"核算科目"选项卡中,首先选择已经设置好的项目大类"在建工程",然后单击"单箭头"按钮或"双箭头"按钮选择"待选科目"中的科目(选入的会计科目为"在建工程"和"工程物资"科目),如图 3-28 所示,这样,在填制凭证时,如果使用到该科目,系统就会自动提示要核算的项目档案。

图 3-28

说明　"核算科目"选项卡的待选科目是指设置科目选用了辅助核算中项目核算功能的科目(请参阅"会计科目设置")。

(6)选择"项目分类"命令,在"项目分类"窗口中,单击"增加"按钮,设置项目小分类,在分类名称处输入"工厂厂房",完成小分类的设置后,单击"保存"按钮进行保存,如图 3-29 所示。

- 66 -

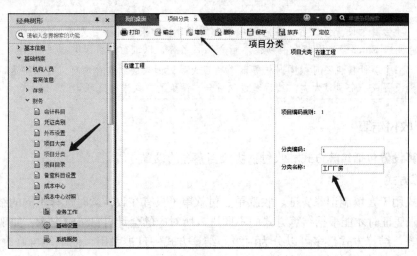

图 3-29

> **注意** 这里只是对已设置好的项目大类进行再分类,而不是最终的项目档案。

(7)选择"项目目录"命令,在项目大类中选择"在建工程",如图 3-30 所示。单击"确定"按钮,系统弹出"项目档案"维护窗口,单击"增加"按钮,增加具体的项目档案,在项目编号处输入"001"、项目名称处输入"科技园厂房";在项目编号处输入"002"、项目名称处输入"西丽厂房",如图 3-31 所示。

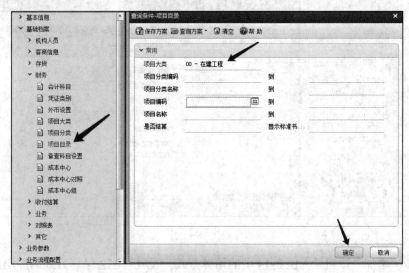

图 3-30

图 3-31

> **注意**
>
> 项目目录设置好之后,在总账中录入凭证时,如果会计科目为项目辅助核算的会计科目,则按 Enter 键,系统会自动提示输入项目名称,以进行该科目的项目核算。
>
> 一个会计科目不可以同时核算两个项目大类,如果遇到这种情况,可以将这两个项目大类设置成一个项目大类,然后通过项目分类设置的方式进行处理。

3.2.5 收付结算

收付结算设置包括结算方式和收付款协议档案等的设置。

1. 结算方式

结算方式用于在填制记账凭证、收款单、付款单(只有在收付款时选择不同的结算方式,系统在生成记账凭证时才能根据结算方式的不同进入所对应的会计科目)时记录,如现金结算、银行转账结算等。结算方式最多可以分为两级。结算方式一旦被引用,便不能再修改和删除。

例3-14 在 003 账套中设置结算方式,设置内容如下。

方式1:现金

方式2:转账

(1)展开"收付结算"菜单,选择"结算方式"命令,系统弹出"结算方式"设置窗口,如图 3-32 所示。

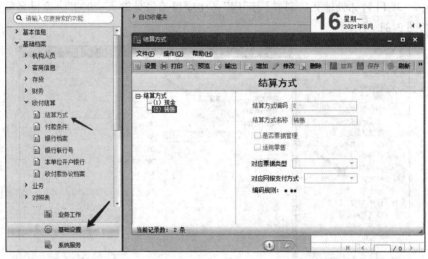

图 3-32

(2)单击"增加"按钮录入例 3-14 中的结算方式。设置时注意结算方式的编码规则。

> **注** 如果勾选了"是否票据管理"项,则在执行该种结算方式时,系统会提示记录发生该笔业务的票据信息(如票据号等),否则不会提示。

2. 收付款协议档案

收付款协议档案分为收款协议和付款协议,收款协议用于销售业务时使用,付款协议用于采购业务时使用,可以同时设置多种收款协议和付款协议,然后在设置客户档案时可以绑定收款协议,设置供应商档案时绑定付款协议,在产生销售业务和采购业务时,系统会自动根据该客商所绑定的协议(也可以在做销售订单或采购订单时在表头选择收付款协议)来计算应收应付的账期、收款付款时间、收款付款预测。

例3-15 在003账套中增加两个销售收款协议,第一个协议以销售发货单立账,账期为40天;第二个协议以销售发票立账,月结。

(1)展开"收付结算"菜单,选择"收付款协议档案"命令,系统弹出"收付款协议档案"设置窗口,如图3-33所示。单击"增加"按钮,新增一个收付款协议档案,录入收付款协议编码和名称(可自定义录入),立账依据选择"销售发货单",账期设置为"40"天。

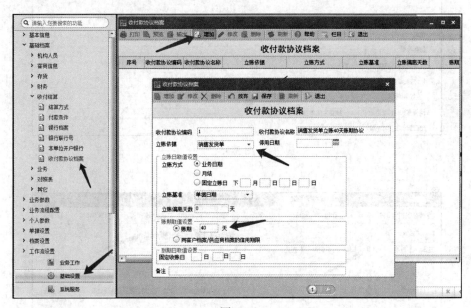

图 3-33

(2)单击"保存"按钮保存新增加的收付款协议档案。然后再新增一个收付款协议档案,录入收付款协议编码和名称(可自定义录入),立账依据选择"销售发票",立账方式选为"月结",如图3-34所示。

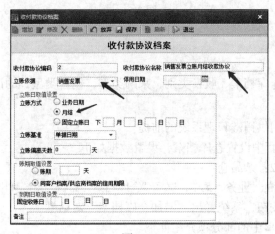

图 3-34

(3)在客户档案的"信用"选项卡中,可以选择该客户的销售默认的收付款协议,如图3-35

和图 3-36 所示。

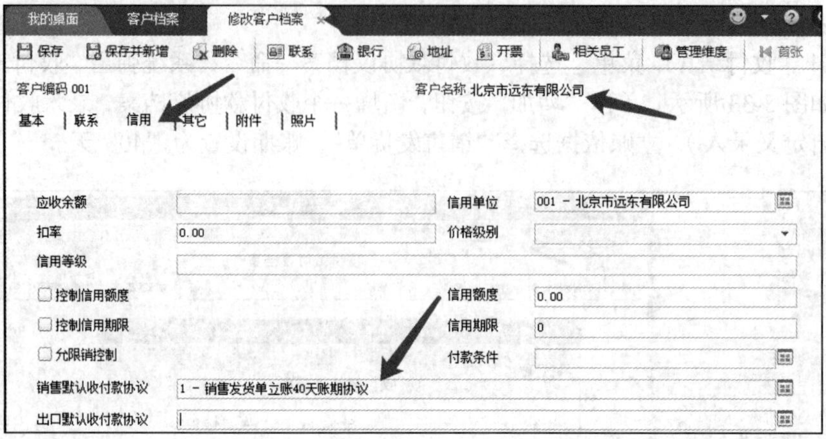

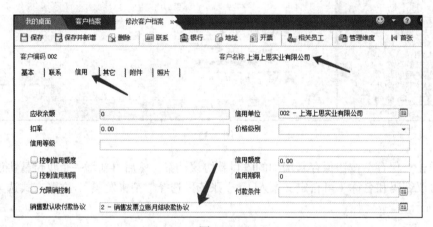

图 3-35

图 3-36

3.2.6 业务信息

业务信息设置包括仓库档案、收发类别、采购类型、销售类型等的设置。

1. 仓库档案

仓库档案设置是应用供销链管理系统的前提。

例3-16 在 003 账套中设置仓库档案，设置数据如下。

01：普通仓　　　02：杂品仓

（1）展开图 3-37 所示的"业务"菜单，选择"仓库档案"命令，系统弹出"仓库档案"设置窗口。

（2）单击"增加"按钮，系统弹出"增加仓库档案"对话框。

"增加仓库档案"窗口中的部分项介绍如下。

- 仓库编码：必须唯一，最多 10 位数字。
- 仓库名称：录入仓库名称，最多 20 个字符。

- 部门编码：当存货核算系统的选项设置中，成本核算选择了"按部门核算"时，就必须输入所属部门。
- 计价方式：系统提供6种计价方式，分别为工业有计划价法、全月平均法、移动平均法、先进先出法、后进先出法和个别计价法，或者为商业有售价法、全月平均法、移动平均法、先进先出法、后进先出法和个别计价法。每个仓库都必须选择一种计价方式。只有在存货核算系统的选项设置中，成本选择的核算方式为"按仓库计算"项，在此设置的仓库计算方式才能被使用。
- 仓库属性：可选择普通仓、现场仓和委外仓，默认为普通仓。普通仓用于正常的材料、产品、商品的出入库和盘点的管理，现场仓用于生产过程的材料、半成品和成品的管理，委外仓用于发给委外商的材料的管理。
- 货位管理：如果该仓库需进行货位管理，则勾选此项。如果该仓库已被使用，则此时再由货位管理改为非货位管理，系统将货位结存表中该仓库的所有信息删除；由非货位管理改为货位管理后，要在货位期初输入该仓库的各存货和各货位的结存情况。
- 记入成本、纳入可用量计算：系统默认勾选这两项。一般情况下，如果仓库所存储的存货为废品时，则不勾选这两项。

（3）设置"普通仓"的方式如图3-37所示，单击"保存"按钮保存设置，然后再录入例3-16中的其他数据。

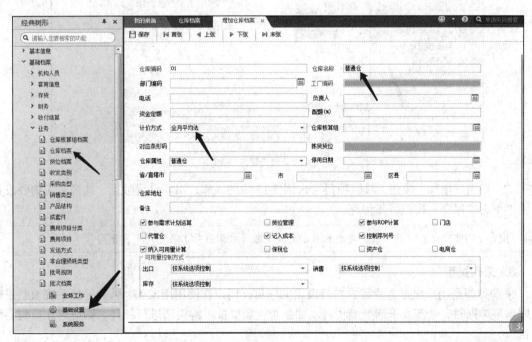

图 3-37

2. 收发类别

收发类别不一定单指材料，也可包括商品出入库类型，用户可根据实际需要自行设置，也可根据不同的业务类型进行统计和分析。例如，公司为客户临时提供样品供其测试使用，为了统计最终样品的出库情况，可以在出库类别中单独设置一个"样品出库"类别。这样，在填制出库单时，在出库类别项中选择"样品出库"项，就可以随时统计所有属于"样品出库"这种出库业务的数据。

例 3-17 在 003 账套中设置入库和出库类别，设置数据如下。

1：入库类别		2：出库类别	
11：采购入库	收发标志：入库	21：销售出库	收发标志：出库
12：调拨入库		22：调拨出库	
13：盘盈入库		23：盘亏出库	
14：其他入库		24：其他出库	

（1）展开"业务"菜单，选择"收发类别"命令，系统弹出"收发类别"设置窗口，如图 3-38 所示。

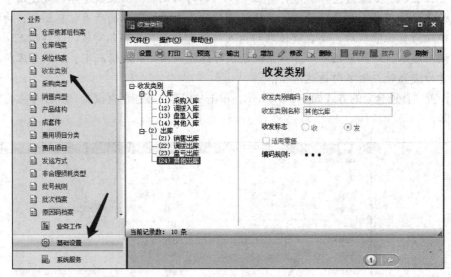

图 3-38

（2）单击"增加"按钮，对照项目录入例 3-17 中的入库、出库设置数据，选择对应的收发标志，再单击"保存"按钮将其保存。

 提示 收发标志代表该收发类别相对于仓库是收（收到存货）还是发（发出存货）。

3. 采购类型

采购类型是用户根据企业需要自行设定的项目，用户在使用用友 U8 采购管理系统填制采购入库单等单据时，会涉及采购类型栏目。如果企业需要按采购类型进行统计，则应建立采购类型项目。

例 3-18 在 003 账套中增加一个采购类型为"普通采购"，对应的入库类别为"采购入库"。

（1）展开"业务"菜单，选择"采购类型"命令，系统弹出"采购类型"设置窗口，如图 3-39 所示。

（2）单击"增加"按钮，增加一个采购类型，如普通采购，对应的入库类别为"采购入库"，单击"保存"按钮保存设置。

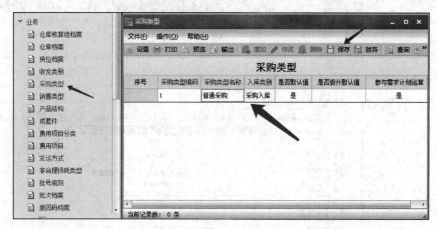

图 3-39

4. 销售类型

用户在处理销售业务时，可以根据自身的实际情况定义销售类型，以便按销售类型对销售业务数据进行统计和分析。本功能完成对销售类型的设置和管理后，用户可以根据业务的需要轻松地增加、修改、删除、查询和打印销售类型。

例3-19 在 003 账套中增加一个销售类型为"普通销售"，对应的出库类别为"销售出库"。

销售类型的设置方式与采购类型的一样，最后结果如图 3-40 所示。

图 3-40

3.3 单 据 设 置

在实际工作中，核算单位会根据业务的需要对所需的单据格式、单据编码进行设置。

3.3.1 单据格式设置

用友 U8 中的各种单据（如销售订单、采购订单等）格式可以自行设置，可以分别设置显示格式和打印格式。一张单据可以设置多种不同的格式，不同的格式可以绑定不同的操作员，也可以针对需要打印出不同的格式。

（1）展开"单据设置"菜单，选择"单据格式设置"命令，系统打开"单据格式设置"窗口，如图 3-41 所示。

（2）选择需要进行单据格式设置的单据，如应收单（可以分别设置这张单据的显示格式和打印格式）。

（3）如果要更改单据名称，则首先选定单据名称，然后单击鼠标右键，选择"属性"命令，在系统弹出的"属性"窗口中即可更改单据名称，如图 3-41 所示。

（4）在"单据格式设置"窗口中单击鼠标右键，可以分别选择"表头栏目"或"表体栏目"来对单据的表头或表体栏目进行设置，如图 3-42 所示。如果需要将表头或表体栏目显示在单据上，则勾选该栏目即可，反之则不用勾选。

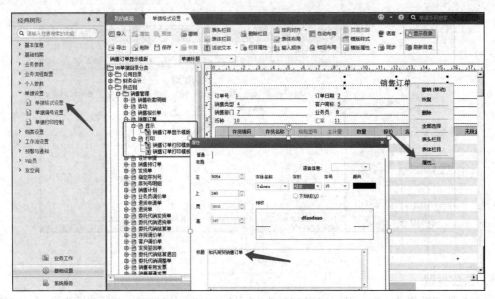

图 3-41

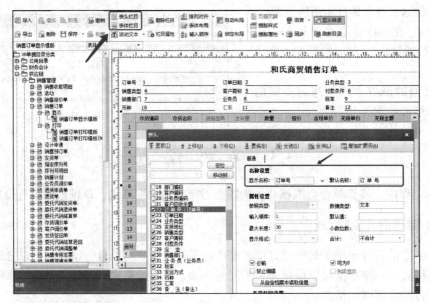

图 3-42

（5）表头和表体中显示为蓝色的项目为必填项或必选项（必须显示在单据上，并且填制单据时必输入），可以用鼠标拖曳项目调整单据上的项目排列格式，也可以单击"自动布局"命令由系统自动布局格式。

（6）格式设置完成后，单击"保存"按钮保存设置，或者打开"保存"下拉菜单，单击"另存"按钮另存一个单据格式名称。

3.3.2 单据编号设置

在新增单据时，单据编号可以手动录入，也可以由系统根据单据编码规则自动编号。

（1）展开"单据设置"菜单，选择"单据编号设置"命令，系统打开"单据编号设置"窗口，选择需要进行单据编码设置的单据，如图3-43所示。

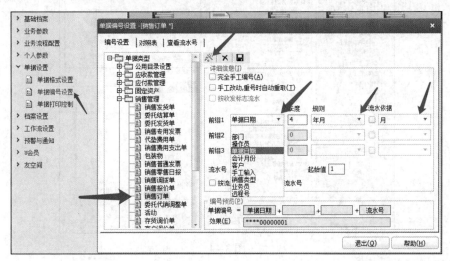

图 3-43

（2）打开"编号设置"选项卡，单击"更改" 按钮，即可设置单据的编码方式。

如果选择由系统自动编号，则可以选择系统自动编号时的单据编号为前缀+流水号的编号方式，可以同时有3个前缀+流水号，但要分别选择流水号依据。如果选择其他前缀，比如部门+流水号的编号方式，则可以到"对照表"选项卡中设置前缀所对应的编码。

（3）在用友U8的业务系统中增加该业务单据时（如销售订单），系统将根据所设置好的单据编码规则自动生成一个销售订单编码（如果编码规则选择的是"完全手工编号"，则需要手工录入单据编码）。

3.3.3 单据打印控制

企业可以根据需要适时打印业务单据，但有时企业的业务量大，在打印单据时，往往不知道打出来没有，或者是否多打了，从而导致出现业务混乱的情况。

例如，将一张采购订单打印出来传给供应商之后，隔了一段时间，又忘了是否曾将该张采购订单打印出来传给供应商，于是又打印一次，再传给供应商。实际业务中，企业常常希望能够避免类似的情况发生，而且从企业信息安全的角度考虑，也不允许随意打印业务单据。

用友U8系统中的"打印控制设置"功能，用于设置业务单据的最大打印次数和超次数打印时所需要的口令。

（1）展开"单据设置"菜单，选择"单据打印控制"命令，系统打开"单据打印控制"窗口，选择需要进行打印控制的业务单据，如图3-44所示。

（2）录入最大打印次数，0表示不控制，最大打印次数和超出打印次数口令为空，则表示不控制打印，可随意打印。

如果打印次数等于或大于设置的最大打印次数时，输入打印口令将允许继续打印，同时记录打印次数。

如果最大打印次数不为空，超次数打印口令为空，则表示此业务单据需要进行打印次数的控制，当打印次数等于或大于设置的最大打印次数时，则不允许再进行打印。

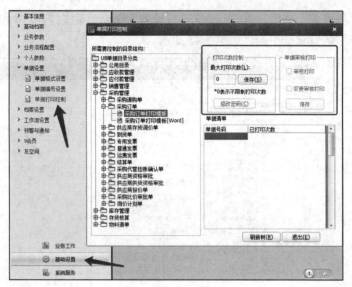

图 3-44

> **说明** 如果勾选"审核打印"项,则必须是审核通过的单据才可打印;如果勾选"变更审核打印"项,则有过变更的单据,必须经审核通过后才可打印。只有支持变更审核的单据该选项才能被启用。

3.4 档案编码设置

档案编码设置的目的是设置客户档案、人员档案、存货档案、供应商档案等,这些档案编码既可以手工录入,也可以根据事先设置好的编码方案,由系统自动产生,如图 3-45 所示。

档案编码设置的方法与单据编码设置的方法类似。

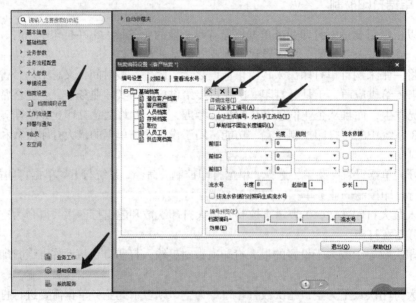

图 3-45

第 4 章　系统参数设置

> **本章重点**
> - 总账系统业务参数设置
> - 应收款管理系统业务参数设置
> - 应付款管理系统参数设置
> - 固定资产管理系统业务参数设置

本书的第 3 章介绍了为一套新建的账套设置基础档案的具体操作。本章将介绍如何在模拟账套中为启用的功能模块做初始化的参数设置，不同业务参数的设置和功能点的控制将直接影响该模块的应用方式。各模块的业务参数设置可以在各模块系统的"选项"中进行，也可以在"业务参数"下选择各模块系统来设置。

4.1　总账系统业务参数设置

总账系统的选项设置用于设置总账系统中的各业务处理方案。

（1）展开"业务参数"下的"财务会计"菜单，选择"总账"命令，系统弹出总账的"选项"设置窗口，如图 4-1 所示。

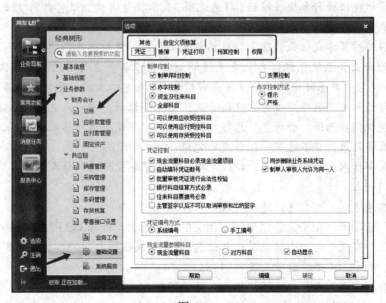

图 4-1

部分选项卡及选项卡中的部分内容介绍如下。

① "凭证"选项卡，用于设置与凭证相关的控制参数。
- 制单序时控制：勾选此项，表示填制凭证时，凭证日期只能由前往后填。例如，填制了 2021 年 8 月 5 日的凭证就不能再填制 2021 年 8 月 4 日的凭证。
- 支票控制：勾选此项，表示在制单时录入了未在支票登记簿中登记的支票号，系统将提供登记支票登记簿的功能。
- 赤字控制：表示在科目制单时如果最新余额出现负数，则系统将予以提示。如果勾选此项，则可以选择将"资金及往来科目"进行控制或将"全部科目"都进行控制；控制时只是显示提示信息不能再制单（即严格控制）。
- 可以使用应收受控科目、可以使用应付受控科目、可以使用存货受控科目：指某科目为其他系统的受控科目（如客户往来科目为应收、应付系统的受控科目），为了防止重复制单，应只允许其受控系统使用该科目制单，总账系统不能使用该科目制单。

> 注 如果允许使用受控科目，则有可能引起其他系统与总账对账不平。例如，在应收款管理系统中，A 客户的应收账款为 20 万元，但是在总账系统中除了接收来自应收款管理系统的 A 客户的 20 万元应收账款信息之外，又单独在总账中新增了 A 客户的应收账款 5 万元，这样就会造成应收款管理系统中 A 客户的应收账款（20 万元）与总账系统中 A 客户的应收账款（25 万元）对账不平。所以建议不要勾选这几项，将应收款、应付款、存货的业务处理完全交由应收款管理系统、应付款管理系统、存货核算系统进行，在总账系统中，这些科目都不能被用来填制凭证，只有这几个系统都已经启用的情况下才这样设置。受控科目请参阅本书第 3 章的会计科目设置。

- 现金流量科目必录现金流量项目：勾选此项，表示在录入凭证时，如果使用现金流量科目，则必须输入现金流量项目及金额。
- 自动填补凭证断号：勾选此项，表示凭证编号的方式为系统编号而非手工编号时，在新增凭证时，系统按凭证类别自动查询本月的第一个断号，并将其作为本次新增凭证的凭证号。如无断号则使用新号，编码规则不变。
- 批量审核凭证进行合法性校验：勾选此项，表示批量审核凭证时针对凭证进行二次审核，提高凭证输入的正确率，合法性校验与保存凭证时的合法性校验相同。
- 银行科目结算方式必录、往来科目票据号必录：如果勾选此两项，则必须录入。
- 同步删除业务系统凭证：各业务系统的业务最终都会自动将记账凭证传递到总账系统中，如将应收款系统中的收款单保存审核之后，就可以生成记账凭证传递到总账系统中。如果勾选此项，则在应收款系统删除这张记账凭证时，相应地也会将传递到总账系统的这张凭证同步删除；否则，将总账凭证作废，不予删除，即总账中仍然保留着曾经发生过的业务记录，只不过是一张作废的凭证。
- 制单人审核人允许为同一人：勾选此项，表示填制凭证的制单人和这张凭证的审核人允许为同一人。
- 凭证编号方式：可自选，建议勾选"系统编号"。

② "账簿"选项卡，用于设置账簿打印相关的控制参数，如图 4-2 所示。
- 打印位数宽度（包括小数点及小数位）：定义正式账簿打印时各栏目的宽度，包括摘要、金额、外币、汇率、数量及单价。
- 凭证套打、账簿套打：选择凭证、账簿是否套打。套打是用友公司专门为用友软件用户设计的，适用于各种打印机输出管理用表单与账簿。这些表单与账簿是带格式线的空表，套打时，系统只打印具体的数据，而不打印格式线。

- 明细账（日记账、多栏账）打印方式：按月排页，即打印时从所选月份范围的起始月份开始将明细账按顺序排页，再从第一页开始将其打印输出，打印起始页号为"1页"，这样，若所选月份范围不是第一个月，则打印结果的页号必然从"1页"开始排；按年排页，即打印时从本会计年度的第一个会计月开始将明细账按顺序排页，再将打印月份范围所在的页打印输出，打印起始页号为所选月份在全年总排页中的页号，这样，若所选月份范围不是第一个月，打印结果的页号就有可能不是从"1页"开始。
- 打印设置按客户端保存：如果有多台计算机使用用友U8软件，不同的计算机上配置有多台不同型号的打印机时，勾选此项，则可以按照每台计算机上单独的打印机类型和打印选项设置，打印凭证和账簿。

③ "凭证打印"选项卡，用于设置与凭证打印相关的控制参数，如图4-3所示。
- 合并凭证显示、打印：勾选此项可以再次选择是"按科目、币种、摘要相同方式合并"或"按科目、币种相同方式合并"。在填制凭证、查询凭证、出纳签字和凭证审核时，以系统选项中的设置显示；在科目明细账显示或打印时，在明细账显示界面提供是否"合并显示"的选项。

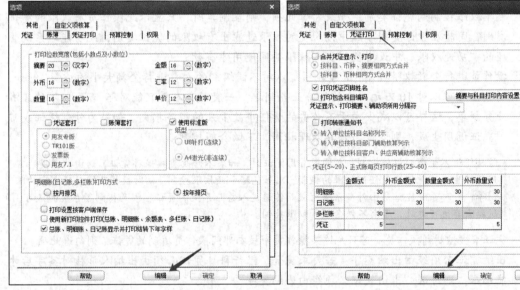

图4-2　　　　　　　　　　图4-3

- 打印凭证页脚姓名：勾选此项，在打印凭证时，自动打印制单人、出纳、审核人、记账人的姓名；不勾选则不打印。
- 打印包含科目编码：勾选此项，在打印凭证时，系统除了打印科目名称之外，自动打印科目编码；不勾选则不打印。
- 摘要与科目打印内容设置：用于设置在凭证打印时，摘要与会计科目要打印的内容。
- 凭证、正式账每页打印行数：用于设置凭证、正式账的每页打印行数。

④ "权限"选项卡，可以设置总账系统的权限，如图4-4所示。
- 制单权限控制到科目：如果勾选此项，则在制单时，操作员只能使用具有相应制单权限的科目制单，这个功能要与在系统管理的"功能权限"中设置科目权限共同使用才有效。

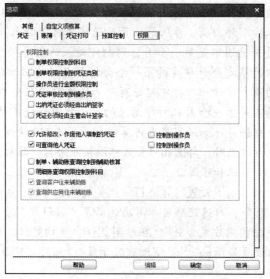

图 4-4

- 制单权限控制到凭证类别：如果勾选此项，则在制单时，只显示此操作员有权限的凭证类别，同时在凭证类别参照中按人员的权限过滤出有权限的凭证类别，此功能与系统管理的"功能权限"中设置凭证类别权限共同使用才有效。
- 操作员进行金额权限控制：选择此项可以对不同级别的人员进行金额大小的控制。例如，财务主管可以对 10 万元以上的经济业务制单，一般财务人员只能对 5 万元以下的经济业务制单，这样可以减少由于不必要的责任事故带来的经济损失。如果为外部凭证或常用凭证调用生成，则处理与预算处理相同，不做金额控制。

注：结转凭证不受金额权限控制；在调用常用凭证时，如果不修改直接保存凭证，则由被调用的常用凭证生成的凭证不受任何权限的控制，比如包括金额权限控制、辅助核算及辅助项内容的限制等；外部系统凭证是由外部系统生成而传递进入总账系统的凭证，因为得到了系统的认可，所以除非进行更改，否则不做金额等权限控制。

- 凭证审核控制到操作员：若只允许某操作员审核本部门操作员填制的凭证，则勾选此项。
- 出纳凭证必须经由出纳签字：若要求现金、银行科目凭证必须由出纳人员核对签字后才能记账，则勾选"出纳凭证必须经由出纳签字"。
- 凭证必须经由主管会计签字：若要求所有凭证必须由主管签字后才能记账，则勾选"凭证必须经由主管会计签字"。
- 允许修改、作废他人填制的凭证：若勾选此项，则在制单时可修改或作废他人填制的凭证，否则不能修改。
- 可查询他人凭证：若允许操作员查询他人凭证，则勾选"可查询他人凭证"。
- 制单、辅助账查询控制到辅助核算：只有设置此项权限，制单时才能使用有辅助核算属性的科目录入分录，辅助账查询时只能查询有权限的辅助项内容。
- 明细账查询权限控制到科目：这是权限控制的开关，在系统管理中设置明细账查询权限，必须在总账系统选项中打开，才能起到控制作用。
- 查询客户往来辅助账、查询供应商往来辅助账：勾选这两项，可以查询客户、供应商往来辅助账。

⑤ "其他"选项卡,用于设置在查询部门账、个人账、项目账或参照部门目录、个人目录、项目目录时,是按这些档案的编码排序还是按名称排序,并设置外币汇率方式,如图4-5所示。
● 显示名称:用于设置凭证和账表在显示和打印时使用客户和供应商的全称或简称,报表科目用于设置在报表查询和打印时是显示末级名称还是全级名称。

> **提示** 报表科目显示名称,如果选择"末级名称",则在报表显示时只会显示该科目的名称,这样查询时就无法知道其上级科目,比如在一级科目"办公费用"和"销售费用"科目下都有设置"交通费"这个二级科目,那么在报表展示时只看到"交通费"科目,而这个"交通费"科目发生的业务属于哪个一级科目呢?所以建议将报表科目选为"全级名称"。

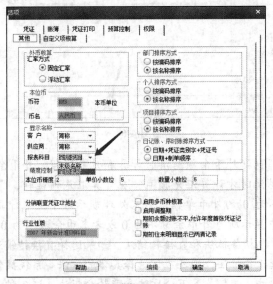

图 4-5

(2)最后单击"确定"按钮保存设置。

4.2 应收款管理系统业务参数设置

应收款管理系统的选项用于设置应收款管理系统中的各业务处理方案。
(1)展开"业务参数"下的"财务会计"菜单,选择"应收款管理"命令,系统弹出应收款管理的"账套参数设置"窗口,如图4-6所示,单击"编辑"按钮可以修改参数设置。
部分选项卡及选项卡中的内容介绍如下。
① "常规"选项卡。
● 应收单据审核日期:包括单据日期和业务日期。如果选择"单据日期",则在单据审核时,自动将审核日期(即入账日期)记为单据日期。如果选择"业务日期",则在单据审核时,自动将审核日期(即入账日期)记为当前业务日期(即登录日期)。

> **说明** 单据审核日期依据是单据日期还是业务日期来决定业务总账、业务明细账、余额表等的查询期间取值。如果使用单据日期为审核日期,则月末结账时单据必须全部审核,因为下月无法以单据日期为审核日期,而业务日期则无此要求。在账套的使用过程中,可以随时将选项从按单据日期改成按业务日期。若需要将选项从按业务日期改成按单据日期,则需要判断当前未审核单据中有无单据日期在已结账月份中的单据,若有,则不允许修改。

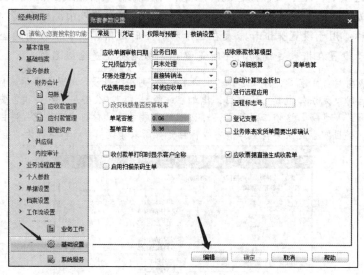

图 4-6

- **汇兑损益方式**：包括外币余额结清时计算和月末处理。外币余额结清时计算表示仅当某种外币余额结清时才计算汇兑损益，在计算汇兑损益时，界面中仅显示外币余额为 0 且本币余额不为 0 的外币单据；月末处理表示每个月末计算汇兑损益，在计算汇兑损益时，界面中显示所有外币余额不为 0 或者本币余额不为 0 的外币单据。

- **坏账处理方式**：包括备抵法和直接转销法。如果选择直接转销法，则不进行坏账计提准备处理。如果选择备抵法，则还应该选择具体的方法。系统提供了 3 种备抵的方法，即应收余额百分比法、销售收入百分比法和账龄分析法。这 3 种方法需要在初始设置中录入坏账准备期初和计提比例或输入账龄区间等，并在坏账处理中进行后续处理。如果选择了直接转销法，则直接在下拉框中选择该方法即可。当坏账发生时，直接在坏账发生处将应收账款转为费用即可。

- **代垫费用类型**：表示从销售管理系统传递的代垫费用单在应收款管理系统用何种单据类型进行接收。系统默认为"其他应收单"，用户也可在单据类型设置中自行定义单据类型。该选项随时可以更改（这个功能要与销售管理系统一起使用，本书中未涉及销售管理系统，在此不做介绍）。

- **应收账款核算模型**：包括详细核算和简单核算。系统默认选择详细核算方式。详细核算是指可以对往来账进行详细的核算、控制、查询和分析。如果销售业务以及应收款核算与管理业务比较复杂，或者需要追踪每一笔业务的应收款、收款等，或者需要将应收款核算到产品一级，那么最好选择详细核算。简单核算是指将销售传递过来的发票生成凭证并将其传递给总账系统（在总账中以凭证为依据进行往来业务的查询），如果销售业务以及应收账款业务不复杂，或者现销业务很多，那么最好选择此方案。

 提示 在系统启用或者还没有进行任何业务（包括录入期初数据）时才允许从简单核算改为详细核算，而从详细核算改为简单核算随时都可以进行。用户要慎重，一旦有数据，简单核算就不能改为详细核算。

- 改变税额是否反算税率:税额一般不用修改,但在特定情况下,如系统和手工计算的税额相差几分,用户就可以对税额进行调整。在调整税额尾差(单笔)、保存(整单)时,系统将检查是否超过容差(容差是可以接受的误差范围),超过则不允许修改;未超过则允许修改。请用户设置这两项容差。此项在实际工作中经常用到,如果勾选此项,则可以再次设置单笔业务和整单业务的容差。

> **提示** 税额变动时,系统将变动差额与容差进行比较,如果变动差额大于设置的容差数值,则系统提示"输入的税额变化超过容差",恢复原税额。变动差额=无税金额×税率-税额。单笔容差根据表体的无税金额、税额、税率计算,整单容差根据无税金额合计、税额合计、表头税率计算。若单据表体存在多种税率,则系统不进行合计容差控制。本参数只能在销售系统没有启用时才可设置,如果销售系统已启用,则只能查看,不能编辑。

- 登记支票:若勾选此项,则系统自动将具有票据管理结算方式的付款单登记到支票登记簿(支票登记簿在总账系统的出纳管理中)。若不选择登记支票,则用户也可以通过收款单上的"登记"按钮,手工填制支票登记簿。用户可随时查看支票登记簿上的信息。
- 业务账表发货单需要出库确认:当选中此项时,在应收业务账表查询,不进行账期的应收货款的分析方式,按发货单查询时,发货单审核后(表示真实销售出库了)必须有出库单生成才会在应收账表中显示,否则发货单审核后无论是否有对应的出库单生成,都会在应收账表中显示。
- 收付款单打印时显示客户全称:勾选此项,表示收付款单打印时显示客户全称,否则就显示客户简称。
- 应收票据直接生成收款单:勾选此项,表示将应收票据保存的同时生成收款单;不勾选则表示将应收票据保存后,不生成收款单,只有在票据界面手工点"生成"按钮才可生成收款单。此功能一般用于快速收款使用。

② "凭证"选项卡。

选择"账套参数设置"中的"凭证"选项卡,如图4-7所示,单击"编辑"按钮可更改设置。

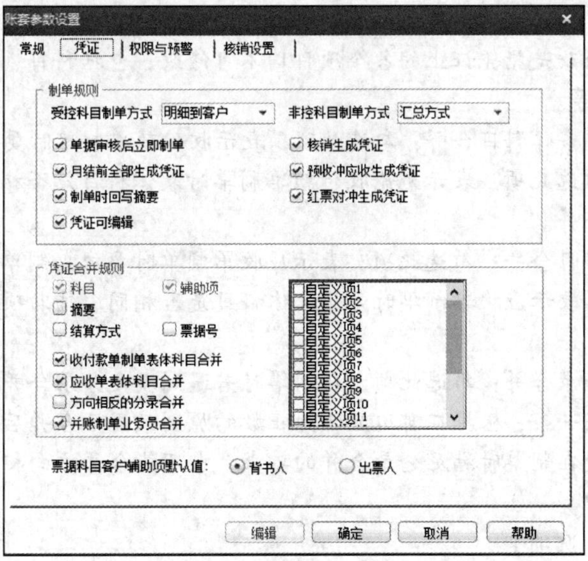

图 4-7

- 受控科目制单方式：可选择明细到客户或明细到单据。明细到客户是指将一个客户的多笔业务合并生成一张凭证时，如果核算的这多笔业务的控制科目相同，则系统自动将其合并成一条分录。这样在总账系统中就能够根据客户来查询其详细信息。明细到单据是指将一个客户的多笔业务合并生成一张凭证时，系统会将每一笔业务形成一条分录。这样在总账系统中就能查看到客户的每笔业务的详细情况（建议设置成为"明细到单据"）。

- 非控科目制单方式：可以选择明细到客户、明细到单据和汇总方式。明细到客户和明细到单据的设置方式同受控科目制单方式的一样。汇总方式是指将多个客户的多笔业务合并生成一张凭证时，如果核算的这多笔业务的非控科目相同，且其所带辅助核算项目也相同，则系统会自动将其合并成一条分录。这种方式可以精简总账中的数据。但在总账系统中只能查看到该科目的总的发生额，而查不到明细的业务发生情况。

- 月结前全部生成凭证：勾选此项，月末结账时将检查截止到结账月是否还有未制单的单据和业务。若有，则系统将提示不能进行本次月结处理，用户可以详细查看这些记录；若没有，则可以继续进行本次月结处理；若不勾选此项，则在月结时只允许查询截止到结账月的未制单单据和业务，不进行强制限制。

- 核销生成凭证：若不勾选此项，则不管核销双方单据的入账科目是否相同均不对这些记录进行制单；若勾选此项，则需要判断核销双方单据的入账科目是否相同，不相同时需要生成一张调整凭证。建议勾选此项。

- 预收冲应收生成凭证：勾选此项，当预收冲应收业务的预收、应收科目不相同时，需要生成一张转账凭证；不勾选此项，不管预收冲应收业务的预收、应收科目是否相同均不生成凭证。

- 红票对冲生成凭证：勾选此项，红票对冲时如果对冲单据所对应的受控科目不相同，则要生成一张转账凭证，月末结账时应在红票对冲处理中检查有无需要制单的记录；不勾选此项，红票对冲处理中不管对冲单据所对应的受控科目是否相同均不生成凭证，月末结账时不需要检查红票对冲处理制单情况。

- 凭证可编辑：勾选此项，表示生成的凭证可以修改；不勾选此项，表示生成的凭证不可修改，不可修改是指凭证上的各个项目均不可修改，包括科目、金额、辅助项（项目、部门）、日期等。

- 收付款单制单表体科目合并：勾选此项，表示收付款单制单时要依据制单的业务规则进行合并；不勾选此项，表示无论收付款单制单时表体科目是否相同、辅助项是否相同，制单时均不合并。

- 应收单表体科目合并：勾选此项，表示应收单制单时要依据制单的业务规则进行合并；不勾选此项，表示应收单制单时无论表体科目是否相同、辅助项是否相同，制单时均不合并。

- 方向相反的分录合并：勾选此项，在制单时若遇到满足分录合并的要求，系统自动将这些分录合并成一条，根据在哪边显示为正数的原则来显示合并后分录的显示方向；不勾选此项，即使在制单时满足分录合并的要求，也不能合并方向相反的分录，它们会原样显示在凭证中。

③ "权限与预警"选项卡。

选择"账套参数设置"中的"权限与预警"选项卡，如图4-8所示，单击"编辑"按钮可以修改设置。

- 控制操作员权限：有的核算单位对于权限的设置非常明细，比如当 A 操作员登录用友 U8 应收款管理系统时，只让其看到自己有权限的客户的相关业务数据；B 操作员登录用友 U8 应收款管理系统时，只让其看到自己有权限的客户的相关业务数据；而主管 C 登录用友 U8 应收款管理系统时，则可以看到全部客户的相关业务数据。如果遇到这种情况，就需要使用该设置。
- 单据预警：设置预警的提前天数。每次登录本系统时，系统自动显示单据到期日减去提前天数的结果小于或等于当前注册日期的已经审核的单据，以便通知业务员哪些业务应该回款了。如果选择了根据折扣期自动预警，则还需要设置预警的提前天数。每次登录本系统时，系统自动显示单据最大折扣日期减去提前天数的结果小于或等于当前注册日期的已经审核单据，以便通知业务员哪些业务将不能享受现金折扣待遇。若不勾选此项，则每次登录本系统时不会出现预警信息。

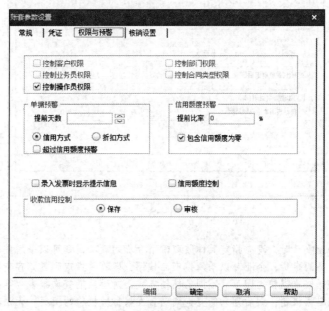

图 4-8

- 信用额度预警：系统根据设置的预警标准显示满足条件的客户记录，即只要该客户的信用比率小于等于设置的提前比率就对该客户进行预警处理。若选择对信用额度等于 0 的客户也预警，则当该客户的应收账款大于 0 时即进行预警。若不勾选此项，则不进行信用预警。
- 录入发票时显示提示信息：若勾选此项，则在录入发票时，系统会显示该客户的信用额度余额以及最后的交易情况。
- 信用额度控制：若勾选此项，则在应收款管理系统保存录入的发票和应收单时，如果票面金额加上应收借方余额再减去应收贷方余额的结果大于信用额度，则系统会提示本张单据不予保存。若不勾选此项，则在保存发票和应收单时不会出现控制信息。信用额度控制值选自客户档案的信用额度。

④ "核销设置"选项卡。

选择"账套参数设置"中的"核销设置"选项卡，如图 4-9 所示，单击"编辑"按钮可以修改设置。

- 应收款核销方式：系统提供两种应收款的核销方式，即按单据、按产品两种方式。若选择按单据核销，则系统将满足条件的未结算单据全部列出，由用户选择要结算的单据，根据选择的单据进行核销；若选择按产品核销，则系统将满足条件的未结算单据按存货列出，由用户选择要结算的存货，根据选择的存货进行核销。

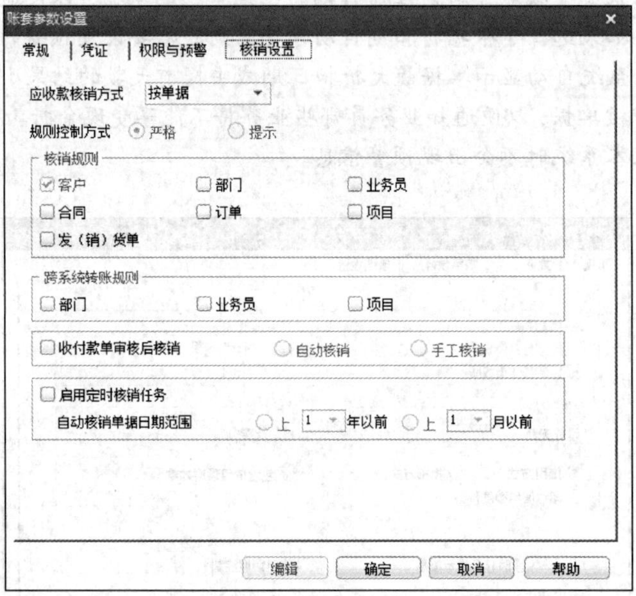

图 4-9

提示

如果企业收款时，没有指定具体收取哪个存货的款项，则可以采用按单据核销。对于单位价值较高的存货，企业可以采用按产品核销，即收款指定到具体存货上。对于一般企业来说，选择按单据核销即可。不同的核销方式，对于后期查询报表也会有不同的影响，比如选择按单据核销，则后期只能查询到销售发票付款核销的情况，无法具体到哪个销售存货的收款情况。如果有的企业在计算销售人员的提成奖金时，要根据所销售的商品和收款情况作为计算条件，则需要选择按产品核销。

- 规则控制方式：如果选择为严格，则核销时严格按照选择的核销规则进行核销，如不符合，则不能完成核销；如果选择为提示，则若核销时不符合核销规则，提示后，由用户选择是否完成核销。
- 核销规则：默认为按客户（收款单和销售发票上的客户名称要一致），可按"客户+其他"项进行组合选择，比如选择"客户+部门"，则表示核销时需客户相同、部门相同（收款单和销售发票上的客户和部门要一致）。其他依此类推。
- 跨系统转账规则：跨系统转账指背书冲应付和应收冲应付，默认为不勾选。如果勾选则表示按照勾选的转账规则进行转账，如选择部门，则表示转账时，需部门相同才可转账，其他以此类推。背书冲应付，只能按部门、业务员进行对应转账。
- 收付款单审核后核销：默认为不勾选，表示收付款单审核后不立即进行核销操作。如果勾选此项，则默认选择为自动核销，表示收付款单审核后立即进行自动的核销操作；如果选择为手工核销，则表示收付款单审核后，立即进入手工核销界面，由用户手工完成核销。
（2）最后单击"确定"按钮保存设置。

4.3 应付款管理系统业务参数设置

应付款管理系统的选项用于设置应付款管理系统中的各业务处理方案。
（1）展开"业务参数"下的"财务会计"菜单，选择"应付款管理"命令，系统弹出应付款管理系统的"账套参数设置"窗口，如图4-10所示，单击"编辑"按钮可以修改参数设置。

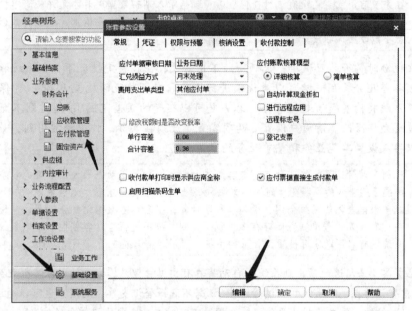

图4-10

各选项卡及选项卡中的部分内容介绍如下。
① "常规"选项卡。
- 应付单据审核日期：包括单据日期和业务日期。若选择"单据日期"，则在单据审核时，自动将审核日期（即入账日期）记为单据日期。若选择"业务日期"，则在单据审核时，自动将审核日期（即入账日期）记为当前业务日期（即登录日期）。

> 提示：单据审核日期依据是单据日期还是业务日期来决定业务总账、业务明细账、余额表等的查询期间取值。如果使用单据日期为审核日期，则月末结账时单据必须全部审核，因为下月无法以单据日期为审核日期，而业务日期则无此要求。在账套的使用过程中，可以随时将选项从按单据日期改成按业务日期。若需要将选项从按业务日期改成按单据日期，则需要判断当前未审核单据中有无单据日期在已结账月份的单据中，若有，则不允许修改。

- 汇兑损益方式：包括月末处理和外币结清。月末处理表示每个月末计算汇兑损益。在计算汇兑损益时，界面中显示所有外币余额不为0或者本币余额不为0的外币单据。外币结清表示仅当某种外币余额结清时才计算汇兑损益。在计算汇兑损益时，界面中仅显示外币余额为0且本币余额不为0的外币单据。

- 应付账款核算模型：包括详细核算和简单核算。系统默认选择详细核算方式。详细核算是指可以对往来账进行详细的核算、控制、查询和分析。如果采购业务以及应付款核算与管理业务比较复杂，或者需要追踪每一笔业务的应付款、付款等，或者需要将应付款核算到产品一级，那么最好选择详细核算（本书所讲内容为详细核算）。简单核算是指将采购管理系统传递过来的发票生成凭证，并将其传递给总账系统（在总账中以凭证为依据进行往来业务的查询），如果采购业务以及应付账款业务不复杂，或者现付业务很多，那么最好选择此方案。

> **提示** 在系统启用或者还没有进行任何业务（包括录入期初数据）时才允许从简单核算改为详细核算，而从详细核算改为简单核算随时都可以进行。用户要慎重，一旦有数据，简单核算就不能改回详细核算。

- 修改税额时是否改变税率：税额一般不用修改，但在特定情况下，如系统和手工计算的税额相差几分，用户就可以对税额进行调整。在调整税额尾差（单笔）、保存（整单）时，系统将检查是否超过容差（容差是可以接受的误差范围），超过则不允许修改，未超过则允许修改。请用户设置这两项容差。此项在实际工作中经常用到，如果勾选，则可以再次设置单笔业务和整单业务的容差。

> **提示** 税额变动时，系统将变动差额与容差进行比较，如果变动差额大于设置的容差数值，则系统提示"输入的税额变化超过容差"，恢复原税额。变动差额＝无税金额×税率－税额。单笔容差根据表体的无税金额、税额、税率计算；整单容差根据无税金额合计、税额合计、表头税率计算。若单据表体存在多种税率，则系统不进行合计容差控制。本参数只能在采购系统没有启用时才可设置，如采购系统已启用，则只能查看，不能编辑。

- 登记支票：若勾选此项，则系统会自动将具有票据管理结算方式的付款单登记到支票登记簿（支票登记簿在总账系统的出纳管理中）。若不选择登记支票，则用户也可以通过付款单上的"登记"按钮，手工填制支票登记簿。用户可随时查看支票登记簿上的信息。
- 收付款单打印时显示供应商全称：如果勾选此项，则表示收付款打印时显示供应商的全称；如果不勾选此项，则表示收付款单打印时显示供应商简称。
- 应付票据直接生成付款单：如果勾选此项，则表示将应付票据保存的同时也生成付款单；如果不勾选此项，则表示将应付票据保存后，不生成付款单，只有在票据界面手工点"生成"按钮才可生成付款单。

② "凭证" 选项卡。

选择"账套参数设置"中的"凭证"选项卡，如图 4-11 所示，单击"编辑"按钮可更改设置。

- 受控科目制单方式：可选择明细到供应商或明细到单据。明细到供应商是指将一个供应商的多笔业务合并生成一张凭证时，如果核算这多笔业务的控制科目相同，则系统将自动将其合并成一条分录。这样在总账系统中就能够根据供应商来查询其详细信息。明细到单据是指将一个供应商的多笔业务合并生成一张凭证时，系统会将每一笔业务形成一条分录。这样在总账系统中就能查看到供应商的每笔业务的详细情况（建议设置成为"明细到单据"）。

第 4 章 系统参数设置

图 4-11

- 非控科目制单方式：可以选择明细到供应商、明细到单据和汇总方式。明细到供应商和明细到单据的设置方式同受控科目制单方式的一样。汇总方式是指将多个供应商的多笔业务合并生成一张凭证时，如果核算这多笔业务的非控科目相同，且其所带辅助核算项目也相同，则系统自动将其合并成一条分录。这种方式的目的是精简总账中的数据。在总账系统中只能查看到该科目的总的发生额，而查不到明细的业务发生情况。
- 单据审核后立即制单：勾选此项，表示所有单据或业务处理后需要提示是否立即生成凭证；不勾选此项，表示所有单据或业务处理后不再提示是否立即生成凭证。
- 月结前全部生成凭证：如果勾选此项，则月末结账时将检查截止到结账月是否还有未制单的单据和业务。若有，系统将提示不能进行本次月结处理，用户可以详细查看这些记录；若没有，则可以继续进行本次月结处理。如果不勾选此项，在月结时只允许查询截止到结账月的未制单单据和业务，不进行强制限制。
- 制单后回写摘要：勾选此项，表示所有单据生成凭证时，修改的摘要内容要回写到单据上；不勾选此项，表示所有单据生成凭证时，修改的摘要内容不回写到单据上。
- 核销生成凭证：如果勾选此项，则需要判断核销双方单据的入账科目是否相同，不相同时，需要生成一张调整凭证；如果不勾选此项，则不管核销双方单据的入账科目是否相同均不对这些记录进行制单。建议勾选此项。
- 预付冲应付是否生成凭证：如果勾选此项，则预付冲应付业务的预付、应付科目不相同时，需要生成一张转账凭证；如果不勾选此项，则不管预付冲应付业务的预付、应付科目是否相同均不生成凭证。
- 红票对冲生成凭证：勾选此项，红票对冲时如果对冲单据所对应的受控科目不相同，则要生成一张转账凭证，月末结账时需要在红票对冲处理中检查有无需要制单的记录；不勾选此项，红票对冲处理中不管对冲单据所对应的受控科目是否相同均不生成凭证，月末结账时不需要检查红票对冲处理制单情况。

-89-

- 凭证可编辑：勾选此项，表示生成的凭证可以修改；不勾选此项，表示生成的凭证不可修改，不可修改是指凭证上的各个项目均不可修改，包括科目、金额、辅助项（项目、部门）、日期等。
- 收付款单制单表体科目合并：勾选此项，表示收付款单制单时要依据制单的业务规则进行合并；不勾选此项，表示无论收付款单制单时表体科目是否相同、辅助项是否相同，制单时均不合并。
- 应付单表体科目：勾选此项，表示应付单制单时要依据制单的业务规则进行合并；不勾选此项，表示应付单制单时无论表体科目是否相同、辅助项是否相同，制单时均不合并。
- 方向相反的分录合并：勾选此项，在制单时若遇到满足分录合并的要求，系统将自动把这些分录合并成一条，根据在哪边显示为正数的原则来显示合并后分录的显示方向；不勾选此项，即使在制单时满足分录合并的要求也不能合并方向相反的分录，它们会原样显示在凭证中。

③ "权限与预警"选项卡。

选择"账套参数设置"中的"权限与预警"选项卡，如图4-12所示，单击"编辑"按钮可以修改设置。

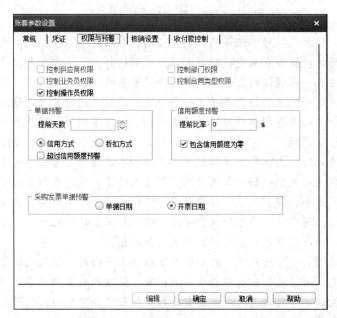

图 4-12

- 控制供应商权限：只有在企业门户设置中对"数据权限控制设置"的供应商进行记录集数据权限控制时该选项才可设置，账套参数中对供应商的记录集权限不进行控制时，应付款管理系统中不对供应商进行数据权限控制。如果勾选此项，则在所有的处理、查询中均需要根据该用户的相关供应商数据权限进行限制；如果不勾选此项，则在所有的处理、查询中均不需要根据该用户的相关供应商数据权限进行限制。系统默认缺省，即不需要进行数据权限控制，该项可以随时修改。

> 提示
>
> 有的核算单位对于权限的设置非常明细,比如,当 A 操作员登录用友 U8 应付款管理系统时,只让其看到自己有权限的供应商的相关业务数据,B 操作员登录用友 U8 应付款管理系统时,只让其看到自己有权限的供应商的相关业务数据,而主管 C 登录用友 U8 应付款管理系统时,则可以看到全部供应商的相关业务数据。如果遇到这种情况,就需要使用该设置。

- 控制部门权限:控制部门权限的设置方式与控制供应商权限的设置方式一样,只不过是对该操作员的所属部门权限进行明细控制。
- 单据预警:如果勾选此项,则需要设置预警的提前天数。每次登录本系统时,系统自动显示单据到期日减去提前天数的结果小于或等于当前注册日期的已经审核的单据,以便通知相关人员哪些业务应该付款了。如果选择了根据折扣期自动预警,则还需要设置预警的提前天数。每次登录本系统时,系统自动显示单据最大折扣日期减去提前天数的结果小于或等于当前注册日期的已经审核单据,以便通知相关人员哪些企业的业务将不能享受现金折扣待遇。如果不勾选此项,则每次登录本系统时不会出现预警信息。
- 信用额度预警:如果勾选此项,则系统根据设置的预警标准显示满足条件的供应商记录,即只要该供应商的信用比率小于等于设置的提前比率就对该供应商进行预警处理。若选择对信用额度等于 0 的供应商也预警,则当该供应商的应付账款大于 0 时即进行预警。如果不勾选此项,则不进行信用预警。
- 采购发票单据预警:选择单据日期,表示采购发票是依据单据日期进行预警的;选择开票日期,表示采购发票是依据开票日期进行预警的。

④ "核销设置" 选项卡。

选择"账套参数设置"中的"核销设置"选项卡,如图 4-13 所示,单击"编辑"按钮可以修改设置。

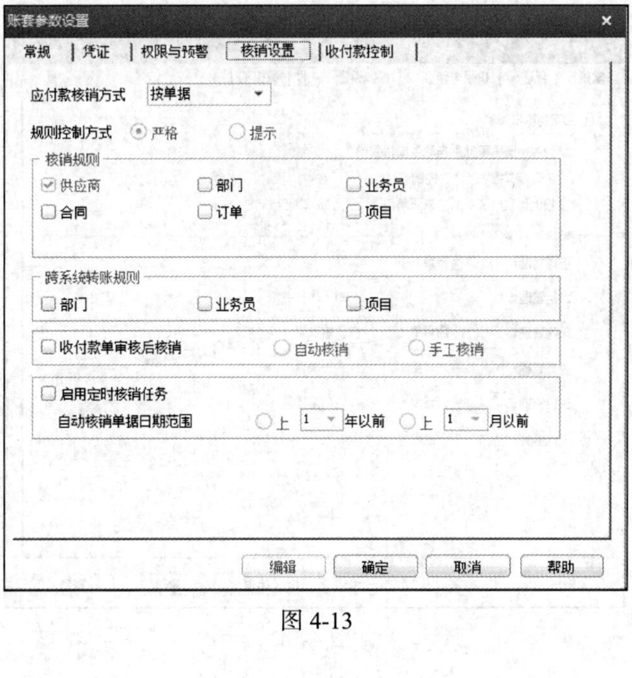

图 4-13

- 应付款核销方式：系统提供两种应付款的核销方式，即按单据、按产品两种方式。若选择按单据核销，则系统将满足条件的未结算单据全部列出，由用户选择要结算的单据，根据选择的单据进行核销；若选择按产品核销，则系统将满足条件的未结算单据按存货列出，由用户选择要结算的存货，根据选择的存货进行核销。

> **提示** 如果企业付款时，没有指定具体支付哪个存货的款项，则可以采用按单据核销。对于单位价值较高的存货，企业可以采用按产品核销，即付款指定到具体存货上。对于一般企业来说，选择按单据核销即可。不同的核销方式，对于后期查询报表也会有不同的影响，比如选择按单据核销，则后期只能查询到采购发票付款核销的情况，无法具体到哪个采购存货的付款情况。

- 规则控制方式：如果选择为严格，则核销时严格按照选择的核销规则进行核销，如不符合，则不能完成核销；如果选择为提示，则若核销时不符合核销规则，提示后，由用户选择是否完成核销。
- 核销规则：默认为按供应商（付款单与应付单上的供应商要相同），可按"供应商+其他"项进行组合选择，比如选择"供应商+部门"，则表示核销时，需供应商相同、部门相同（付款单上的部门与应付单上的部门要相同）。其他依此类推。
- 跨系统转账规则：跨系统转账指应收冲应付，默认为不勾选，如果勾选，则表示按照勾选的转账规则进行转账，如选择部门，则表示转账时，需部门相同才可转账。其他依此类推。
- 收付款单审核后核销：默认为不勾选，表示收付款单审核后不进行立即核销操作。如果勾选此项，则默认为自动核销，表示收付款单审核后立即进行自动的核销操作；如果选择为手工核销，则表示收付款单审核后，立即进入手工核销界面，由用户手工完成核销。

⑤ "收付款控制"选项卡。

选择"账套参数设置"中的"收付款控制"选项卡，如图4-14所示，单击"编辑"按钮可以修改设置。

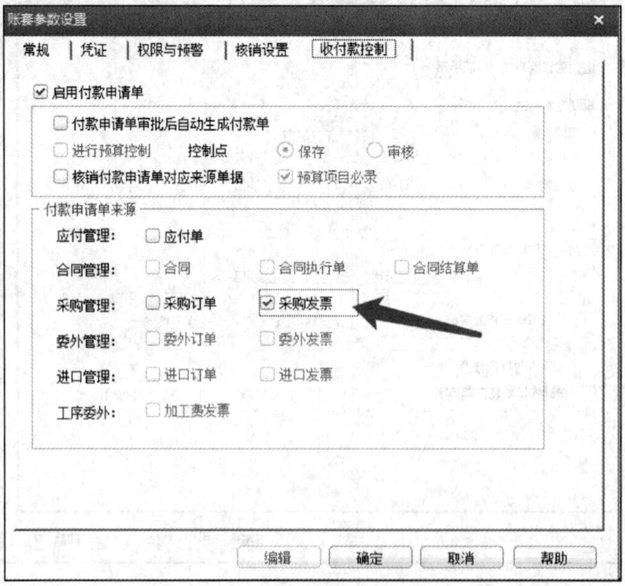

图 4-14

- 启用付款申请单：如果启用了付款申请业务，则应付款管理系统中会出现相关的业务菜单，否则相关菜单不可见（请参阅本书第6章的6.8节）。启用付款申请单后，付款单必须参照付款申请单生成，系统自动生成的付款单和红字的付款单不受此限制。采购管理、进口管理等系统中付款申请的操作受此项控制。
- 付款申请单审批后自动生成付款单：当启用付款申请业务选择为"是"时，则可选择付款申请单审批后是否可自动生成付款单。默认为是，可选择为否。
- 核销付款申请单对应来源单据：勾选此项，表示付款申请单生成的付款单在进行手工核销时，只能核销付款申请单生成时的来源单据；不勾选此项，表示付款申请单生成的付款单在进行手工核销时，不控制只能核销付款申请单生成时的来源单据，也可以核销其他符合条件的应付单据。此项可随时进行修改。
- 付款申请单来源：付款申请单来源单据在各业务系统（如采购管理系统）和应付款管理系统中均可进行设置，但被选中的单据，才可进行付款申请的操作。

（2）最后单击"确定"按钮保存设置。

4.4 固定资产管理系统业务参数设置

固定资产管理系统业务参数设置用于设置固定资产管理系统中的各业务处理方案。

（1）展开"业务参数"下的"财务会计"菜单，选择"固定资产"命令，如果是第一次进入固定资产管理系统，则系统将提示是否进行初始化，如图4-15所示。

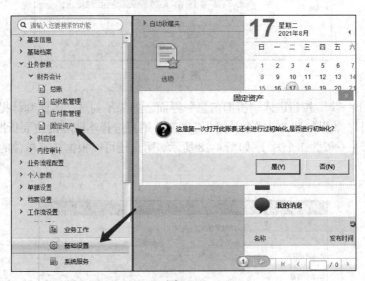

图 4-15

（2）单击"是"按钮，系统弹出固定资产"初始化账套向导"界面，进入"约定及说明"界面，如图4-16所示。

（3）仔细阅读约定及说明，然后选择"我同意"项，单击"下一步"按钮进入"启用月份"界面，如图4-17所示，系统以账套启用月份开始计提折旧，以此月之前的固定资产作为期初值。账套启用月份的修改需要到固定资产管理系统启用设置中进行。

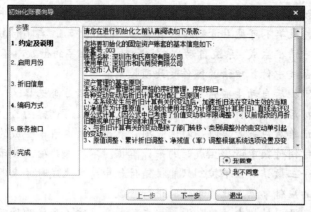

图 4-16

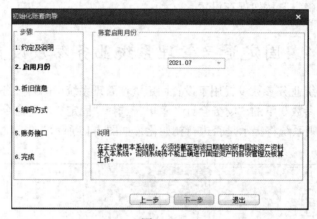

图 4-17

（4）单击"下一步"按钮进入"折旧信息"界面，如果不勾选"本账套计提折旧"项，则系统将不予计提折旧；如果勾选"本账套计提折旧"项，则要选择本账套的主要折旧方法，选择"折旧汇总分配周期"（一般为 1 个月），如图 4-18 所示，用户还可以根据核算单位的实际情况进行其他设置。

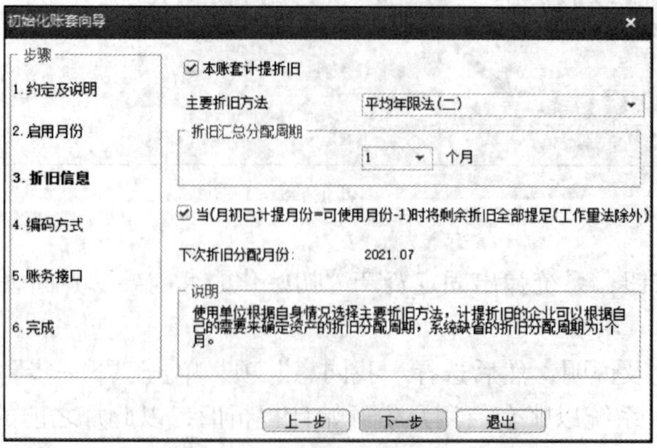

图 4-18

> 提示　有的核算单位的固定资产是不需要计提折旧的，比如大部分的行政单位以及部分事业单位。

（5）单击"下一步"按钮进入"编码方式"界面，在此设置"资产类别编码方式"（如"2-1-1-2"）和"固定资产编码方式"（可选择手工输入或自动编码，选择自动编码之后，还可以选择自动编码的方式），如图4-19所示。

> 提示　设定好类别编码方式后，如果某一级的编码在设置类别时被使用，则类别编码方式将不能修改，但未使用的类别可以修改。自动编码方式一经设定、使用，就不能再修改。

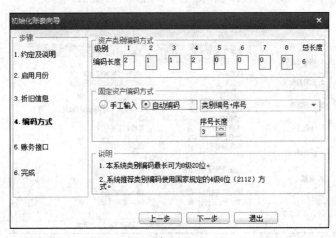

图 4-19

（6）单击"下一步"按钮进入"账务接口"界面，单击"固定资产对账科目"文本框和"累计折旧对账科目"文本框右侧的按钮，便可向财务系统（总账）传输数据，这样可进行固定资产核算业务的自动转账工作，如图4-20所示。建议不勾选"在对账不平情况下允许固定资产月末结账"项。

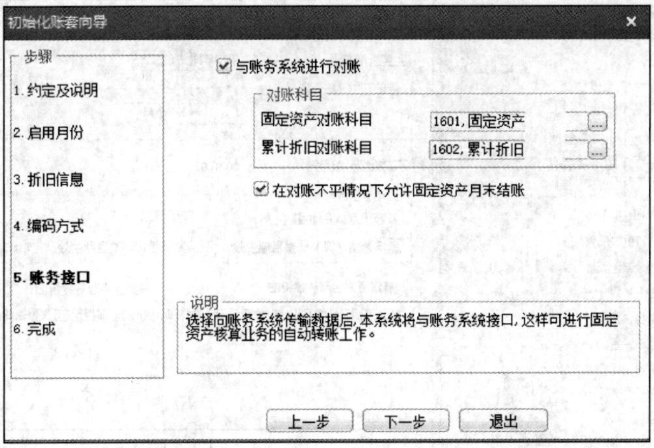

图 4-20

> 提示
>
> 本系统在月末结账前自动执行"对账"功能一次（存在相对应的总账账套的情况下），给出对账结果，如果不平衡，则说明两系统出现偏差，应予以调整。偏差不一定是由错误引起的，有可能是操作的时间差异（在刚开始使用账套时比较普遍，如第一个月原始卡片没有录入完毕等）造成的，因此会判断是否"在对账不平情况下允许固定资产月末结账"，如果希望严格控制系统间的平衡，并且能做到两个系统录入的数据没有时间差异，则不要勾选该项，否则就勾选。

（7）单击"下一步"按钮进入"完成"界面，系统列出本次的初始化结果。如果希望修改，则单击"上一步"按钮后，可重新进行设置，如图 4-21 所示，再单击"完成"按钮，系统提示是否保存初始化设置，单击"是"按钮，系统进入固定资产管理窗口。

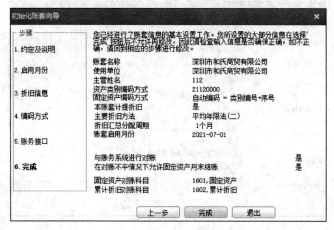

图 4-21

（8）再次展开"业务参数"下的"财务会计"菜单，选择"固定资产"命令，系统打开"选项"设置窗口，如图 4-22 所示。在"选项"窗口中列出本系统初始化时已设置好的参数，单击"编辑"按钮可进行参数设置。

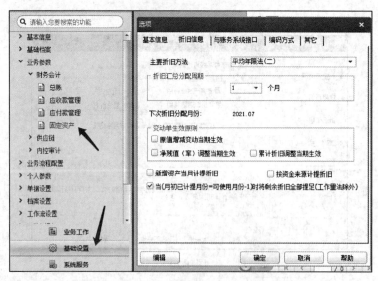

图 4-22

① 在"折旧信息"选项卡中，勾选"新增资产当月计提折旧"项，表示当月新增的固定资产计提折旧（根据财务制度，当月新增的固定资产系统是不提折旧的，如需计提折旧，则可以修改此项）。

② 打开"与财务系统接口"选项卡，如图 4-23 所示，该选项卡中的部分内容介绍如下。

- 业务发生后立即制单：如果勾选此项，则业务发生时会立即制单；如果不勾选，则系统将把没有制单的原始单据的资料收集到批量制单部分，使用批量制单功能统一制单。
- 月末结账前一定要完成制单登账业务：系统中有些业务在存在对应的总账账套的情况下应制作凭证，把凭证传递到总账系统，但是有可能一些经济业务在其他系统中已制作凭证，为避免重复制单，可不勾选此项。若要保证系统的严谨性，则可勾选此项，表示一定要完成应制作的凭证。如果存在没有制作的凭证，则本期间不允许结账。
- 按资产类别设置缺省科目：若勾选此项，则"固定资产对账科目"和"累计折旧对账科目"可以多选，但最多只能选 10 个；同时，可以在"资产类别"中录入"缺省入账科目"。

> **注意** 若在资产类别中设置了缺省入账科目，则在生成凭证时根据卡片所属末级资产类别带出相应的科目；若在资产类别中没有设置缺省入账科目，则在生成凭证时带出选项中设置的缺省入账科目。

- [固定资产]缺省入账科目、[累计折旧]缺省入账科目、[减值准备]缺省入账科目：在固定资产管理系统中制作记账凭证时，凭证中上述科目的缺省值将由这些设置确定。当这些设置为空时，凭证中的缺省科目为空。

③ 在"其他"选项卡中，可勾选"卡片关联图片"项，然后指定固定资产中的图片文件存放路径（如将固定资产的图片存放在"D:\固定资产图片"文件夹中），如图 4-24 所示。该选项卡的部分内容介绍如下。

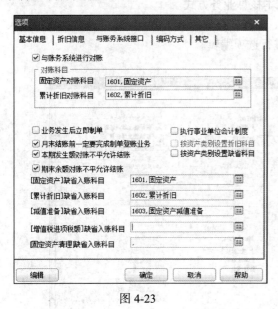

图 4-23

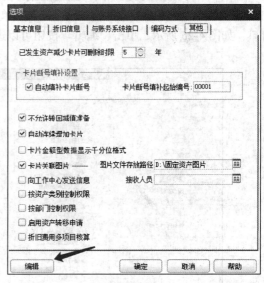

图 4-24

- 已发生资产减少卡片可删除时限：根据相关规定，已清理资产的资料应保留 5 年，所以系统设置了该时限，缺省为 5 年，只有 5 年后才能将相关资产的卡片和变动单删除（删除指从系统的数据库中彻底删除）。使用者可根据需要修改这个时限，系统按修改后的时限判断已清理资产的卡片和变动单能否删除。
- 卡片断号填补设置：企业管理资产卡片时要求卡片编号连续，因为有些原因删除卡片后会出现断号，需要连续编号时，可在此进行设置。
- 卡片断号填补起始编号：补足的卡片编号的最小值设置，新增的编号需大于等于起始编号。
- 不允许转回减值准备：2007年企业会计准则规定，资产减值损失一经确认，在以后会计期间就不得转回。若勾选此项，则该账套不允许转回减值准备。本项可以随时修改，新建账套中该项默认为选中。
- 自动连续增加卡片：勾选此项，卡片保存后会自动增加一张新的卡片。
- 卡片金额型数据显示千分位格式：勾选此项，单张卡片中的金额显示为千分位格式。
- 卡片关联图片：因为固定资产管理要求一定金额以上的固定资产在固定资产卡片中能联查扫描或用数码相机生成的资产图片，以便管理更具体、直观。因此在该项中增加固定资产卡片联查图片功能，允许在卡片管理界面中联查资产的图片文件。首先勾选"卡片关联图片"项，然后选择要存放图片的路径。系统自动查询用户选择的图片文件存放路径中，对应固定资产卡片编号（不是固定资产编号）的图片文件，图片文件可以保存为*.JPG、*.BMP、*.GIF、*.DIB等多种图片格式。在卡片管理时增加显示"图片"按钮，单击该按钮可以显示固定资产实物图片（请参阅本书第5章中的图5-48），或者单击鼠标右键选择"显示图片预览"来显示资产图片。

（9）最后单击"确定"按钮保存设置。

4.5　存货核算系统参数设置

存货核算系统参数设置用于设置企业存货成本核算业务方式。

（1）展开"业务参数"下的"供应链"菜单，选择"存货核算"命令，系统打开"选项录入"窗口，如图4-25所示，单击"编辑"按钮可以进行选项编辑。

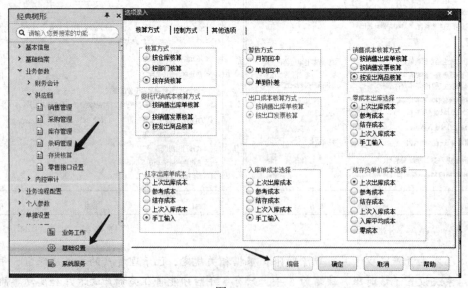

图 4-25

各选项卡及选项卡中的部分内容介绍如下。

① "核算方式"选项卡。

- 核算方式：包括按仓库核算、按部门核算、按存货核算。若选择"按仓库核算"项，则在仓库档案设置中设置每个仓库的成本计价方式，并且每个仓库单独核算出库成本；若选择"按部门核算"项，则在仓库档案设置中按部门设置计价方式，并且所属部门相同的仓库统一核算出库成本；若选择"按存货核算"项，则按在存货档案设置中设置的计价方式进行核算。系统默认"按仓库核算"。这里选择"按存货核算"。

重要提示：用友 U8 系统建账后的默认核算方式是"按仓库核算"，并且在建立仓库档案时，默认仓库的计价方式是"全月平均法"，很多用户在建账后直接使用用友 U8 的默认设置，在后期的业务中，如果出现一个月内在两个仓库之间的同一存货往返调拨，则成本计算将会非常麻烦，因为涉及存货调拨入库时的取价问题，而调拨入库单又取自调拨出库时的单价，但又因为是一个月内往返调拨，并且使用的还是全月平均法（每个仓库中的存货成本价是在仓库期末处理后才能出来），这就出现了一个自我循环取价的悖论，结果就是无解。所以一般建议在此选择"按存货核算"，并且存货档案设置中存货的计价方式选择为"移动平均法"，这样不管存货在哪个仓库中，其出库成本价都一样，但这个设置要注意一个现象，那就是存货入某仓库时的单价低，而出该仓库时的成本价高（或成本价低，系统自动计算），这样，在存货核算中查询该仓库的数据时，可能会出现该仓库存货的数量为 0，而金额的余额却为负数或正数的情况（这是因为系统在查询该仓库时直接计算的是出库金额减去入库金额），这是正常现象，只要不是查询某一仓库，而是查询所有仓库，总数量与总金额是能对应得起来的。另外，也有企业有多个仓库，希望将指定的仓库进行绑定，并与其他几个绑定在一起的仓库分开来计算成本，互不影响，那就可以使用"按部门核算"，在仓库档案设置中将需要绑定在一起的仓库所属部门设置成一个部门就可以，然后这几个仓库档案的计价方式一致。

- 暂估方式：暂估是指采购入库的货到票（采购发票）未到时，暂时估计该到货的入库成本，在此设置暂估成本的回冲方式。这里选择"单到回冲"。
- 销售成本核算方式：若选择"按销售出库单核算"，则库存管理系统中的销售出库单会传递到存货核算系统中来记账，生成主营业务成本；若选择"按销售发票核算"，则系统会将销售管理系统中的销售发票传递到存货核算系统中来记账，生成主营业务成本；若选择"按发出商品核算"，则库存管理系统中的销售出库单传递到存货核算系统中来记账，生成发出商品，将销售管理系统中的销售发票传递到存货核算系统中来记账，生成主营业务成本，并冲销发出商品。这里选择"按发出商品核算"

重要提示：由于销售发票才是企业形成应收账款（被认可是企业的资产）的依据，但是销售时往往先送货给客户（库存中的销售出库单），而销售发票却可能隔一段时间（如跨月，甚至更长时间）才开出来，于是为了将销售应收款确认和主营业务成本匹配，往往在销售开票时一边确认应收账款，一边结转主营业务成本，于是就会选择"按销售发票核算"，但会在财务账上又无法体现出销售出库的数据，所以很多时候也选择"按发出商品核算"，这样在财务科目上会体现出发出商品（发货未开票的数据）和主营业务成本（发货已开票的数据）。

提示：这里设置销售成本核算方式为"按发出商品核算"和在销售管理系统的选项设置中启用"分期收款"业务（请参阅本章中的"销售选项"参数设置）的目的在于，如果使用"按发出

-99-

商品核算",则表示所有销售业务都按发出商品核算;如果这里不选择"按发出商品核算",比如选择"按销售出库单核算",而此时在销售管理系统中,又启用了"分期收款"业务,于是在销售管理系统中,涉及的"分期收款"业务的销售业务(销售单据表头的"业务类型"中可以选择)则会使用"按发出商品核算",而销售管理系统中所销售业务如果不属于"分期收款"的销售业务,则会使用在此设置的"按销售出库单核算"。

- 零成本出库选择:零成本出库选择是指核算出库成本时,如果出现账中为零成本或负成本,造成出库成本不可计算时,出库成本的取值方式。如果选择"上次出库成本",则系统取明细账中此存货的上一次出库单价作为本出库单据的出库单价,计算出库成本;如果选择"参考成本",则系统取存货档案设置中此存货的参考成本,即参考单价作为本出库单据的出库单价,计算出库成本;如果选择"结存成本",则系统取明细账中此存货的结存单价作为本出库单据的出库单价,计算出库成本;如果选择"上次入库成本",则系统取明细账中此存货的上一次入库单价作为本出库单据的出库单价,计算出库成本;如果选择"手工输入",则系统提示用户输入单价作为本出库单据的出库单价,计算出库成本。该设置可以随时进行修改。
- 红字出库单成本:对以先进先出或后进先出方式核算的红字出库单据记明细账时,出库成本的取值方式。该设置与零成本出库设置的原理一样。
- 入库单成本选择:入库单成本选择是指对入库单据记明细账时,如果没有填写入库成本即入库成本为空时,入库成本的取值方式。该设置与零成本出库设置的原理一样。

② "控制方式"选项卡如图 4-26 所示。

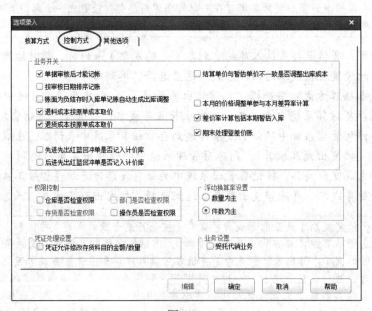

图 4-26

- 业务开关:在此设置各业务开关,建议勾选"单据审核后才能记账""退料成本按原单成本取价""退货成本按原单成本取价"项。

> **提示** 勾选退料成本按原单成本取价、退货成本按原单成本取价项，退料单参照生产材料出库单生成，退料成本取材料出库单上的成本；退货单参照销售出库单生成，退货成本取销售出库单上的成本（只适用于销售成本核算方式按销售出库单核算时，请参阅图4-25中的"销售成本核算方式"）；该项只适用于"先进先出法"或"移动平均法"核算方式，如果不是用这两种成本核算方式，则退料、退货单上的成本要么自己手工填制，要么按入库单0单价的处理方式处理（请参阅图4-25中的"零成本出库选择"）。

- 仓库是否检查权限：若勾选此项，则操作员在录入单据或查询账表时，系统将判断操作员是否有该单据、该账表的仓库的录入、查询权限，若操作员没有该仓库数据的使用权限，则不允许录入或查询该仓库数据，如张三负责材料库管理，李四负责成品库管理，王五则所有仓库都可以管理。
- 操作员是否检查权限：设置原理与仓库是否检查权限的一样。
- 浮动换算率设置：在进行存货录入时，如果计量单位有浮动换算的情况，则可以设置以数量为主或以件数为主进行反算。
- 凭证处理设置：在存货核算系统中生成的凭证允许手工修改存货科目的金额的数量，不建议勾选，因为有可能造成存货与总账对账不平的情况。

③ "其他选项"选项卡如图4-27所示，该选项卡中的内容很少用到，本书不作介绍。

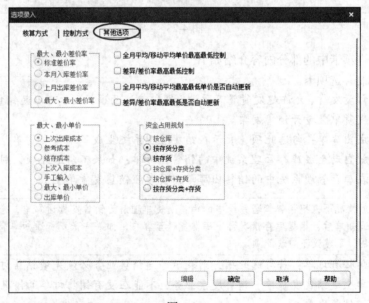

图4-27

（2）最后单击"确认"按钮保存设置。

4.6 销售管理系统业务参数设置

销售管理的选项用于设置销售管理系统中的各业务处理方案。

（1）展开"业务参数"下的"供应链"菜单，选择"销售管理"命令，系统弹出"销售选项"窗口，如图4-28所示。

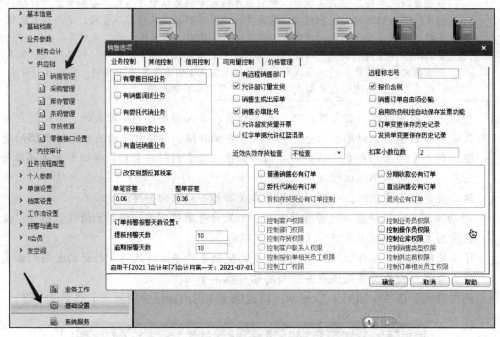

图 4-28

各选项卡及选项卡中的部分内容介绍如下。

① "业务控制"选项卡。

- 允许超订量发货、允许超发货量开票：分别勾选这两项，表示可以超销售订单数量出库、超销售发货单数量开销售发票。
- 销售生成出库单：勾选此项，表示在销售管理系统生成了销售发货单，对销售发货单审核之后就自动生成库存管理系统中的销售出库单；如果不勾选此项，则销售发货单审核之后，在库存管理系统中的销售出库单需要参照销售发货单生成。

> **提示** 一般情况下，把销售管理系统中的销售发货单理解为销售发货通知单，仓库在接到销售发货通知单后，根据库存情况再出库发货送至客户，如果一张发货通知单需要分批销售出库送货，则建议不勾选此项。

- 普通销售必有订单：若勾选此项，则表示普通销售业务必须先填销售订单，然后再根据销售订单生成销售发货单、销售发票业务，不能在没有销售订单的情况下直接新增销售发货单、销售发票。
- 订单变更保存历史记录、发货单变更保存历史记录：分别勾选这两项，表示销售订单、销售发货单在变更处理后，变更记录会被保存供查询。
- 改变税额反算税率：税额一般不用修改，但在特定情况下，如系统和手工计算的税额相差几分，则用户可以调整税额尾差。勾选此项，设置系统允许调整的税差额度。
- 订单预警报警天数设置：用于设置系统根据销售订单上的要求与交货期相比对，提前预警天数（提前多少天通知需要处理销售出库）和逾期报警天数（迟到多少天还没有处理销售出库）。

② 打开"销售选项"中的"其他控制"选项卡，如图 4-29 所示。

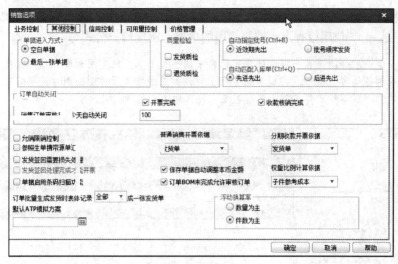

图 4-29

- 单据进入方式：用于设置打开销售相关单据时，系统显示的方式是空白单据还是最后一张单据。
- 订单自动关闭：用于设置销售订单自动关闭的条件。
- 普通销售开票依据和分期收款开票依据：用于设置销售开票时可以参照的是销售发货单还是销售出库单（选择"销售发货单"表示只要有发货通知就可以开票，如果选择的是"销售出库单"，则只有销售出库送货之后才能开票）。

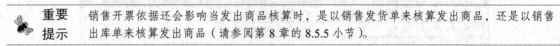

重要提示 销售开票依据还会影响当发出商品核算时，是以销售发货单来核算发出商品，还是以销售出库单来核算发出商品（请参阅第 8 章的 8.5.5 小节）。

③ 打开"销售选项"中的"信用控制"选项卡，如图 4-30 所示。

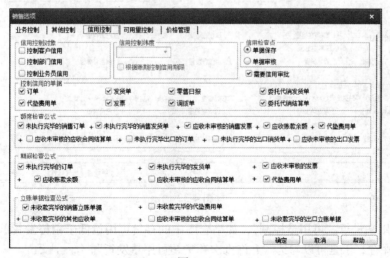

图 4-30

在本选项卡中设置销售业务处理时需要控制信用的方案，如信用控制对象（客户、部门、业务员，可自由组合，信用额度在客户档案、部门档案、业务员档案中进行设置，详情请参阅本书

第 3 章中基础档案设置中的客户、部门、职员档案设置)、信用控制纬度(控制额度、控制期限、额度+期限,三选一)、信用检查点、控制信用的单据、额度检查公式等。

> **提示** 企业一般会根据客户以往的信用记录来调整每个客户的信用额度和信用期限,然后在此设置为控制客户信用。在销售业务产生时,如果触发信用控制,则系统要求进行信用审批才能保存或审核业务单据(信用审批人设置如图 4-31 所示)。

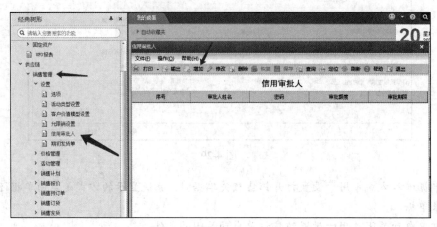

图 4-31

④ 打开"销售选项"中的"可用量控制"选项卡,如图 4-32 所示。

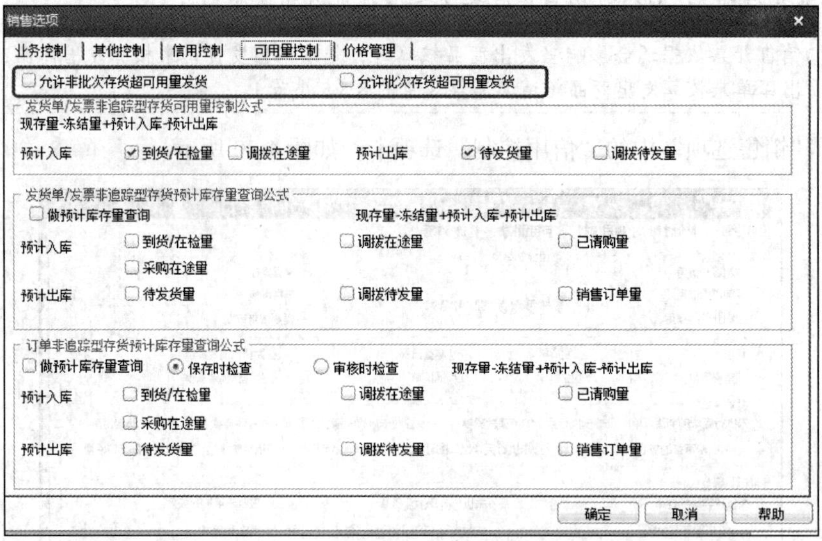

图 4-32

此选项卡用来进行"可用量控制",如果仓库中的存货可用量低于销售发货单上的数量,则该发货单无法保存,于是可以勾选"允许批次存货超可用量发货"。

⑤ 打开"销售选项"中的"价格管理"选项卡,如图 4-33 所示。

此选项卡用于设置销售下单时的价格取价方式。

(2)最后单击"确定"按钮保存设置。

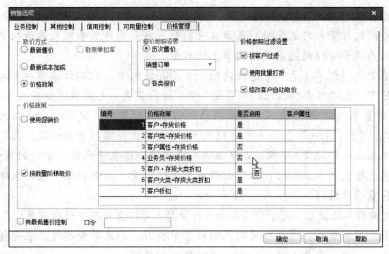

图 4-33

4.7 采购管理系统业务参数设置

采购管理的选项用于设置采购管理系统中的各业务处理方案。

（1）展开"业务参数"下的"供应链"菜单，选择"采购管理"命令，系统弹出"采购系统选项"窗口，如图 4-34 所示。

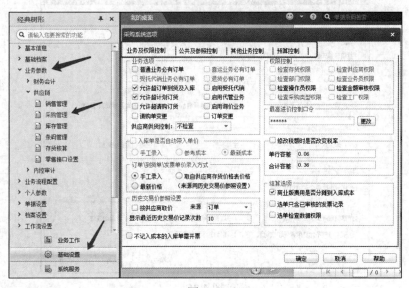

图 4-34

部分选项卡及选项卡中的部分内容介绍如下。

① "业务及权限控制"选项卡。

- 普通业务必有订单：勾选此项，表示普通采购业务必须先填采购订单，然后再根据采购订单生成采购到货、采购入库业务，不能直接填制采购入库单。

- 允许超订单到货及入库：勾选此项，表示到货及入库的数量可以超过采购订单上的数量。
- 允许超请购订货：勾选此项，表示在采购时，当采购订单参照采购请购单生成时，采购订单上的数量可以超过采购请购单上的数量。
- 请购单变更、订单变更：勾选此两项，表示在请购单、采购订单审核之后，如果需要变更，则可以直接单击单据上的"变更"命令进行变更，无须取消审核之后再去执行修改。
- 订单\到货单\发票单价录入方式：在填制订单、到货单、发票时，商品的采购价格的来源方式，"手工录入"表示手工直接录入，"取自供应商存货价格表价格"表示系统可以根据单据上"供应商+存货"去找在供应商存货价格表中已经维护好的价格填入（"供应商存货价格表"在采购管理系统的供应商管理中），"最新价格"表示系统取最后一次采购该存货的价格填入。
- 历史交易价参照设置：用于设置在采购订货时，可以直接联查该存货最近几次的采购价格。
- 最高进价控制口令：用于在填制采购业务单据时，如果单价超过了在存货档案中设置的最高进价，则需要录入口令才能保存该张采购单据。

② 打开"采购系统选项"中的"其他业务控制"选项卡，如图 4-35 所示。

- 采购预警设置：用于设置根据采购订单上的存货交期计算，提前预警天数（提前多少天通知需要交货）和逾期报警天数（迟到多少天还没有交货）。
- 订单自动关闭条件：用于设置当采购订单完成某项业务时自动关闭的条件，订单关闭之后，该订单将不能被参照生成新的业务，如果有需要也可以把订单重新打开。

（2）最后单击"确定"按钮保存设置。

图 4-35

4.8 库存管理系统业务参数设置

库存管理的选项用于设置库存管理系统中的各业务处理方案。

（1）展开"业务参数"下的"供应链"菜单，选择"库存管理"命令，系统弹出"库存系统选项"窗口，如图 4-36 所示。

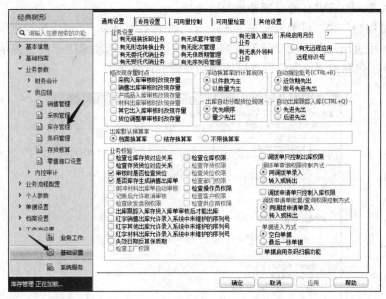

图 4-36

部分选项卡及选项卡中的部分内容介绍如下。

① "通用设置"选项卡。

- 业务设置：勾选不同的项目，用于设置库存管理系统可以处理的业务，比如只有勾选了"有无形态转换业务"项，库存管理中才能做形态转换业务，否则就不能做（"形态转换"功能菜单也都不会显示）。
- 业务校验：用于设置库存管理中处理不同业务时需要进行的校验。

② 打开"专用设置"选项卡，如图 4-37 所示。

图 4-37

此选项卡用于设置"材料出库""采购入库""销售出库""完工入库"的控制方案。
- 预警设置：勾选需要进行预警控制的选项。

③ "可用量控制"和"可用量检查"选项卡，如图 4-38 所示。"可用量控制"选项卡用于设置是否可以超可用量出库和可用量计算规则；"可用量检查"选项卡用于设置提示用户可用量不足，但只提示，不强制控制，在此设置可用量检查时的计算规则。

图 4-38

（2）最后单击"确定"按钮保存设置。

第 5 章　期初余额和初始化设置

> **本章重点**
> - 录入各功能系统的期初数据
> - 进行各功能系统的初始化设置

期初余额是指在模块启用日期，企业的业务状态（如企业的资产、负债数据，库存存货的数量，采购已到货还未开票的数据等），将这个时间点上的状态数据录入系统中是为了企业在此基础上开展后期的业务工作。

期初余额和年初余额是有区别的，年初余额是指当年的第一天，如果系统的启用日期是 1 月 1 日，那么期初余额就等于年初余额，如果是在年中启用的，那么期初余额就是指系统启用的那天的余额。

对于一家新成立的公司，期初余额为空，因为还没有业务发生。

5.1　采购管理系统期初

采购管理系统中的期初分为期初采购入库单和期初采购发票。期初采购入库单是指在采购管理系统启用时已采购入库但还没有采购结算的入库单（系统中这部分数据为暂估入库），期初采购发票是指在采购管理系统启用时已收到但是还没有与采购入库单结算的采购发票。

例 5-1 在 003 账套中，期初采购入库单如下。

入库单号	入库日期	仓库	供货单位	业务类型	采购类型	入库类别	存货编码	存货名称	数量	本币单价
0000000001	2021-06-30	普通仓	芳威贸易	普通采购	普通采购	采购入库	01001	风火3游戏电脑	10	4500

（1）打开采购管理系统，如果已经执行了"设置"菜单下的"采购期初记账"命令，如图 5-1 所示，则表示采购系统中的期初已录入完成，不能再录入采购期初。所以如果要录入采购期初，则先不要执行"采购期初记账"。没有执行"采购期初记账"命令时，选择"采购入库"菜单下的"采购入库单"命令，系统打开的是"期初采购入库单"录入窗口，在此录入期初采购入库单，参照例 5-1 录入期初入库单。

> **提示**　期初采购入库单表示截止到采购系统启用日期已采购入库但还没有与采购发票结算的采购入库单，因为后期需要处理采购结算，所以需要录入，期初采购入库单不影响库存数据，只是为了后期采购结算使用。已经结算了的采购入库单则不要录成期初采购入库单。期初采购入库单上的入库日期，系统自动取采购系统启用日期前的日期，代表是期初采购，可以修改该日期，但是修改后的日期不能是采购管理启用日期之后的日期。一旦执行了"采

购期初记账"命令,再打开采购入库单,系统自动变为"采购入库单"窗口,代表可以正常处理采购入库业务了,而不是"期初采购入库单"窗口,代表采购期初已记账,不能再录入期初采购入库单了。

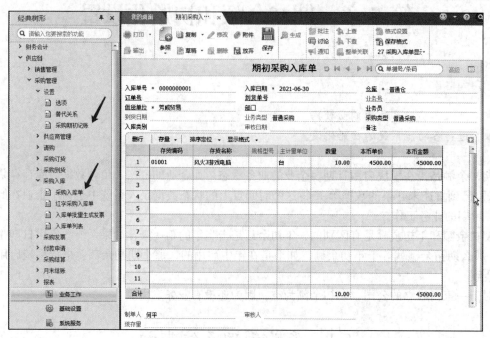

图 5-1

(2)期初采购入库单录入完毕后,单击"保存"按钮保存期初采购入库单的录入。期初采购入库单保存之后,不需要审核。

(3)如果需要录入期初采购发票,则选择采购管理中的"采购发票"进行录入,最后选择"采购期初记账"命令进行采购期初记账,如图 5-2 所示。

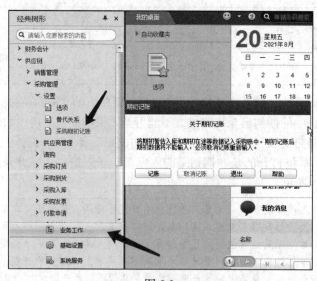

图 5-2

5.2 销售管理系统期初

销售管理系统中的期初为期初发货单。期初发货单可处理建账日期之前已经发货、出库，但尚未开发票的业务，包括普通销售、分期收款发货单。按照正常发货单录入，发货日期小于销售管理系统的启用日期。不影响现存量、可用量、待出库数等数据。虽然开票处理同正常发货单，但是加期初标记。如果期初分期收款发货单被存货核算取数后就不允许再弃审。

打开销售管理系统，选择"设置"菜单下的"期初发货单"命令，系统弹出"期初发货单"窗口，如图 5-3 所示，在此录入期初发货单，如果没有期初发货数据则不必录入。

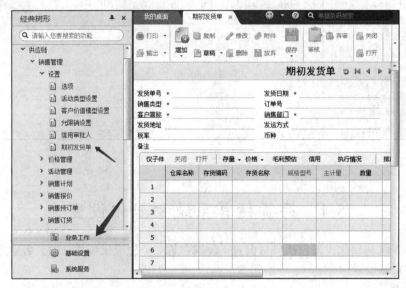

图 5-3

5.3 库存管理系统期初

库存管理系统中的期初录入是指录入截止库存管理系统启用日期时各仓库的结存数据。

例5-2 在 003 账套中，库存期初如下。

仓库	仓库编码	存货编码	存货名称	规格型号	主计量单位	数量
普通仓	01	01001	风火 3 游戏电脑		台	100
普通仓	01	01002	静雨 8 办公电脑		台	120
普通仓	01	02001	大米 6PLUS 手机		只	200

（1）打开库存管理系统，选择"设置"菜单下的"期初结存"命令，系统弹出"库存期初数据录入"窗口，如图 5-4 所示。

（2）单击"修改"按钮，选择仓库，然后在表体中录入该仓库的结存数据（录入存货名称、数量，单价可以不录入，因为库存管理系统不管理与金额有关的业务，与金额有关的业务是在存货核算系统中处理的，在存货核算系统的期初中是必须录入单价的，请参阅本章的 5.4.2 小节），录入完毕后,单击"保存"按钮保存录入,然后单击"批审"按钮审核录入的数据,只有经过审核后的期初数据才生效。

图 5-4

5.4 存货核算系统初始化设置

存货核算系统初始化设置包括科目设置(设置存货业务生成记账凭证时,各业务对应的会计科目)和期初余额设置。

5.4.1 科目设置

在此设置存货核算系统生成记账凭证时,所需要的各种存货科目、对方科目、结算科目、税金科目、差异科目、分期收款发出商品科目、委托代销科目和运费科目等。

在存货核算系统中设置业务对应科目的目的是,系统可以依据不同的业务类型,在业务制单生成记账凭证,系统可以自动带出所对应的会计科目。

1. 存货科目

存货科目包含生成凭证所需要的各种存货科目、差异科目、分期收款发出商品科目、委托代销科目,系统制单生成凭证时会自动带出相应的会计科目。

例5-3 在 003 账套中,设置存货核算系统中的存货科目。

存货编码	存货名称	存货科目编码	存货科目名称	分期收款发出商品科目编码	分期收款发出商品科目名称
01001	风火 3 游戏电脑	1405	库存商品	1406	发出商品
01002	静雨 8 办公电脑	1405	库存商品	1406	发出商品
02001	大米 6PLUS 手机	1405	库存商品	1406	发出商品

（1）在存货核算系统中，选择"设置"菜单下的"存货科目"命令，系统弹出"存货科目"设置窗口，如图 5-5 所示。

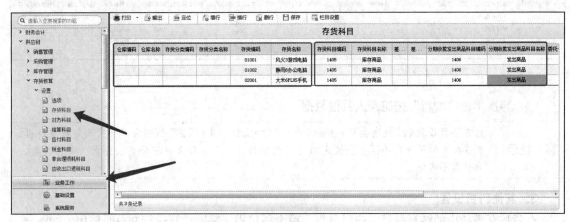

图 5-5

（2）单击工具栏中的"增行"按钮，系统新增一项空白的存货科目记录，在此录入存货的对应会计科目，最后单击"保存"按钮保存设置。

 提示　系统提供按"仓库+存货分类+存货"的组合方式来确定对应的存货科目的方式，图 5-5 则表示，不管存货"01001"是在哪个仓库中发生的业务，其对应的会计科目都是"1405 库存商品"。

 提示　在此设置"发出商品"科目，是因为在存货核算的选项中，选择的销售成本核算方式是"按发出商品核算"（请参阅本书第 4 章中图 4-25 的"销售成本核算方式"），如果销售成本核算方式不使用"按发出商品核算"或者在销售系统中不启用"有分期收款业务"（请参阅本书第 4 章中的图 4-28），则相当于企业不存在发出商品业务，则不必设置发出商品会计科目。

2. 对方科目

对方科目功能用于设置生成凭证所需要的存货对方科目（即收发类别）所对应的会计科目，即设置各种不同业务行为所对应的会计科目。

例 5-4　在 003 账套中，设置存货核算系统中的对方科目。

收发类别编码	收发类别名称	对方科目编码	对方科目名称	暂估科目编码	暂估科目名称
11	采购入库	1401	材料采购	220201	应付暂估款
12	调拨入库	1405	库存商品		
21	销售出库	6401	主营业务成本		
22	调拨出库	1405	库存商品		

（1）选择"设置"菜单下的"对方科目"命令，系统弹出"对方科目设置"窗口，结果如图 5-6 所示。

（2）单击工具栏中的"增行"按钮新增空白记录，在收发类别编码中填入"11"、对方科目编码中填入"1401"。

图 5-6

（3）再次单击"增行"按钮录入其他数据。

 提示　对方科目设置以"收发类别+存货分类+存货+项目大类+项目"的相应组合来确定对方科目，图 5-6 表示只考虑不同收发类别对应的对方科目，不论什么存货分类、存货、项目大类、项目都不考虑。

3. 其他科目设置

存货核算系统中的结算科目、应付科目、税金科目用于采购结算进行制单时使用，如图 5-7 所示，一般在未启用应付款管理系统时使用，如果启用了应付款管理系统，则一般不使用结算制单方案，请参阅本书第 10 章的图 10-14。

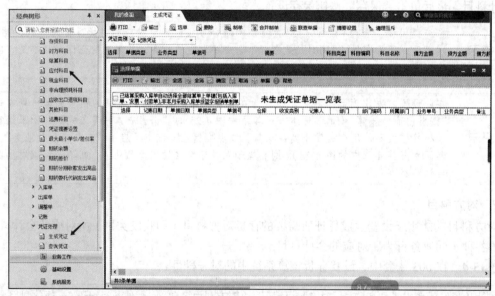

图 5-7

4. 凭证摘要设置

摘要设置用于存货核算业务在制单生成凭证时，凭证的摘要内容。

（1）选择"设置"菜单下的"凭证摘要设置"命令，系统弹出"摘要设置"窗口，如图 5-8 所示。

（2）在"摘要设置"窗口中，先选择左侧的业务类型，然后双击"待选项目"到"已选项目"中，即为该业务类型定义了制单时的凭证摘要（具体效果可参阅本书第 10 章），可单击"已选项目"右侧的位置调整按钮调整已选项目的位置。最后单击"保存"按钮保存设置。

图 5-8

5.4.2 期初余额设置

用于录入使用系统前各存货的期初结存情况。存货的期初余额和库存的期初余额分开录入。将库存和存货的期初数据分别录入处理，库存和存货核算就可进行先后启用，即允许先启用存货再启用库存或先启用库存再启用存货。库存的期初数据可与存货核算的期初数据不一致，系统提供两边互相取数和对账的功能。

例5-5 在 003 账套中，录入存货期初数据。

存货编码	存货名称	数量	单价	金额	存货科目编码	存货科目名称
01001	风火 3 游戏电脑	100	6000	600000	1405	库存商品
01002	静雨 8 办公电脑	120	3800	456000	1405	库存商品
02001	大米 6PLUS 手机	200	2800	560000	1405	库存商品

（1）单击"设置"菜单下的"期初余额"命令，系统弹出"期初余额"窗口，如图 5-9 所示。在"仓库"的下拉式列表中选择"普通仓"，然后单击工具栏中的"增加"按钮增加普通仓中的存货期初数据，可以单击"取数"按钮从库存管理系统中取得期初数据。

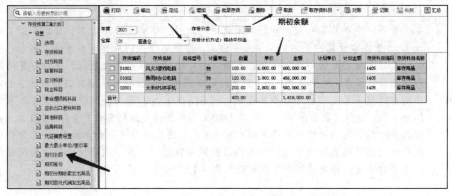

图 5-9

（2）如果期初数据没有成本单价，则需要录入期初成本单价，录入完毕之后，单击工具栏中的"记账"按钮进行记账。如果选择的销售成本核算方式为"按发出商品核算"，那么就需要先对"期初分期收款发出商品"取数之后，才能在此进行存货核算期初记账，如图5-10所示。

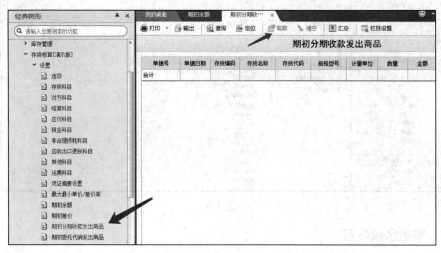

图 5-10

（3）单击"对账"按钮执行存货核算期初与库存管理期初对账，对账结果如图 5-11 所示。

图 5-11

> **提示**　库存管理系统中的期初与存货核算系统中的期初，除去不参予成本计算的仓库（如不良仓），参予成本计算的仓库则应该是一致的。存货系统中的库存期初数据需要与总账系统中会计科目的期初数据一致，比如在存货系统中的库存商品期初数据，通过存货核算系统中的存货科目设置（请参阅图 5-5）后与总账系统中该会计科目的期初数据一致，比如在本书中的存货核算系统中的库存商品金额为 1 616 000 元，通过存货科目设置（库存商品科目 1405）后，就与总账系统中会计科目 1405（库存商品）的期初余额 1 616 000 元一致（总账中的会计科目期初余额设置请参阅本章 5.8 节中的总账系统初始化设置），如果存货核算系统中的期初数据与总账系统中会计科目的期初数据不一致，则会造成两个系统在对账时出现不平的情况。存货核算与总账对账如图 5-12 所示。

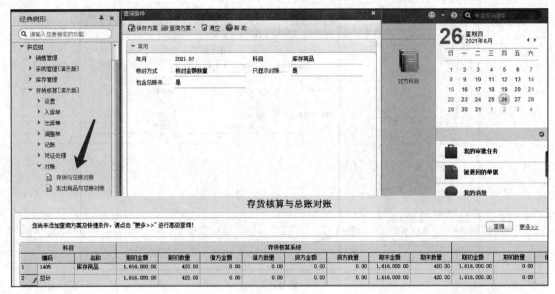

图 5-12

5.5 应收款管理系统初始化设置

应收款管理系统在使用时需要进行初始设置和期初余额设置。

5.5.1 初始设置

初始设置包括会计科目设置、坏账准备设置、账期内账龄区间设置、逾期账龄区间设置、预警级别设置、单据类型的设置及中间币种设置。初始设置的作用是建立应收款管理的基础数据，确定应使用哪些单据处理应收业务和需要进行账龄管理的账龄区间。有了这些功能，用户就可以选择使用自己定义的单据类型，使应收业务管理更加符合用户的需要。

1. 会计科目设置

在应收账款中设置业务对应科目的目的是，系统可以依据不同的业务类型，在业务制单时生成记账凭证，方便系统自动带出所对应的会计科目。

例 5-6 在 003 账套中，设置应收账系统中的业务对应科目。

基本科目种类	科目	币种
应收科目	1122	人民币
预收科目	2203	人民币
销售收入科目	6001	人民币
销售退回科目	6001	人民币
税金科目	22210102	人民币

（1）在应收款管理系统中，展开"设置"下的"科目设置"菜单，选择"基本科目"命令，系统弹出"应收基本科目"设置窗口，参照例 5-6 设置基本科目，如图 5-13 所示。

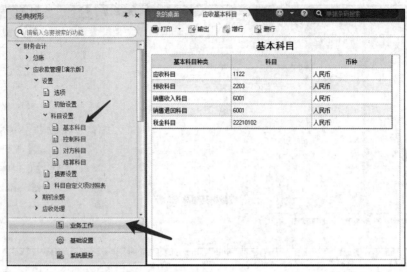

图 5-13

> **注** 以上设置的科目是在会计科目设置中设置为末级科目的科目,并且"应收科目"和"预收科目"需要该科目的辅助核算被设置成"客户往来",并且受控于"应收款管理"(请参阅本书第3章中 3.2.4 小节的会计科目设置);只有设置了"银行承兑科目"和"商业承兑科目",才可以使用票据登记簿以及在期初余额中录入期初应收票据余额。

> **注** 如果核算单位期望按照不同的存货、存货分类、客户、客户分类、销售类型、地区进行自由组合,根据不同的组合指定对应的应收科目、预收科目、销售收入科目、税金科目,则通过"控制科目"和"对方科目"进行设置,如图 5-14 所示。应收业务制单生成凭证时,系统会首选"控制科目"和"对方科目"中的设置,如果没有对应的设置才考虑"基本科目"的设置。"控制科目""对方科目"的设置常常用于企业的精细核算,分类统计到总账的不同会计科目业务中。笔者曾经遇到过一家生产型企业,同一个存货(产品)有的是自己生产的,但有时生产不过来时,也外购该存货直接销售,为了将自有产品销售和外购产品销售的收入进行分开统计制单,于是就设置两种销售类型和将主营业务收入科目也下分为自产产品销售收入和外购产品销售收入两个科目,然后通过对方科目设置的方式来将不同的销售类型对应不同的销售收入科目。

图 5-14

（2）选择"结算科目"命令，在弹出的"结算方式科目"设置窗口中，进行结算方式、币种和科目的设置，参照例 5-7 设置结算方式和科目。对于现结的发票、收付款单，系统根据单据上的结算方式查找对应的结算科目，并在系统制单时自动带出，如图 5-15 所示。

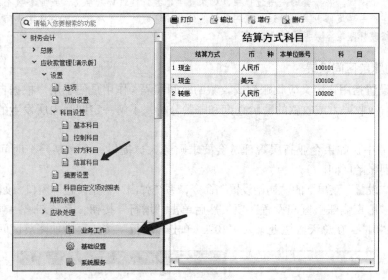

图 5-15

例 5-7 在 003 账套中，设置结算科目。

结算方式	币种	科目
1 现金	人民币	100101
1 现金	美元	100102
2 转账	人民币	100202

2. 坏账准备设置

坏账是指无法核销的应收账款（如客户公司破产倒闭），坏账准备是以应收账款余额为基础，估计可能发生的坏账损失，避免当坏账突然发生时，当月的财务费用过高（因为坏账发生时，是要将坏账记入财务费用中）。坏账准备设置是指用户定义本系统内计提坏账准备比率和设置坏账准备期初余额的功能，它的作用是系统根据用户的应收账款进行计提坏账准备。

企业应于期末针对不包含应收票据的应收款项计提坏账准备，其基本方法是销售收入百分比法、应收余额百分比法、账龄分析法等（请参阅图 4-6）。

系统提供了两种坏账处理的方式，即备抵法和直接转销法。

如果选择备抵法，则还应该选择具体的方法，系统提供了 3 种备抵的方法，即应收余额百分比法、销售收入百分比法和账龄分析法。这 3 种方法需要在初始设置中录入坏账准备期初和计提比率或输入账龄区间等，并在坏账处理中进行后续处理。

如果选择了直接转销法，则可以直接在下拉框中选择该方法。当坏账发生时，直接在坏账发生处将应收账款转为费用即可。

提示 如果选择了直接转销法，则不会出现坏账计提设置菜单。

> 提示
>
> 销售收入百分比法是根据历史数据确定的坏账损失占全部销售额的一定比率估计；应收余额百分比法是以应收账款余额为基础，估计可能发生的坏账损失；账龄分析法是根据应收账款账龄的长短来估计坏账损失的方法，账龄越长，账款被拖欠的可能性也越大，应估计的坏账准备金额也越大。在账套的使用过程中，如果当年已经计提过坏账准备，则此参数不可以修改，只能在下一年度修改。当做过任意一种坏账处理（坏账计提、坏账发生及坏账收回）后，就不能再修改坏账准备数据，只允许查询。

3. 账期内账龄区间设置

账龄区间设置指用户定义应收账款或收款的时间间隔，作用是便于用户根据自己定义的账款时间间隔，进行应收账款或收款的账龄查询和账龄分析，了解一定期间内所发生的应收款及收款情况。

在实际业务中，如果企业高层管理常会要求财务人员提供一个在某一个时间段内的收款预测，就会使用到账龄区间。

（1）选择"设置"菜单下的"初始设置"命令，系统弹出"初始设置"窗口，如图5-16所示。

（2）选中"账期内账龄区间设置"项，然后单击"增行"按钮，系统新增一项账龄区间，在序号栏处录入"01"，在总天数栏处录入"30"，单击"增行"按钮再增加账龄区间。

图 5-16

（3）最后单击"退出"按钮保存并退出设置。

4. 逾期账龄区间设置

逾期账龄区间设置指用户定义逾期应收账款或收款的时间间隔，它的作用是便于用户根据自己定义的账款时间间隔，进行逾期应收账款或收款的账龄查询和账龄分析，了解在一定期间内所发生的应收款及收款情况。逾期账龄区间设置与账期内账龄区间设置一样，如图5-17所示。

5. 预警级别设置

设置预警级别，可以根据欠款余额与信用额度的比率将客户分为不同的级别。

（1）选择"设置"菜单下的"初始设置"命令，系统弹出"初始设置"窗口，结果如图5-18所示。

图 5-17

图 5-18

(2)选中"预警级别设置"项,然后单击"增行"按钮,系统新增一项报警级别,在序号栏中录入"01",在总比率栏中录入"10",在级别名称栏中录入"A",单击"增行"按钮录入更多预警级别。

(3)单击"退出"按钮保存并退出设置。

6. 单据类型设置

单据类型设置指用户将自己的往来业务与单据类型建立对应关系,达到快速处理业务以及进行分类汇总、查询、分析的目的。在"单据类型设置"项中可以设置单据的类型——"发票"和"应收单"。

在应收款系统中发票的类型包括增值税专用发票和普通发票。

可以根据应收单记录销售业务之外的应收款情况,将应收单分为应收代垫费用款、应收利息款、应收罚款和其他应收款等,应收单的对应科目可由操作员自己定义,如图5-19所示。

7. 中间币种设置

在异币种核销之前应先进行中间币种的设置,可以设置为外币表中的任何一种币种,也可以是本位币,主要起到异币种核销时的桥梁作用,以此来确认双方核销的有效性,如图5-20所示。

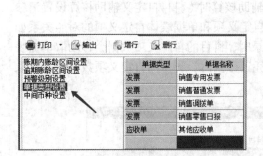

图 5-19

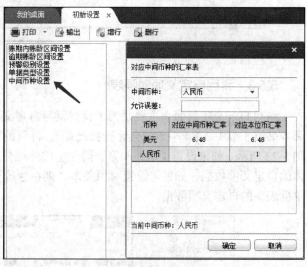

图 5-20

 说明　本位币是人民币,也有外币——美元和日元,如要在应收款管理系统中进行美元与日元之间的核销,但是在用友U8的外币设置(请参阅本书第3章中3.2.4小节中的外币设置)中没有设置两者之间的汇率关系,所以就需要在此设置中间币种,美元和日元都通过与中间币种的汇率关系来进行折算,从而进行核销处理。

5.5.2 摘要设置

摘要设置用于应收款业务在制单生成凭证时,凭证的摘要内容。

(1)选择"设置"菜单下的"摘要设置"命令,系统弹出"应收摘要设置"窗口,如图5-21所示。

(2)在"应收摘要设置"窗口中,先选择左侧的业务类型,然后双击"待选项目"到"已选项目"中,即为该业务类型定义了制单时的凭证摘要(具体效果可参阅本书的第 10 章),可单击"已选项目"右侧的位置调整按钮调整已选项目的位置。最后单击"保存"按钮保存设置。

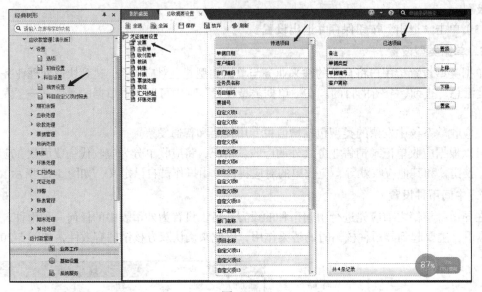

图 5-21

5.5.3 科目自定义项对照表

科目自定义项对照表主要是为了设置科目自定义辅助核算时(科目自定义辅助核算设置请参阅本书第 3 章中 3.2.4 小节的会计科目设置),科目的自定义项和单据表体自定义项的对照关系如图 5-22 所示。如果设置了对照关系,则在生成凭证分录时,科目的自定义项数据会自动取单据表体的自定义项数据。如果未设置对照关系,则在生成凭证分录时,科目的自定义项数据会自动取单据表头的自定义项数据。

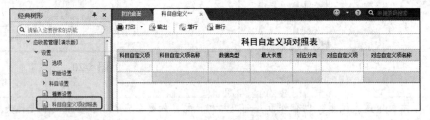

图 5-22

5.5.4 期初余额设置

在正式使用应收款管理系统之前,需要录入所有未处理完的应收业务数据,这样既保证了后期数据的连续性,又保证了数据的完整性。

> **注** 应收款管理系统的期初余额需与总账系统中的会计科目期初余额一致,比如在应收款管理系统中的应收款余额为 10 万元人民币,在总账系统中的应收款会计科目余额也应该是 10 万元人民币,否则会造成应收款管理系统与总账系统对账错误,从而必须检查到底是哪一个系统的期初余额录入有误。

例5-8 在003账套中,增加一张期初销售发票。

发票号	0000000001
开票日期	2021-6-30
客户名称	北京远东
交易币种	人民币
销售部门	销售一部
货物名称	风火3游戏电脑
数量	10
含税单价	8500
税率(%)	13

(1)展开"应收款管理"下的"期初余额"菜单,选择"期初余额"命令,系统弹出"期初余额—查询"窗口,如图5-23所示。

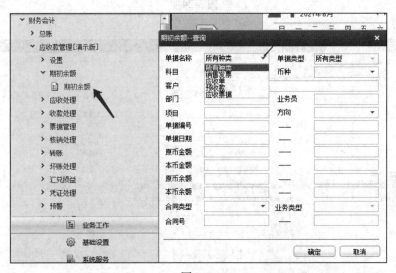

图5-23

(2)选择需要查询的条件(如果不加入任何条件,则为所有记录),单击"确认"按钮,系统打开"期初余额明细表"窗口。

(3)单击"增加"按钮,系统弹出"单据类别"窗口,选择需增加的期初单据名称(单据名称分为销售发票、应收单、预收款、应收票据),如图5-24所示。

(4)选择增加一张期初销售专用发票,单击"确定"按钮,系统弹出"期初销售发票"录入窗口,如图5-25所示。

(5)参照例5-8录入期初销售专用发票的资料。系统自动带入应收款管理系统中设置好的会计科目"1122"(应收账款),在表体中选择货物后,系统自动带入存货档案设置该存货的销售税率。最后单击"保存"按钮保存录入。

图 5-24

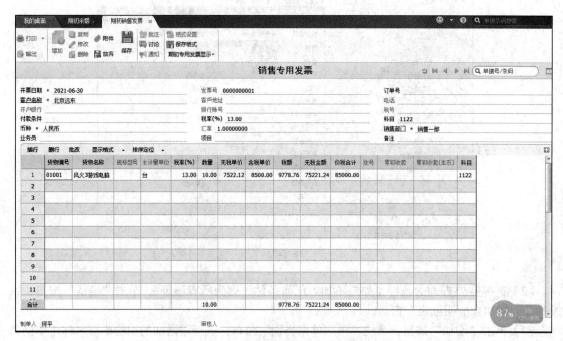

图 5-25

| 注 | 发票中的开票日期可以更改,但必须是在应收款系统的启用日期之前,因为只有这样才会是期初数据。 |

（6）在"期初余额"窗口中,选择增加一张预收款单据,系统将会打开"期初单据录入"窗口,如图5-26所示。

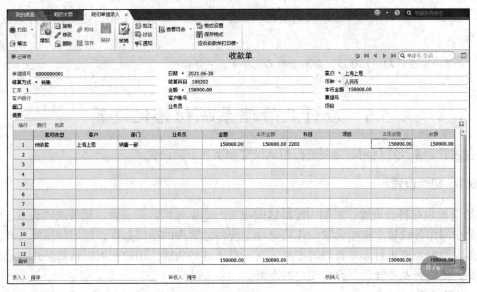

图 5-26

例 5-9 在 003 账套中，增加一张期初收款单。

收款单号	0000001
收款时间	2021-6-30
客户名称	上海上思
结算方式	转账
币种	人民币
收款部门	销售一部
收款金额	150 000

（1）参照例 5-9 录入一笔预收款，系统根据结算方式自动带入对应的会计科目，单击"保存"按钮保存，最后单击"退出"按钮退出。

（2）将应收款的期初余额录入完成后，进行"期初对账"工作。在"期初余额明细表"窗口中单击"对账"按钮，系统弹出"期初对账"窗口，如图 5-27 所示。

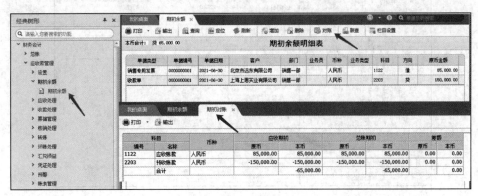

图 5-27

（3）查看应收款系统与总账系统的期初余额是否平衡。如果不平衡，则需检查并修改录入，直到平衡。

> 注　第一个会计期间记账后，期初余额只能查看，不能修改。

5.6　应付款管理系统初始化设置

应付款管理系统在使用时需要进行初始设置和期初余额设置。

5.6.1　初始设置

初始设置包括科目设置、账期内账龄区间设置、逾期账龄区间设置、预警级别设置、单据类型设置及中间币种设置。初始设置的作用是建立应付款管理的基础数据，确定使用哪些单据处理应付业务，确定需要进行账龄管理的账龄区间。有了这些功能，用户便可以选择使用自己定义的单据类型，使应付业务管理更符合用户的需要。

1. 科目设置

在应付账款中设置业务对应科目的目的是，系统可以依据不同的业务类型，在业务制单时生成记账凭证，方便系统自动带出所对应的会计科目。

例5-10　在003账套中，设置应付账系统中的科目。

基本科目种类	科目	币种
应付科目	220202	人民币
预付科目	1123	人民币
采购科目	1401	人民币
税金科目	22210101	人民币

（1）在应付款管理系统中，展开"设置"下的"科目设置"菜单，选择"基本科目"命令，系统弹出"应付基本科目"设置窗口，参照例5-10设置基本科目，如图5-28所示。

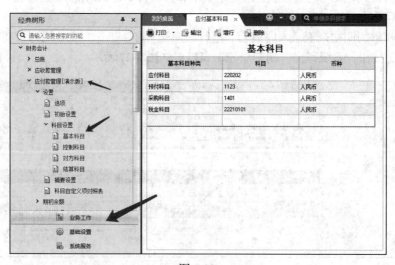

图5-28

> 注　以上设置的科目是在总账系统中设置为末级科目的科目。只有设置了"银行承兑科目"和"商业承兑科目",才可以使用票据登记簿以及在期初余额中录入期初应付票据余额。

（2）基本科目设置完毕后，可以选择"控制科目""对方科目"设置。如果核算单位期望按照不同的存货、存货分类、供应商、供应商分类、采购类型、地区进行自由组合，根据不同的组合指定对应的应付科目、预付科目、采购收入科目、税金科目，则通过"对方科目"进行设置，如图 5-29 所示。应付业务制单生成凭证时，系统会首选"控制科目"和"对方科目"中的设置，如果没有对应的设置才考虑"基本科目"的设置。"控制科目"和"对方科目"的设置常常用于企业的精细核算，分类统计到总账的不同会计科目业务中。应付系统在制单时首先考虑"控制科目"和"对方科目"的设置，如果在此找不到对应的会计科目，就会再考虑"基本科目"的设置。

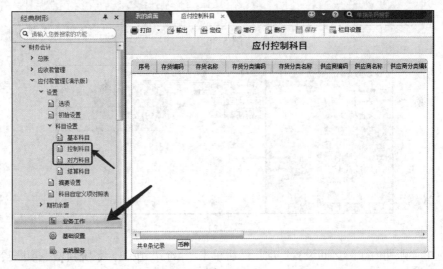

图 5-29

> 注　录入的控制科目不仅与应付款系统账套参数中控制科目的设置有关，而且还与总账系统中的科目设置有关。如果在总账系统中明细科目是供应商分类或地区分类，则在此设置每一个供应商对应的应付、预付科目。在此没有设置科目的供应商所生成的业务凭证应使用基本科目的设置。

（3）选择"结算科目"命令，在弹出的"结算方式科目"设置窗口中，进行结算方式、币种、科目的设置，参照例 5-7 设置结算科目。对于现结的发票、收付款单，系统根据单据上的结算方式查找对应的结算科目，并在系统制单时自动带出，如图 5-30 所示。

> 注意　结算方式录入完成之后，需要敲 Enter 键才能保存设置。

2. 账期内账龄区间设置

账期内账龄区间设置指用户定义应收账款或收款的时间间隔，作用是便于用户根据自己定义的账款时间间隔，进行应收账款或收款的账龄查询和账龄分析，了解一定期间内所发生的应收款、收款情况。

（1）选择"设置"菜单下的"初始设置"命令，系统弹出"初始设置"窗口，如图 5-31 所示。

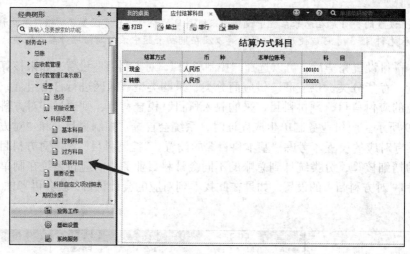

图 5-30

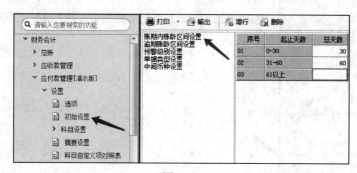

图 5-31

（2）选中"账期内账龄区间设置"项，然后单击"增行"按钮，系统新增一项账龄区间，在序号栏处录入"01"，在总天数栏处录入"30"，单击"增行"按钮再新增账龄区间。

（3）最后单击"退出"按钮保存并退出设置。

3. 逾期账龄区间设置

逾期账龄区间设置指用户定义逾期应付账款或付款的时间间隔，它的作用是便于用户根据自己定义的账款时间间隔，进行逾期应付账款或付款的账龄查询和账龄分析，了解在一定期间内所发生的应付款、付款情况。逾期账龄区间设置与账期内账龄期间设置一样，如图 5-32 所示。

4. 预警级别设置

设置报警级别，可以根据应付款余额与信用额度的比率将供应商分为不同的级别。

（1）选择"设置"菜单下的"初始设置"命令，系统将弹出"初始设置"窗口，如图 5-33 所示。

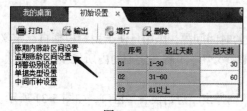

图 5-32

图 5-33

（2）选中"预警级别设置"项，然后单击"增行"按钮，系统新增一项预警级别，在序号栏中录入"01"，在总比率栏中录入"10"，在级别名称栏中录入"A"，单击"增行"按钮再新增预警级别。

（3）单击"退出"按钮保存并退出设置。

5. 单据类型设置

单据类型设置指用户将自己的往来业务与单据类型建立对应关系，达到快速处理业务以及进行分类汇总、查询、分析的目的。在"单据类型设置"项中可以设置单据的类型——"发票"和"应付单"，如图 5-34 所示。

6. 中间币种设置

在异币种核销之前应该先进行中间币种的设置，可以设置为外币表中的任何一种币种，也可以是本位币，主要起到异币种核销时的桥梁作用，以此来确认双方核销的有效性，如图 5-35 所示。

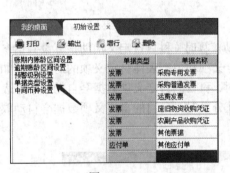

图 5-34

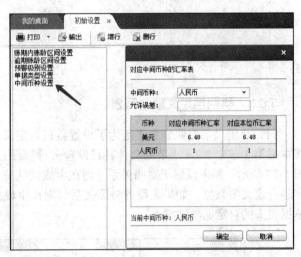

图 5-35

 说明　本位币是人民币，也有外币——美元和日元，如要在应收款管理系统中进行美元与日元之间的核销，但是在用友 U8 的外币设置（请参阅本书第 3 章中 3.2.4 小节的外币设置）中没有设置两者之间的汇率关系，所以就需要在此设置中间币种，美元和日元都通过与中间币种的汇率关系来进行折算，从而进行核销处理。

5.6.2　摘要设置

摘要设置用于应付款业务在制单生成凭证时，凭证的摘要内容。

（1）选择"摘要设置"命令，系统弹出"应付摘要设置"窗口，如图 5-36 所示。

（2）在"应付摘要设置"窗口中，先选择左侧的业务类型，然后双击"待选项目"到"已选项目"中，即为该业务类型定义了制单时的凭证摘要（具体效果可参阅本书的第 10 章），可单击"已选项目"右侧的位置调整按钮调整已选项目的位置。最后单击"保存"按钮保存设置。

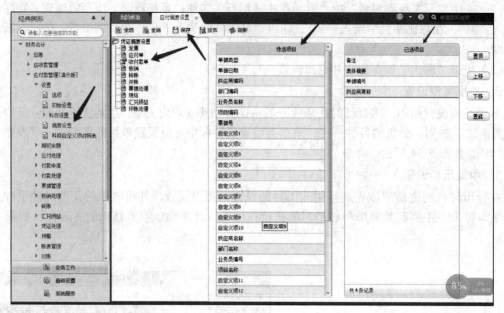

图 5-36

5.6.3 科目自定义项对照表

科目自定义项对照表主要是为了设置科目自定义辅助核算时（科目自定义辅助核算设置请参阅本书第 3 章中 3.2.4 小节的会计科目设置），科目的自定义项和单据表体自定义项的对照关系如图 5-37 所示。如果设置了对照关系，则在生成凭证分录时，科目的自定义项数据会自动取单据表体的自定义项数据。如果未设置对照关系，则在生成凭证分录时，科目的自定义项数据会自动取单据表头的自定义项数据。

图 5-37

5.6.4 期初余额设置

在正式启用账套前，需要将所有应付业务数据录入系统中作为期初建账的数据，以对其进行管理，这样既保证了数据的连续性，又保证了数据的完整性。

> **提示** 本书中 003 模拟账套中的应付款系统没有期初余额，应付款期初余额的录入方式可以参阅应收款系统中的期初余额设置。

> **注** 第一个会计期间记账后，期初余额只能查看，不能修改。

5.7 固定资产管理系统初始化设置

固定资产的初始化设置包括部门对应折旧科目设置、资产类别设置、资产组设置、增减方式设置、使用状况设置、折旧方法设置、卡片项目设置、卡片样式设置、原始卡片录入、卡片管理等。

5.7.1 部门对应折旧科目设置

固定资产计提折旧后需把折旧归入成本或费用，根据核算单位的需求按部门或按类别归集。当按部门归集折旧费用时，某一部门所属的固定资产折旧费用将被归集到一个固定的科目。部门对应折旧科目的设置就是为部门选择一个折旧科目，当录入卡片时，该科目自动显示在卡片中，而不必一个个输入，这样可提高工作的效率。在生成部门折旧分配表时，每一个部门都按折旧科目汇总，生成记账凭证。

（1）选择"设置"菜单下的"部门对应折旧科目"命令，系统弹出"部门对应折旧科目"窗口，如图5-38所示。

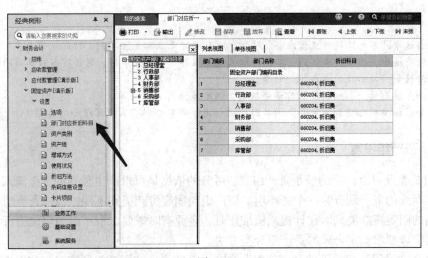

图 5-38

（2）在此设置每一个部门相对应的折旧科目，如果不设置部门对应的折旧科目，则所有的折旧科目都只归集为一个总的折旧科目。选择部门之后，单击"修改"按钮，录入该部门对应的折旧科目。

5.7.2 资产类别设置

固定资产的种类繁多、规格不一，要加强固定资产管理，做好固定资产核算，必须建立科学的固定资产分类体系，为核算和统计管理提供依据。核算单位可根据自身的特点和管理要求，确定一个较为合理的资产分类方法。

（1）选择"设置"菜单下的"资产类别"命令，系统弹出"资产类别"窗口。
（2）单击工具栏中的"增加"按钮，增加新的资产类别。如果需要在已有的资产类别下再分类，则需要先选中该分类，再单击"增加"按钮，如图5-39所示。设置完毕后，单击"保存"按钮保存新增数据。

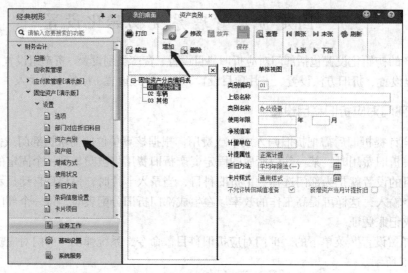

图 5-39

注	当选中"不允许转回减值准备"项时，所有固定资产都无法填制"转回减值准备"变动单；若没有选中，而当前类别的"不允许转回减值准备"项被选中时，则只有当前类别的固定资产无法填制"转回减值准备"变动单。 如是没有资产类别选择工作量法折旧，则不能使用。 如果该类别在增加固定资产卡片时已被引用，则其类别下不能再增加新类别。

5.7.3 资产组设置

资产组是企业可以认定的最小资产组合，区分的依据是可以产生独立的现金流入，比如可以把同一个生产线的资产划分为一个资产组。资产组与固定资产类别不同，同一资产组中的资产可以分属不同的固定资产类别。在计提减值准备时，企业有时需要以资产组为单位进行计提。企业可根据自身管理要求确定合理的资产组分类方法。

（1）选择"设置"菜单下的"资产组"命令，系统弹出"资产组"窗口，如图 5-40 所示。

图 5-40

（2）单击"增加"按钮增加资产组编码和名称。

提示	只有在最新会计期间才可以增加，月末结账后则不能增加；资产组编码不能重复，同级的资产组名称不能相同；资产组编码、资产组名称不能为空。

5.7.4 增减方式设置

增减方式分为增加方式和减少方式两类，用以确定资产计价和处理原则，明确资产的增加或减少方式，可以做到对固定资产增减汇总管理的条理化、明细化。

（1）选择"设置"菜单下的"增减方式"命令，系统弹出"增减方式"窗口，如图5-41所示。

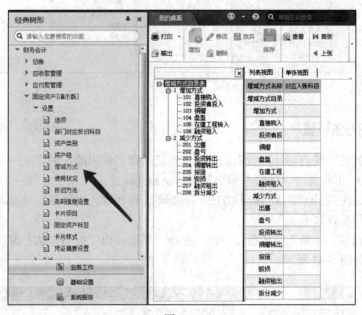

图 5-41

（2）可以选择系统默认的增减方式，也可以从"增减方式目录表"中选择"增加方式"或"减少方式"，然后单击工具栏中的"增加"按钮，输入新增方式的名称和对应入账科目。单击工具栏中的"删除"按钮可以删除原来已有的设置。单击工具栏中的"保存"按钮保存设置。

注	不能删除已使用（被录入固定资产卡片时选用）的增减方式，不能删除非明细级的方式，不能修改和删除系统默认增减方式中的"盘盈、盘亏、毁损"，因为本系统提供的报表中有固定资产盘盈、盘亏报告表。

5.7.5 使用状况设置

明确资产的使用状况，一方面可以正确地计算和计提折旧，另一方面也便于统计固定资产的使用情况，提高资产的利用率。使用状况主要有在用、季节性停用、经营性出租、大修理停用、未使用和不需用等。

（1）选择"设置"菜单下的"使用状况"命令，系统弹出"使用状况"窗口，如图5-42所示。

（2）选定一种使用状况，可以是系统默认的使用状况，也可以单击"增加""修改"或"删除"按钮进行重新设置，最后单击"保存"按钮保存设置。

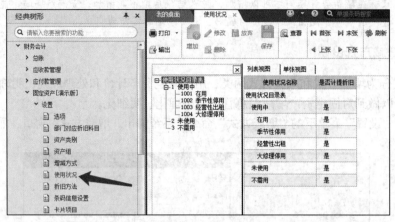

图 5-42

5.7.6 折旧方法设置

折旧方法设置是系统自动计算折旧的基础。系统给出了常用的 5 种方法——不提折旧、平均年限法（一和二）、工作量法、年数总和法和双倍余额递减法（一和二），并列出了它们的折旧计算公式。这几种方法是系统默认的折旧方法，不能删除和修改。核算单位也可以根据需要来自定义折旧方法，操作步骤如下。

（1）选择"设置"菜单下的"折旧方法"命令，系统弹出"折旧方法"窗口，该窗口列出已有的折旧方法，如图 5-43 所示。

图 5-43

（2）单击工具栏中的"删除"按钮可以删除所选定的折旧方法。单击工具栏中的"修改"按钮可以对所选定的折旧方法进行修改。单击工具栏中的"增加"按钮，系统弹出"折旧方法定义"窗口，在此可新增自定义折旧方法。

> **注** 自定义公式中所包含的项目只能是自定义窗口左侧给定的项目，定义月折旧率和月折旧额公式时必须有单向包含关系，即月折旧额公式中包含月折旧率项目，或者月折旧率公式中包含月折旧额项目，但不能同时互相包含。

5.7.7 卡片项目设置

卡片项目包含资产卡片上用来显示资产资料的栏目（如原值、资产名称、使用年限和折旧方法等）。固定资产系统提供了一些常用的必须被称为系统项目的项目。

核算单位可以根据需要自定义卡片项目，自定义项目和系统项目构成了卡片项目目录，定义方式如下。

（1）选择"设置"菜单下的"卡片项目"命令，系统弹出"卡片项目"定义窗口，如图 5-44 所示。

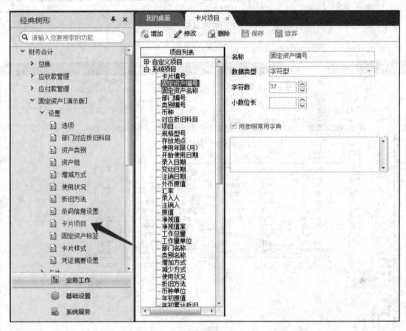

图 5-44

（2）单击工具栏中的"增加"按钮增加新项目，录入新增项目的名称、数据类型等信息。在"项目列表"中选中项目，然后单击工具栏上的"修改"按钮可对项目进行修改。在"项目列表"中选中项目，单击工具栏上的"删除"按钮可以删除选中的项目。

（3）最后单击"保存"按钮保存设置。

5.7.8 卡片样式设置

卡片样式指固定资产卡片的整体外观，包括格式（表格线、对齐形式、字体大小、字型等）、项目和项目的位置。各核算单位的需求不同，所要求的卡片样式可能也不同，所以系统提供了卡片样式定义功能（也可以修改默认的样式）。

（1）选择"设置"菜单下的"卡片样式"命令，系统弹出"卡片样式"管理窗口，如图 5-45 所示。

（2）系统提供了一个通用样式，可以单击工具栏中的"修改"按钮对通用样式进行修改，也可以单击工具栏中的"增加"按钮增加新的卡片样式，系统提示"是否以当前卡片样式为基础建立新样式"，单击"是"按钮即可按照通用格式增加新的卡片样式，效果如图 5-46 所示。

图 5-45

图 5-46

（3）单击工具栏上的"编辑"按钮对卡片上的项目进行修改，也可以选定具体的卡片项目，然后单击鼠标右键，在弹出的菜单列表中对该卡片项目进行具体设置。

（4）最后给修改完成的卡片模板定义一个新的模板名，单击工具栏上的"保存"按钮保存模板。

5.7.9 原始卡片录入

固定资产卡片是固定资产核算和管理的依据，在使用固定资产系统进行核算前，除了前面必要的基础设置工作外，还必须将建账日期以前的数据录入系统中，保持历史资料的连续性。原始卡片录入不用必须在第一个会计期间结账前完成，任何时候都可以录入。

例5-11 在003账套中，录入固定资产原始卡片，在2020年11月1日，同时购入3台价值一样的"联想台式电脑"，使用部门分别为"总经理室""行政部/人事部（使用比例60%/40%）""财务部"，每台原值为3500元，使用年限为36个月，净残值为200元。

（1）选择"卡片"菜单下的"录入原始卡片"命令，选择增加的资产类别为"01办公设备"，如图5-47所示，系统弹出"固定资产卡片"录入窗口。

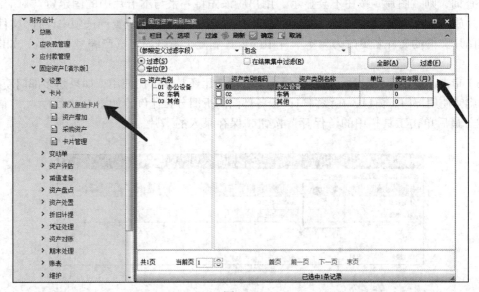

图 5-47

（2）在"固定资产卡片"录入窗口中，选择新增的原始卡片的"固定资产卡片"标签页，如图5-48所示。

图 5-48

（3）在各项目中分别录入例5-11固定资产的原始卡片信息和一些主要项目的说明，在光标位于某项目时，按F1键可得到随机帮助。

（4）单击选择其他标签页（如"附属设备"页、"大修理记录"页等），可输入该资产的附属设备和该资产以前发生的各种变动，附属标签页上的信息只供参考，不参与计算。

（5）单击工具栏上的"图片"按钮，可以联查到与本固定资产相对应的图片。如果没有设置图片查询，则"图片"按钮不会显示。用户应该先将一张与本卡片中的固定资产对应的联想电脑图片放入"D:\固定资产图片"（固定资产图片的存放地址在固定资产选项中设置）文件夹中，并将该图片文件的文件名更改为与本卡片中的卡片编号（不是固定资产编号）一致，如图 5-48 所示。

（6）单击"使用部门"时，可以选择是单部门使用还是多部门使用，如果是多部门使用，系统会弹出"使用部门"窗口，在该窗口设置各部门的折旧分摊比例，如图 5-49 所示。

（7）最后单击工具栏中的"保存"按钮，保存录入的卡片。

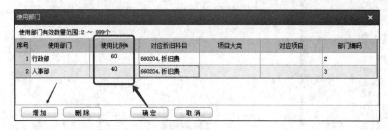

图 5-49

> **提示**　如果同时录入的固定资产卡片信息非常类似，则可以使用固定资产卡片的复制功能，只是固定资产的名称和使用部门不同。录入第一台联想电脑后，单击"复制"按钮复制当前录入的联想电脑信息，如图 5-50 所示，录入复制的起始资产编号、终止资产编号、卡片复制数量；卡片复制完成之后，再根据需求修改卡片信息（如固定资产名称、使用部门等）即可。

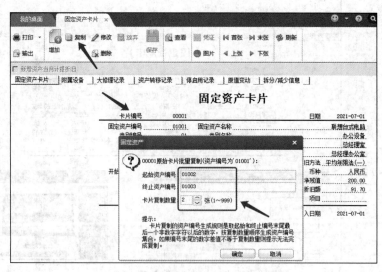

图 5-50

（8）原始卡片录入完毕后，开始将固定资产与总账系统进行对账，展开固定资产系统中的"资产对账"菜单，选择"对账"命令，系统弹出对账结果，如图 5-51 所示。

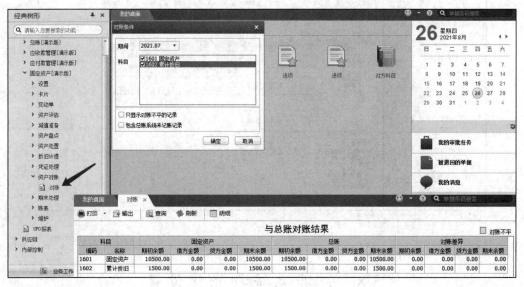

图 5-51

原始卡片录入也可以在后期工作中进行，如果存在这种情况，则这里与总账系统的对账结果不平衡也没有关系，只需要在固定资产系统的选项设置中勾选"在对账不平的情况下允许固定资产月末结账"项即可。但建议不要使用这种方法，最好还是在启用固定资产后，一次性将原始卡片录入完毕。

> 注　一个固定资产被多部门使用时，部门数的范围为2～20。
> 系统根据初始化时设置的编码方案对卡片进行自动编号，但不能修改，如果删除了其中一张卡片，且不是最后一张，则系统将保留其空号。将与计算折旧有关的项目录入后，系统会按照输入的内容将本月应提的折旧额显示在"月折旧额"项目内，可将该值与手工计算的值比较，看是否录入错误。
> 其他标签页的内容只是为了管理卡片，不参与计算。除了附属设备，其他内容除"备注"外，均由系统自动生成，在录入月结账后不能修改和输入。
> 在原值、累计折旧、累计工作量中录入的一定是卡片录入月月初的价值，否则将会出现计算错误；已计提月份必须严格按照该资产已经计提的月份数填写，不应包括使用期间停用等不计提折旧的月份，否则不能正确计算折旧。
> 如果与总账系统对账结果不平衡，则要仔细检查一下是否有录错或漏录固定资产原始卡片的情况，直到平衡为止。

5.7.10　卡片管理

卡片管理是对固定资产系统中所有卡片进行综合管理的功能，可以完成固定资产卡片的查询、修改、打印、联查图片等操作。

在固定资产管理系统中，展开"卡片"菜单，选择"卡片管理"命令，系统列出全部的固定资产卡片，如图 5-52 所示；在此对卡片进行相应的查询、打印等管理操作。

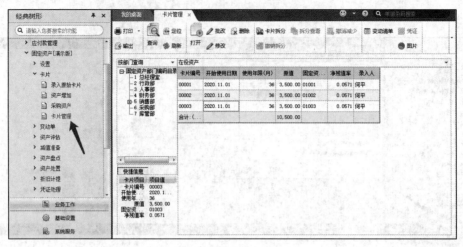

图 5-52

5.8 总账系统初始化设置

期初余额是总账系统启用前的期初数据状态,将该数据录入总账中,以此数据为开始节点,进行后期发生业务的数据起始点。总账系统中的期初余额就是指各会计科目的期初余额。

> 提示：如果是年初（即 1 月 1 日）建账（本书中的 011 账套选择的是年初建账），则直接录入期初余额（即年初余额）。如果是年中建账（非年初建账），则需要录入所建账月份的期初余额和从该年年初到该月份的借、贷方累计的发生额,之后,系统会自动计算年初余额。

例 5-12 在 003 账套中,录入会计科目（2021 年 7 月 1 日）的期初余额。

科目名称	方向	币别计量	年初余额	期初余额
库存现金(1001)	借		85 000	85 000
人民币(100101)	借		50 000	50 000
美元(100102)	借		35 000	35 000
	借	美元	5 224	5 224
银行存款(1002)	借		1 400 000	1 400 000
工行深圳金海支行(100201)	借		800 000	800 000
招行建安支行(100202)	借		600 000	600 000
应收账款(1122)	借		85 000	85 000
库存商品(1405)	借		1 616 000	1 616 000
固定资产(1601)	借		10 500	10 500
累计折旧(1602)	贷		1 500	1 500
应付账款(2202)	贷		45 000	45 000
应付暂估款(220201)	贷		45 000	45 000
预收账款(2203)	贷		150 000	150 000
长期借款(2501)	贷		1 000 000	1 000 000
实收资本(4001)	贷		2 000 000	2 000 000

提示 应收账款、应付暂估款、预收账款科目的期初余额明细来自于应收款管理系统和应付款管理系统的期初明细。

（1）展开"期初"菜单，选择"期初余额"命令，系统弹出"期初余额录入"窗口，如图5-53所示。

图 5-53

（2）双击"期初余额"栏以录入该科目的期初余额；如果该科目有下级明细科目，则只录入末级明细科目的余额即可，上级科目的余额由系统自动汇总之后填入；如果有红字余额，则先转入负号"-"，然后再输入余额；外币核算首先录入的是本币金额，然后录入外币金额。

科目设置中有5种辅助核算方式，当录入有辅助核算的会计科目的科目余额时，系统会自动弹出与辅助核算相对应的"期初余额录入"窗口，在该窗口中再录入辅助核算的明细期初数据。

录入"应收账款"会计科目，该科目的辅助核算项为"部门客户核算"，系统打开"辅助期初余额"录入窗口，单击"增行"按钮，系统增加一条空白的应收账款记录，在此录入客户的期初余额；另外，也可以单击"往来明细"按钮，在系统弹出的"期初往来明细"窗口中录入每个客户的明细期初记录，录入客户部门的往来期初数据；最后单击"汇总到辅助明细"按钮，将期初往来明细汇总到"辅助期初余额"窗口中，如图5-54所示。

 提示 如果在应收款系统中已经录入了往来期初明细单据，并且在应收款系统的会计科目设置中已经设置好了各往来业务所对应的会计科目（参阅本章图5-13），则在"期初往来明细"窗口中，单击"引入收付期初"按钮可以将应收款系统中的往来期初明细引入到此作为总账系统中应收账款会计科目的期初明细，这样就不需要在总账系统和应收款管理系统中分别录入往来期初明细，并且可以保证总账系统和应收款管理系统中的往来明细保持数据一致。

然后录入预收款期初余额，单击"增行"按钮，录入客户的预收账款。

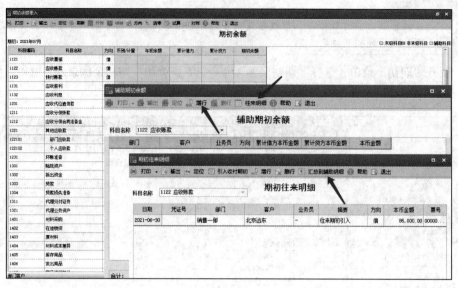

图 5-54

其他会计科目如果有供应商核算、部门核算、个人项算及项目核算中的一种或两种，则其录入方式与客户核算的一样。

 提示　会计科目的期初余额需与各功能子系统中的期初余额相对应。例如，总账系统中应收款科目的期初余额需与应收款管理系统中的期初余额相对应，总账系统中原材料科目的期初余额需与存货核算系统中原材料的期初余额相对应。

（3）系统会为科目余额指定余额方向，用户也可以调整科目的余额方向。选定需要调整余额方向的科目，然后单击"期初余额录入"窗口上的"方向"按钮，如图 5-55 所示，系统将弹出"调整余额方向"窗口，提示是否需要调整余额方向。如果需要调整，则单击"是"按钮。

图 5-55

 提示　已设置好期初余额的科目不能调整余额方向，需将期初余额删除后再调整余额方向。

（4）科目余额录入完毕之后，进行试算平衡操作来检验数据的正确性，即检验借方余额是否等于贷方余额。单击"期初余额录入"窗口上的"试算"按钮，如果试算平衡，则系统会显示"试算结果平衡"，如图 5-56 所示。

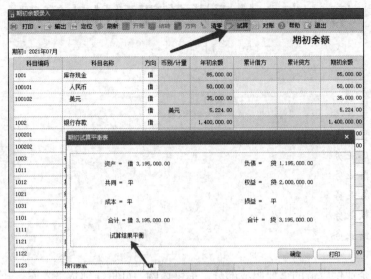

图 5-56

如果试算不平衡，则系统会显示不平衡的提示，此时用户需要检查前期录入的期初余额是否有误。将期初余额数据更正后，再运行试算功能，直到平衡为止。

（5）对账是系统自动完成的，检查总账与辅助账或明细账中的数据是否有错误。单击"对账"按钮，系统弹出图 5-57 所示的"期初对账"窗口，单击"开始"按钮开始对账，如果没有错误，系统会给出对账成功信息。

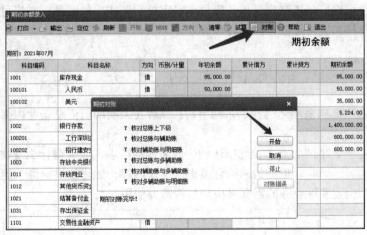

图 5-57

如果出现对账错误，系统会给出对账错误提示，可以单击"对账错误"按钮查看对账错误信息。

（6）最后单击"退出"按钮退出"期初余额录入"窗口。

注 凭证记账后，期初余额只能浏览，不能修改；如果要修改，则需将所有记账的凭证取消记账。

第 6 章 从采购管理到付款管理

> **本章重点**
> - 采购订单业务
> - 采购到货业务
> - 采购入库业务
> - 采购发票业务
> - 采购结算业务
> - 采购付款业务
> - 付款核销业务

采购管理是企业供应链的重要组成部分,提供请购、订货、到货、入库、开票、采购结算等完整采购流程,并对全程进行管理。在采购管理系统中还可以进行供应商管理(供应商供货信息、供货价格、供货质量分析等),提供采购的最高价控制,提供采购订单到货期预警等,可根据实际情况进行采购流程的定制。

采购管理系统的采购到货单传递到库存管理系统,经审核之后形成采购入库单;采购发票传递到应付款管理系统,经审核之后形成应付账款。

应付款管理系统接收来自于采购管理系统的采购发票,对其进行审核之后形成应付账款,应付款管理系统中也可以直接填制应付单,应付单经审核后形成应付账款;在应付款管理系统中填制付款单,付款单核销应付账款,执行转账等处理。

6.1 请购业务

请购是指企业内部向采购部门提出采购申请,或者在采购部门汇总企业内部的采购需求后提出的采购清单。

请购是采购业务处理的起点,在此描述和生成采购的需求,如采购什么货物、采购多少、何时使用、谁用等内容;同时,也可为采购订单提供建议内容,如建议供应商、建议订货日期等。采购请购单可根据企业实际业务的需要来决定是否需要使用。

> 提示 请购业务不是用友 U8 采购管理系统中的必须业务。

例 6-1 新增一张请购单,采购部请购"风火 3 游戏电脑"10 台、"静雨 8 办公电脑"8 台、"大米 6PLUS 手机"8 只。

(1) 展开"请购"菜单,选择"请购单"命令,系统弹出"采购请购单"窗口,如图 6-1 所示。

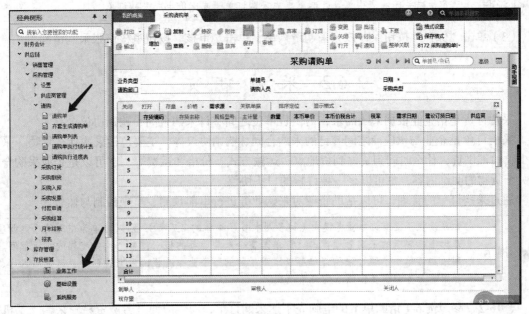

图 6-1

（2）单击"增加"按钮增加一张新的采购请购单，表体中录入需采购的存货名称、数量、需求日期，如图 6-2 所示。

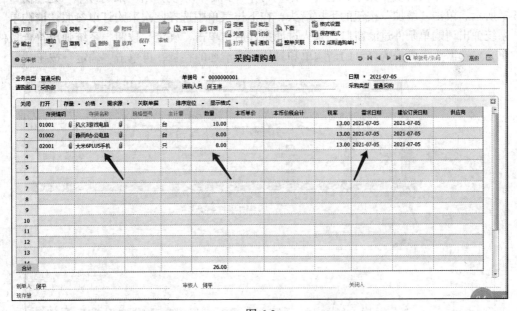

图 6-2

 提示　请购时可以不填请购单价，而是由请购业务批准后，再去寻找合适的供应商寻价，在请购单中可以注明需要该货物的日期和供应商。

说明　已审核未关闭的请购单可以参照生成采购订单，或比价生成采购订单。

（3）单击"保存"按钮保存该张采购请购单，单击"审核"按钮审核该张采购请购单。

6.2 采购订货

采购订货是指企业根据采购需求，与供货单位之间签订采购合同、购销协议。

采购订单是企业与供应商之间签订的采购合同、购销协议等，主要包括采购什么货物、采购多少、由谁供货、什么时间到货、到货地点、运输方式、价格和运费等。它可以是企业采购合同中关于货物的明细内容，也可以是一种订货的口头协议。

通过采购订单的管理，可以帮助企业对采购业务进行事前预测、事中控制与监督。

提示　如果设置了必有订单业务模式（请参阅本书第 4 章的 4.7 节），则以订单为中心的采购管理是标准、规范的采购管理模式。订单是整个采购业务的核心，整个业务流程的执行都回写到采购订单中，通过采购订单可以跟踪采购的整个业务流程，后期的到货、退货、入库、开票等业务都需要参照采购订单生成。

6-2　参照例 6-1 请购单上的电脑先下达采购订单，向供应商"芳威贸易"采购，手机暂时不下达采购，"风火 3 游戏电脑"请购数量为 10 台，下达采购订单数量为 8（代表有 2 台电脑还没有下达采购订单），含税单价为 6 667 元；"静雨 8 办公电脑"下达采购订单 8 台，含税单价为 3 955 元。

（1）展开"采购订货"菜单，选择"采购订单"命令，系统弹出"采购订单"处理窗口，如图 6-3 所示。单击"增加"按钮的下拉箭头，在下拉菜单中选择此次采购订单参照"请购单"生成，系统弹出请购单条件过滤窗口，录入过滤条件后，单击"确定"按钮，系统弹出符合条件的请购单，勾选需要生成采购订单的请购单和具体需要请购的存货，再单击"确定"按钮。

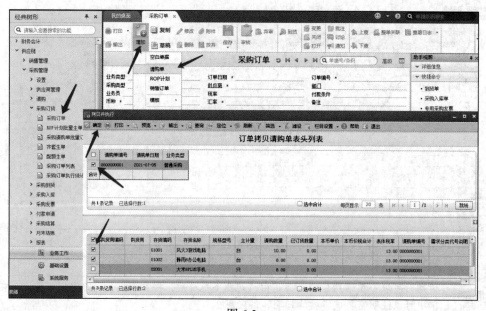

图 6-3

（2）此时，系统将选定的记录写入采购订单中，如图6-4所示。

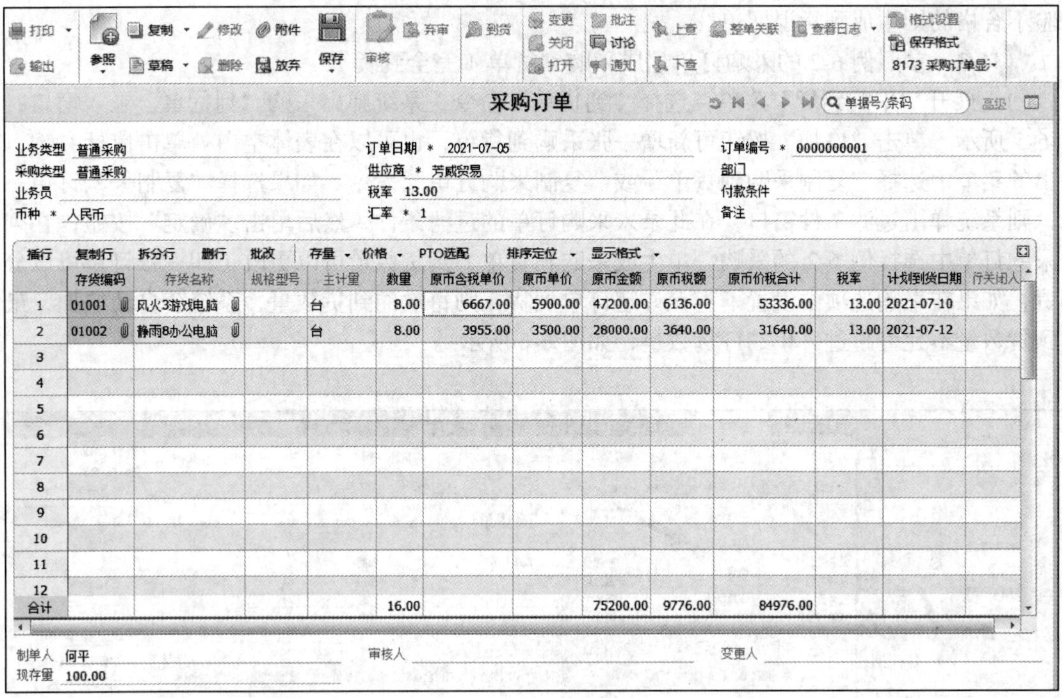

图6-4

（3）单击"审核"按钮审核该张采购订单。

> **提示** 采购订单表体中的"计划到货日期"项，用于计算采购到货提前预警和过了计划到货日期还未到货的报警使用。
>
> 如果在保存时，系统提示要求录入订单编号，而在单据编号设置（请参阅本书第3章的3.3.2小节）中是手工编号，则需要手工录入订单编号；如果设置是由系统编号（如部门+业务员+流水号），则需要补充相关单据信息（如必须填制采购部门、业务员），系统会自动编号。

6.3 采购到货

采购订单下达给供应商（可以将采购订单打印出来传真给供应商）之后，经过一段时间，供应商根据订单上的要求（货物、数量、交货期）将货物送过来，此时需进行到货业务处理，采购到货是采购订货和采购入库的中间环节，一般由采购业务员根据供应商通知或供应商交过来的送货单填写，确认对方所送货物、数量、价格等信息，以入库通知单的形式传递到仓库作为保管员收货的依据。采购到货单是可选单据，用户可以根据业务需要选用。

采购到货单可以被库存管理系统参照生成采购入库单。

如果在采购管理系统中不处理到货业务，则当采购订单下达给供应商之后，经过一段时间，供应商将货物送过来，就直接进入库存管理系统中，进行采购入库处理（采购入库可参照采购订单生成），在库存管理系统中生成的采购入库单会传递到采购管理系统中，所以采购管理系统中的采购入库单是不能增加的,而是由库存管理系统传递过来的。

到货单的作用一般是处理到货检验,检验合格的货物则在库存管理系统中生成采购入库单,检验不合格的则生成到货退回单。

例6-3 参照例6-2的采购订单生成采购到货单(完全到货)。

(1)展开"采购到货"菜单,选择"到货单"命令,系统弹出采购"到货单"录入窗口,如图6-5所示。单击"增加"按钮可新增一张采购到货单,也可以在表体空白处单击鼠标右键,在弹出的菜单中选择"复制采购到货单"或"复制采购订单"命令。如果选择"复制采购订单"命令,则系统弹出过滤条件窗口,在此录入采购订单的过滤条件,然后单击"确定"按钮,在列出的采购订单中选择例6-2的采购订单生成采购到货单,到货数量可以更改(即一张订单可以分次到货,如果在采购选项中设置了不允许超订单到货,则每次的到货数量,系统会自动累加,最终的到货数量不允许超过订单的订货数量,如图6-6所示)。

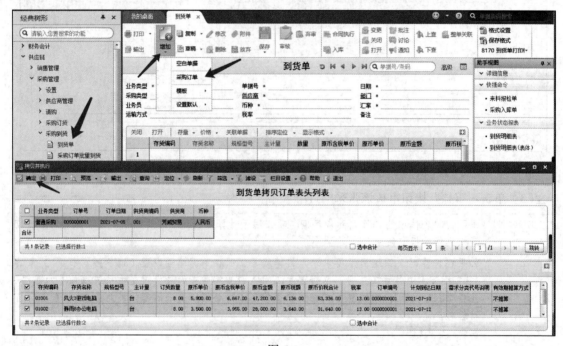

图6-5

(2)在"到货单"窗口中单击"保存"按钮保存到货单,单击"审核"按钮审核该张到货单。

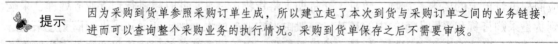

提示　因为采购到货单参照采购订单生成,所以建立起了本次到货与采购订单之间的业务链接,进而可以查询整个采购业务的执行情况。采购到货单保存之后不需要审核。

采购到货单经过审核之后,被传递到库存管理系统中,然后库存管理系统中的采购入库单可以参照采购到货单生成,如果采购到货单已经被参照生成了采购入库单(相当于货物已经入库),则此时要将已入库的货物退货,可以先在此填制采购退货单,然后在库存管理系统中再参照到货退货单生成红字入库单。

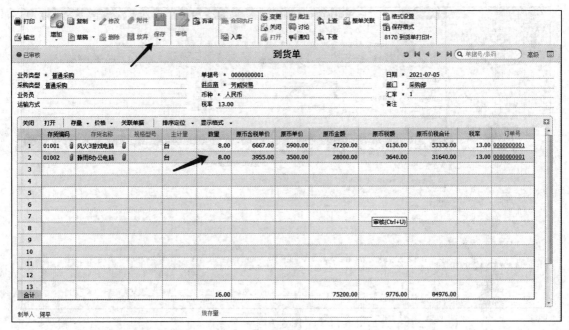

图 6-6

6.4 采购入库

如果没有启用库存管理系统，则可在采购管理系统中录入采购入库单据；如果启用了库存管理系统，则必须在库存管理系统中录入采购入库单据（库存管理系统中的采购入库单也是根据采购管理系统中的采购到货单或采购订单而生成），然后将入库信息再传递回采购管理系统中。该单据在采购管理系统中只能查看，在采购管理系统中可以根据采购入库单生成采购发票。

暂估处理指本月存货已经入库，但采购发票尚未收到，这时可以对货物进行暂估入库，待发票到达后，再根据该入库单与发票进行采购结算处理。

采购入库单是根据采购到货签收的实收数量填制的单据。对于工业企业，采购入库单一般指采购原材料验收入库时所填制的入库单据。对于商业企业，采购入库单一般指商品进货入库时所填制的入库单据。

采购入库单按进出仓库方向分为蓝字采购入库单、红字采购入库单；按业务类型分为普通采购入库单、受托代销入库单（商业）。

> 提示 本书的 003 模拟账套数据启用了库存管理系统，所以以下所操作的采购入库单是从库存管理系统中的采购入库单传递过来的。

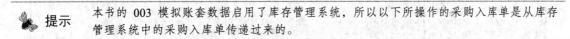6-4 参照例 6-3 的到货单生成采购入库单，入库仓库为"普通仓"。

（1）在库存管理系统（不是采购管理系统）中，展开"采购入库"菜单，选择"采购入库单"命令，系统打开"采购入库单"处理窗口，如图 6-7 所示，选择采购入库单参照采购到货单生成。

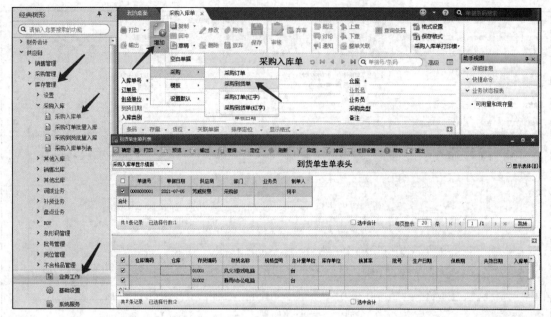

图 6-7

（2）在生成的采购入库单上指定入库仓库，如图 6-8 所示，单击"保存"按钮保存采购入库单，单击"审核"按钮审核采购入库单。

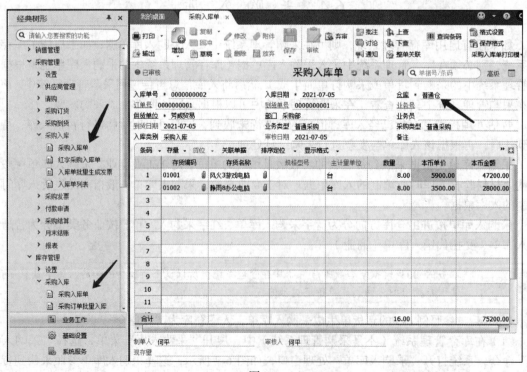

图 6-8

> **提示** 因为启用了库存管理系统,所以采购入库单只能在库存管理系统中录入,采购管理系统中的采购入库单仅供查询。

红字入库单是采购入库单的逆向单据。在采购业务中,如果发现已入库的货物因质量等原因需要退货,则对普通采购业务进行退货单处理。

如果发现已审核的入库单数据有错误(如多填数量等),则可以原数冲回,即将原错误的入库单以相等的负数量填制红字入库单,冲抵原入库单数据。

> **注意** 如果启用了库存管理系统,则红字采购入库单是由库存管理系统生成的,而库存管理系统的红字采购入库单也可能是参照采购管理系统中的采购退货单生成的。

6.5 采购发票

采购发票是供应商开出的销售货物的凭证,系统将根据采购发票确认采购成本(与采购入库单结算之后,确认采购入库单上的存货入库成本),并据此登记应付账款。

企业在收到供货单位的发票后,如果没有收到供货单位的货物,可以对发票进行压单处理,待货物到达后,再输入系统做报账结算处理。另外,也可以先将发票输入系统,以便实时统计在途货物。

采购发票按业务性质分为蓝字发票、红字发票。

采购发票按发票类型分为以下几种。

- 增值税专用发票:增值税专用发票扣税类别默认为应税外加(也就是常说的价外税),不可修改。
- 普通发票:普通发票包括普通发票、废旧物资收购凭证、农副产品收购凭证、其他收据,其扣税类别默认为应税内含(也就是常说的价内税),不可修改。普通发票的默认税率为0,可修改。
- 运费发票:运费主要是指向供货单位或提供劳务单位支付的代垫款项、运输装卸费、手续费、违约金(延期付款利息)、包装费、包装物租金、储备费、进口关税等。运费发票的单价、金额都是含税的,可修改。

6.5.1 专用采购发票

专用采购发票即增值税专用发票。

例6-5 参照例6-4的采购入库单生成采购专用发票。

(1)在"采购管理"窗口中,展开"采购发票"菜单,选择"专用采购发票"命令,系统打开"专用发票"录入窗口,如图6-9所示。选择"增加"按钮下拉菜单中的"入库单",参照采购入库单生成一张采购专用发票,在"拷贝并执行"窗口中,勾选采购入库和入库记录,单击"确定"按钮,系统将选定的采购入库记录填入图6-10所示的采购专用发票中。

(2)根据实际情况,可以修改这次填制的采购发票上的存货数量和单价,最后单击"保存"按钮保存采购发票,单击"复核"按钮复核采购发票。

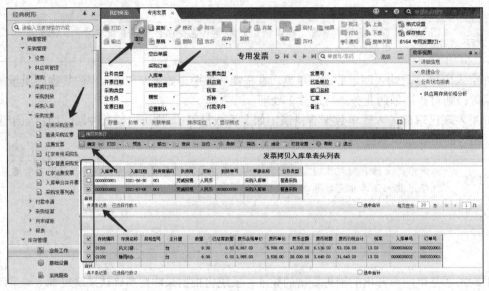

图 6-9

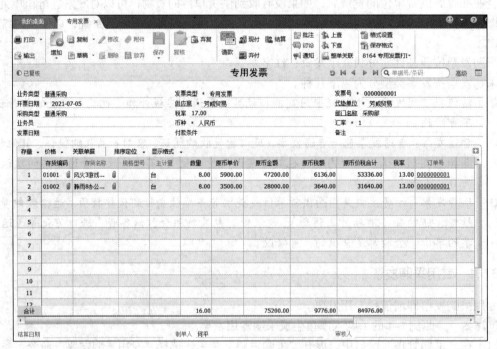

图 6-10

 说明
单击"请款"按钮,系统将生成"付款申请单"。

已审核记应付账的采购发票不能进行现付;已现付的采购发票记账后不能取消现付。"现付"是指根据这张采购发票马上付款(生成付款单)。

单击"结算"按钮,系统将此张采购发票与采购入库单进行结算,以确认采购入库单上的采购成本(没有经过结算的采购入库单上的存货成本是暂估)。

例 6-6 参照期初采购入库单（请参阅 5.1 节中的采购期初）生成一张采购专用发票，并将单价由 4 500 元修改为 4 560 元，结果如图 6-11 所示。

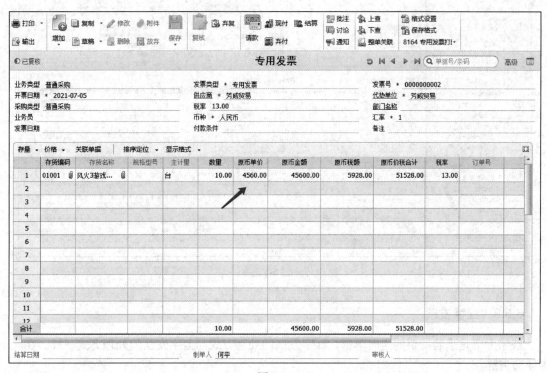

图 6-11

6.5.2 运费发票

运费发票是记录在采购货物的过程中产生的运杂费、装卸费、入库整理费等费用的单据。运费发票记录可以在手工结算时进行费用分摊，也可以单独进行费用结算。

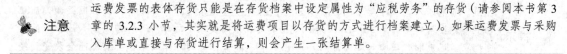

注意：运费发票的表体存货只能是在存货档案中设定属性为"应税劳务"的存货（请参阅本书第 3 章的 3.2.3 小节，其实就是将运费项目以存货的方式进行档案建立）。如果运费发票与采购入库单或直接与存货进行结算，则会产生一张结算单。

例 6-7 增加一张运费发票，供应商为"华夏物流"，"运输费"为 200 元。

（1）展开"采购发票"菜单，选择"运费发票"命令，系统打开"运费发票"录入窗口，如图 6-12 所示。

（2）单击"增加"按钮录入运费发票，录入完毕后，单击"保存"按钮保存运费发票，单击"复核"按钮复核运费发票。

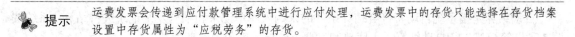

提示：运费发票会传递到应付款管理系统中进行应付处理，运费发票中的存货只能选择在存货档案设置中存货属性为"应税劳务"的存货。

图 6-12

6.5.3 红字发票

红字发票是采购发票的逆向单据。红字发票的处理方式与蓝字发票的处理方式一样,在此不再详细讲解。

6.6 采购结算

采购结算也称采购报账,是指采购核算人员根据采购入库单和采购发票核算采购入库成本。采购结算的结果是采购结算单,它是记载采购入库单记录与采购发票记录对应关系的结算对照表。

 提示　采购结算后的存货入库成本单价会自动填写回库存管理系统中采购入库单的存货单价里面,如果原采购入库单中的存货有单价,则将覆盖其原来的存货单价,比如原采购入库单中的存货采购单价是 50 元,但是此次结算时,采购发票上的单价可能与采购入库单上的不一致,也可能将运费一起分摊进入库成本中,那么存货的入库成本单价有可能会改变。经过结算后的入库成本会经库存管理系统中的采购入库单传递到存货核算系统中的采购入库单中,为存货核算系统中核算其出库成本,即成本结转,如为先进先出、移动平均等做准备。

采购结算从操作处理上分为自动结算、手工结算两种方式。另外运费发票可以单独进行费用折扣结算。

6.6.1 自动结算

自动结算是指系统自动将符合结算条件的采购入库单记录和采购发票记录进行结算。系统按照 3 种结算模式进行自动结算:入库单和发票、红蓝入库单及红蓝发票。

自动结算的前提是入库单记录和发票记录的供应商、存货、数量完全相同。

6.6.2 手工结算

手工结算包括以下内容。
- 入库单与发票结算；
- 蓝字入库单与红字入库单结算；
- 蓝字发票与红字发票结算。

溢余短缺处理。在企业的采购业务中，由于运输、装卸等原因，采购的货物可能会发生短缺毁损，应根据不同情况，进行相应的账务处理。

在采购结算时，如果入库数量与发票数量不一致，则确定其是否为合理损耗。如果为合理损耗，则直接记入成本，即相应提高入库货物的单位成本；如果为非合理损耗，则根据业务选择相应的非合理损耗类型，并由存货核算系统根据结算时记录的非合理损耗类型自动生成凭证。

费用折扣分摊。费用包括专用发票、普通发票上的应税劳务存货记录、折扣存货记录，以及运费发票上的应税劳务存货记录。费用可以在手工结算时进行费用分摊，运费发票记录也可以单独进行费用结算。手工结算时，可以将应税劳务存货、折扣存货的发票记录、运费发票记录分摊到入库单记录。

运费发票记录可以单独进行结算，可以与采购入库单记录结算，也可以直接分摊到具体的存货。

手工结算时可拆单拆记录，一行入库记录可以分次结算，也可以同时对多张入库单和多张发票进行手工结算。

手工结算支持到下级单位采购、付款给其上级主管单位的结算；支持三角债结算，即支持甲单位的发票可以结算乙单位的货物。

例6-8 将例6-5的采购专用发票和例6-7的运费发票一起与例6-4的采购入库单进行结算。

（1）展开"采购结算"菜单，选择"手工结算"命令，系统打开"手工结算"处理窗口，如图 6-13 所示。单击"选单"按钮，系统弹出"结算选单"窗口，然后在"查询"按钮的下拉菜单中分别选择"入库单"和"发票"命令进行入库单的选择和采购发票的选择。

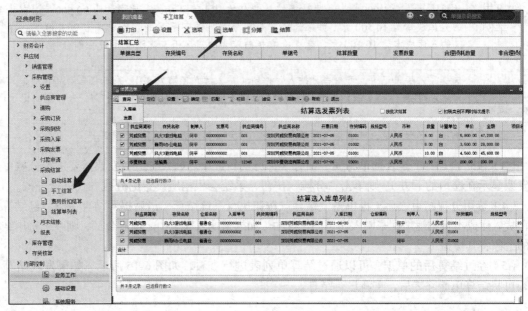

图 6-13

（2）在所选择的采购发票中，选择要结算的发票和入库单，单击"选择"栏使其变为"Y"字样，单击"确定"按钮，系统将所选定的采购发票和采购入库单选入"手工结算"窗口中，结果如图 6-14 所示。

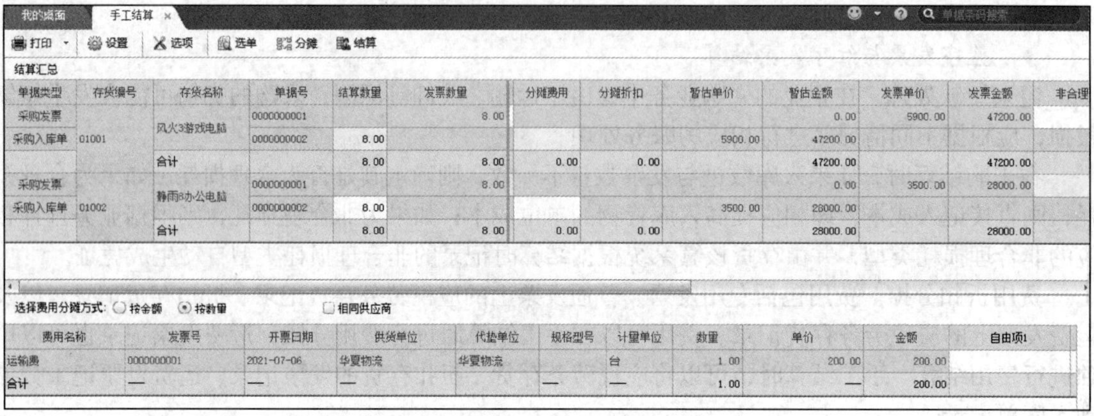

图 6-14

运费分摊方式可以选择"按金额"或"按数量"进行分摊。

> **说明**　如果勾选"相同供应商"项，则结算时只结算一个供应商的记录；如果不勾选，则可以同时进行不同供应商的采购结算，采购结算单取其中一个供应商；不同供应商的入库记录和发票记录之间也可结算，采购结算单取发票的供应商。

- 选择费用分摊方式：如果涉及费用分摊进入存货成本的情况，则在此选择按金额或按数量进行分摊。

> **应用举例**　采购存货 A，数量为 1，价值为 90 000 元；采购存货 B，数量也为 1，价值为 10 000 元，共用去运输费 1 000 元。如果选择按数量分摊，则存货 A 的入库成本为 90 500 元，存货 B 的入库成本为 10 500 元。如果选择按金额分摊，则存货 A 的入库成本为 90 900 元，存货 B 的入库成本为 10 100 元。存货价值相差较大的情况下，建议使用按金额分摊。

> **提示**　选择了入库单记录，可单击"按入"按钮（按入库单匹配发票），系统将自动寻找所选入库单记录的匹配记录，提示"可以匹配的发票共有×条"，并将匹配的记录打勾，未匹配的记录取消选择。
>
> 选择了发票记录，可单击"按票"按钮（按发票匹配入库单），操作同上。

（3）在此检查一下是否选单有误，如有误，可重新选单。如果有运费发票需要进行分摊（运费发票显示在窗口的下方），则单击"分摊"按钮，系统会根据所设置的分摊方式进行分摊。

（4）费用分摊结束之后，再单击"结算"按钮执行系统结算，最后提示结算完毕，经结算后的存货入库成本价则返填回采购入库单的金额中（如果采购入库单中之前有金额，则系统将用结算后的金额将其覆盖）。

（5）经过结算后的单据，可以通过结算单列表进行查看，如图 6-15 所示，如果发现结算有误，可将结算单删除之后，重新进行结算。

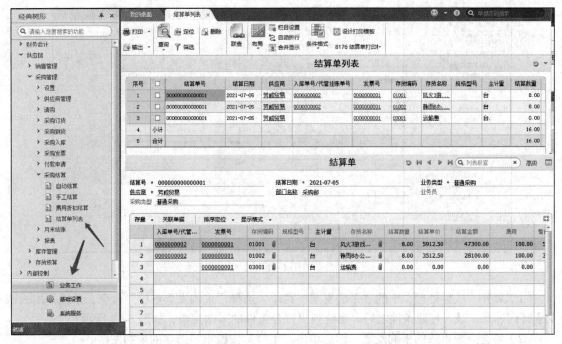

图 6-15

例 6-9 将采购中的期初采购入库单和例 6-6 中的采购发票进行结算。

存货相同、结算数量相等的入库和发票记录可以结算,如果选择了"相同供应商",则供应商、存货、结算的数量必须都相等才可结算。发票记录金额作为入库单记录的实际成本。记录结算到行。

红蓝入库单:存货相同、结算数量之和为 0 的入库单(退库单)记录可结算。如果选择了"相同供应商",则供应商、存货、结算的数量必须都相等才可结算。结算的成本即为各入库单记录的暂估金额。记录结算到行。

红蓝采购发票:存货相同、结算数量之和为 0 的红蓝采购发票记录对应结算,生成结算单。如果选择了"相同供应商",则供应商、存货的数量必须相等才可结算。金额不同的红蓝发票记录也可结算,此时业务含义为实物退回,购销双方各自承担一部分损失。结算的金额即为各发票记录的金额。记录结算到行。

6.7 应付处理

在应付款管理系统中,应付处理包括应付单、采购发票、账龄分析 3 个部分。

如果启用了采购管理系统,则在应付款管理系统中的"应付单录入"窗口中只能录入应付款单据,如图 6-16 所示(除采购外的应付业务,比如企业向其他单位的借款),而不能录入采购发票,因为采购发票由采购管理系统录入并传递过来。

采购发票审核

采购管理系统中的采购发票传到应付款管理系统中,经过审核之后,才能被系统正式确认为应付款。系统可以进行批量审核、手工审核和自动审核。

图 6-16

(1) 展开"应付处理"下的"采购发票"菜单,选择"采购发票审核"命令,系统弹出采购发票查询过滤,录入过滤条件之后,系统列出符合条件的采购发票,如图 6-17 所示。

(2) 勾选需要审核的采购发票,然后单击"审核"按钮审核选定的采购发票。

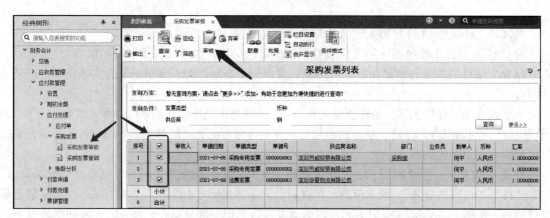

图 6-17

6.8 付款申请

付款申请单据处理主要是对付款申请业务进行管理,包括付款申请单据的录入及审核。付款申请单据可来源于采购订单、采购发票,进口订单、进口发票,委外发票,工序委外的加工费发票,合同、合同结算单,其他应付单及无来源的付款申请。当应付款选项中启用的付款申请业务为否,则付款申请单录入及审核菜单不可见。

例 6-10 增加一张付款申请单,参照例 6-5 中的采购发票生成。

(1) "付款申请单"在采购管理系统和应付款管理系统中都可以处理。在应付款管理系统中,展开"付款申请"菜单,选择"付款申请单录入"命令,系统弹出"付款申请单"处理窗口,在"增加"按钮的下拉菜单中选择参照"采购发票"增加付款申请单,如图 6-18 所示。

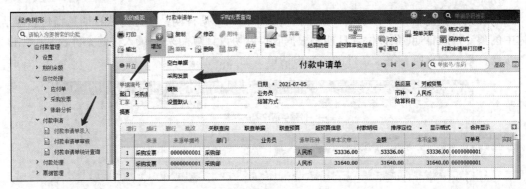

图 6-18

（2）付款申请单表体中的预计付款日期是根据采购发票和供应商的账期设置计算出来的，如果没有设置付款条件（请参阅本书第3章中3.2.5小节的收付款协议档案设置），则预计付款日期自动为采购发票上的制单日期，最后单击"保存"按钮保存付款申请单，单击"审核"按钮审核该张付款申请单。将采购发票都生成付款申请单。

注　只有经过审核后的付款申请单，才能参照生成付款单。

6.9　付款单据处理

付款单据处理主要是对结算单据（付款单、收款单即红字付款单）进行管理，包括付款单、收款单的录入、审核。应付款管理系统的付款单用来记录企业所支付的款项。

应付款管理系统的收款单用来记录发生采购退货时，企业所收到的供应商退款。

例6-11　参照例6-10的付款申请单生成付款单。

（1）选择"付款处理"菜单中的"付款单据录入"命令，系统弹出"付款单据录入"窗口，在"增加"按钮的下拉菜单中选择参照"付款申请单"生成付款单，系统弹出条件过滤窗口，如图6-19所示。

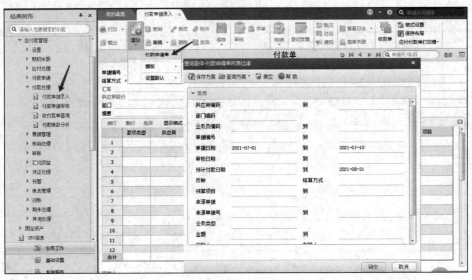

图 6-19

（2）在条件过滤窗口中，单据日期是指付款申请的单据日期，预计付款日期是指付款申请单表体中的预计付款日期（预计付款日期是根据收付款协议计算而来），录入过滤条件，然后单击"确定"按钮，系统列出所有符合条件的付款申请单，如图6-20所示。

图 6-20

（3）选择需要生成付款单的付款申请单记录，然后单击"确定"按钮（只有当供应商、币种、结算方式都一致的付款申请单才能被合并选择），系统将选中的记录复制到"付款单"窗口中，如图6-21所示，选择结算方式，系统根据结算方式自动带出结算科目。付款单如果是根据付款申请单生成的，则付款金额不能修改，最后单击"保存"按钮保存付款单，单击"审核"按钮审核付款单，如图6-22所示，系统提示"是否立即制单？"，可先不制单生成凭证，以后再生成。

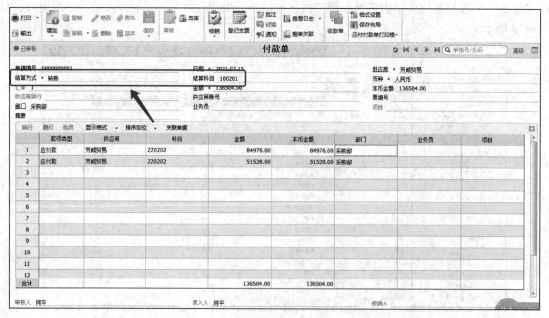

图 6-21

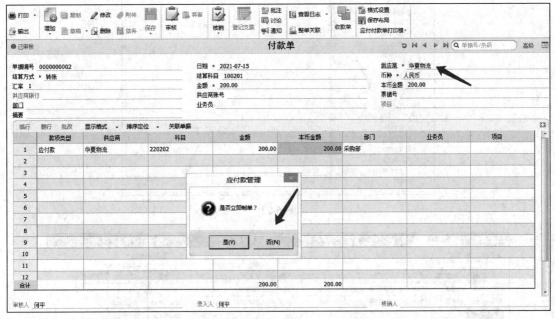

图 6-22

> **注** 只有经过审核的应付款和付款单据，才能被系统确认并进入核销处理中。如果单击付款单上的"收款单"命令，则可以转向供应商收款，这种情况一般用于处理向供应商付款之后供应商退款，比如付款多了或付错了的情况。

6.10 付款核销

核销处理是指用户日常进行的付款核销应付款的工作。单据核销的作用是处理付款核销应付款，建立付款与应付款的核销记录，监督应付款及时核销，加强往来款项的管理。

用友 U8 系统提供两种核销方式：一是手工核销，指用户手工确定系统内付款与应付款的对应关系，选择进行核销；二是自动核销，指系统自动确定系统内付款与应付款的对应关系，选择进行核销。

例6-12 将例 6-5 的采购发票与例 6-11 的付款单进行核销。

（1）展开"核销处理"菜单，选择"手工核销"命令，系统弹出"核销条件"窗口，如图 6-23 所示。录入过滤条件（供应商"001—深圳芳威贸易有限公司"），然后单击"确定"按钮，系统列出图 6-24 所示的芳威贸易的应收款记录和应付款记录。

（2）窗口上半部分的记录是指付款单记录，窗口下半部分的记录是指应付款记录，分别双击"本次结算"栏并录入本次需结算的金额，只有付款和应付款结算金额相同的情况下，才能单击"确认"按钮完成本次结算。

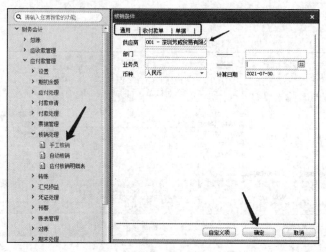

图 6-23

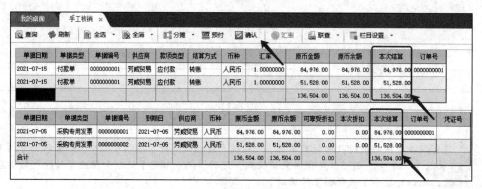

图 6-24

> **提示** 如果要取消已经结算的记录，则选择应付款管理系统中"其他处理"菜单下的"取消操作"命令，如图 6-25 所示。

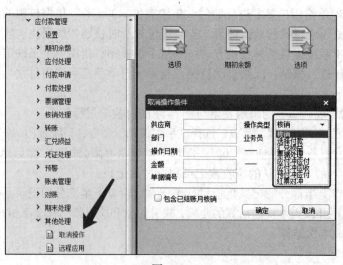

图 6-25

6.11 常用报表查询

6.11.1 单据联查

请购单生成采购订单，采购订单生成采购到货单，采购到货单生成采购入库单，采购入库单生成采购发票，采购发票生成付款申请单，付款申请单生成付款单，付款单核销采购发票。这一连串业务存在着上下游的关联关系，在工作中也时常会联查单据之间的上下游关系。

这里以采购订单为例进行讲解。

（1）打开一张采购订单，如图6-26所示。单击"上查"按钮可以联查被参照生成此张采购订单的上游单据——请购单；单击"下查"按钮可以联查本张采购订单被参照生成的下游单据——采购到货单；单击"整单关联"按钮，系统弹出"关联单据"设置窗口，在此选择需要查询的本张采购订单关联单据，可以勾选"图像化展现"项，然后单击"全选"按钮（表示所有关联单据都展示），最后单击"确定"按钮。

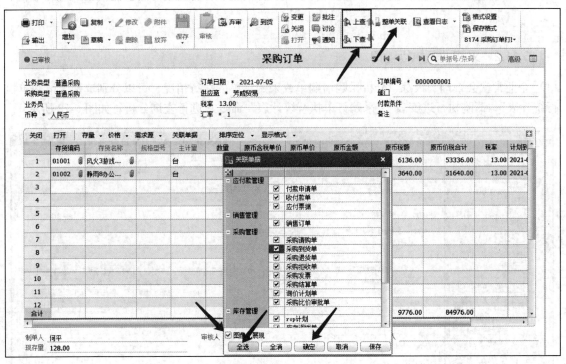

图 6-26

（2）此时，系统以图像化方式展示出本张采购订单所有的上下游关联业务单据，如图6-27所示。这是用友U8系统常用的一个单据联查功能。

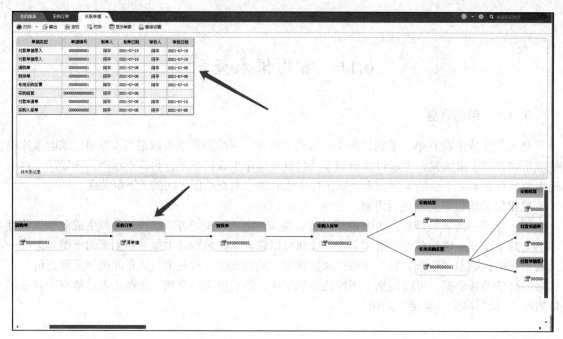

图 6-27

6.11.2 采购业务执行查询

企业常常会查询、跟踪、分析采购请购单或采购订单的执行情况,可以分别选择"请购单执行统计表""请购执行进度表""采购订单执行统计表"命令来进行查询分析,如图 6-28 所示。

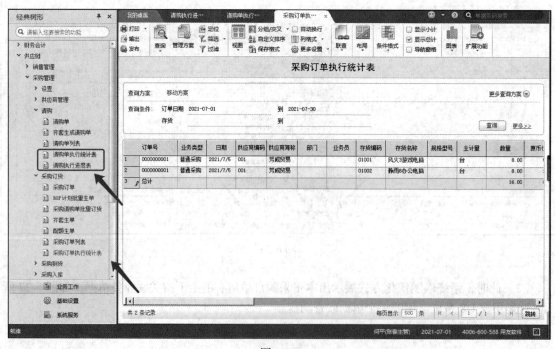

图 6-28

选择"采购订单执行统计表"命令，可以查询到采购订单的订货、到货、入库、退货、开票、付款等情况。

6.11.3 采购报表

采购报表包括采购明细表、采购分析表、采购统计表、采购账簿。

这里以采购明细表为例进行讲解。

（1）展开"报表"下的"明细表"菜单，然后选择"采购明细表"命令，系统打开"查询条件-采购明细表"过滤窗口，如图6-29所示。

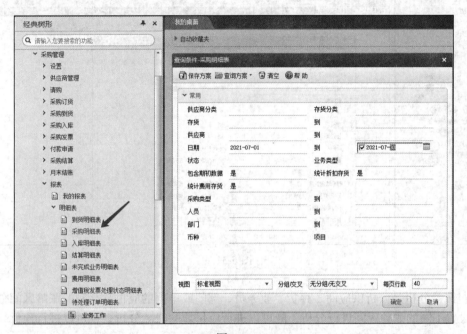

图 6-29

（2）在此录入过滤条件，然后单击"确定"按钮，系统列出所有符合条件的记录，如图6-30所示。

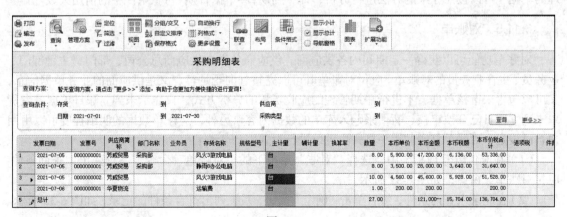

图 6-30

（3）双击具体的记录，可打开其单据进行查询。

6.11.4 应付账龄分析与付款账龄分析

在应付款管理系统中，可以进行应付账龄分析和付款账龄分析，如图 6-31 所示。

图 6-31

应付账龄分析是分析供应商、存货、业务员、部门或单据的应付款余额的账龄区间分布，同时可以设置不同的账龄区间进行分析，既可以进行应付款的账龄分析，也可以进行预付款的账龄分析。

对于进行账期管理的单据，以立账单据作为分析的基础（立账单据设置请参阅本书第 3 章 3.2.5 小节的收付款协议档案设置），以立账单据上的到期日或立账日进行账龄分析；对于不进行账期管理的单据，可以按照原来的方法进行分析，即"到期日=单据日期+付款条件中的信用天数"。

6.11.5 对账单

对账单功能可以获得一定期间内各供应商、供应商分类、供应商总公司、部门、主管部门、业务员、主管业务员的对账单。应付对账单既可以完整查询既是客户又是供应商的业务单据信息，又可以包含未审核单据、不进行账期管理的应收货款的分析方式、只显示未到立账日单据、发货单未到立账日已开票审核、暂估采购入库单的数据内容。另外，对账单数据的明细程度可以由用户自己设定，对账单打印的表头格式也可以进行设置。

（1）在应付款管理系统中，选择"对账"菜单下的"对账单"命令，系统弹出"查询条件-应付对账单"窗口，如图 6-32 所示。

（2）在此录入查询条件，然后单击"确定"按钮，系统列出符合条件的记录，如图 6-33 所示。

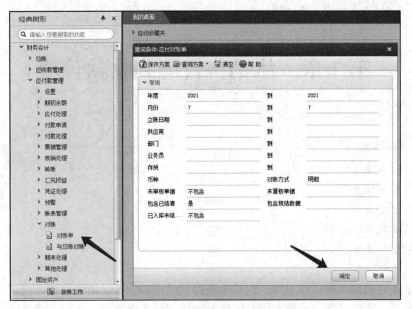

图 6-32

图 6-33

（3）可以双击对账单原始单据，也可以在表头栏单击鼠标右键，选择"隐含当前列""恢复隐含列"等命令对账单的显示栏目进行设置。

第 7 章　从销售管理到收款管理

---**本章重点**---

- 销售订单业务
- 销售发货业务
- 销售开票业务
- 销售收款业务
- 收款核销业务

销售是企业经营成果的实现过程，也是企业经营活动的中心。销售管理系统提供了销售计划编制、销售报价、销售订货、销售发货及销售开票的完整销售流程，支持普通销售、委托代销、分期收款、直运、零售和销售调拨等多种类型的销售业务，并可对销售价格和信用进行实时监控。在销售过程中，还可以对销售支出、销售代垫费用和销售包装物租借等业务数据进行记录和统计。用户可根据实际情况对系统进行定制，构建自己的销售业务管理平台。

销售订单可被采购管理系统参照生成采购订单。销售发货单传递到库存管理系统，生成销售发货单；销售发票传递到应收款管理系统，经过审核之后，形成应收账款。

应付款管理系统接收来自于采购管理系统的采购发票，进行审核之后形成应付账款，应付款管理系统中也可以直接填制应付单，应付单经审核后形成应付账款；在应付款管理系统中填制付款单，付款单核销应付账款，执行转账等处理。

应收款管理系统接收来自于销售管理系统的销售发票，进行审核之后形成应收账款，应收款管理系统中也可以直接填制应收单，应收单经审核后形成应收账款；在应收款管理系统中填制收款单，收款单核销应收账款，执行转账等处理。

7.1　销 售 订 货

销售订货是指由企业和客户双方确认的客户要货需求的过程，用户根据销售订单组织货源，并对订单的执行进行管理、控制和追踪。

销售订单是反映由企业和客户双方确认的客户要货需求的单据，它可以是企业销售合同中关于货物的明细内容，也可以是一种订货的口头协议。

如果设置了必有订单的业务模式（请参阅本书第 4 章的 4.6 节），则销售订单是必填单据，因为销售发货、销售开票等业务都参照销售订单而生成。

例 7-1　新增一张销售订单，销售一部接到客户"北京远东"的销售订单，商品为"风火 3 游戏电脑"，数量为 50 台，含税销售单价为 8 500 元。

例 7-2　新增一张销售订单，销售二部接到客户"上海上思"的销售订单，商品为"大米 6PLUS 手机"，数量为 80 台，含税销售单价为 3 800 元。

（1）展开"销售订货"菜单，选择"销售订单"命令，系统弹出"销售订单"录入窗口。

（2）单击"增加"按钮，将实例数据分别录入成两张销售订单，如图7-1和图7-2所示。

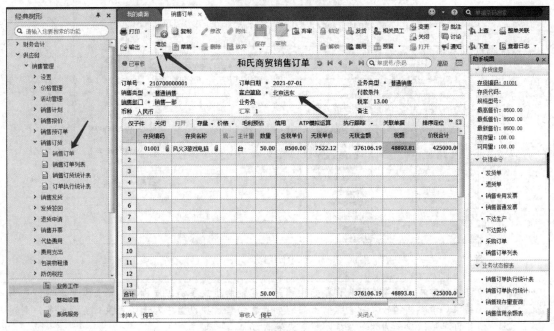

图 7-1

图 7-2

> 提示　单据格式设置和销售订单生成规则请参阅第3章的3.3节。销售订单的表体中，有一项是"预发货日期"，该日期会作为销售发货的预警查询。

（3）在销售订单的表体中，单击鼠标右键，系统会弹出一组子菜单，选择"查看现存量"命令，查看库存中存货的现存量情况，以便做销售订单时做出应对；选择"查看当前订单对应发票"命令，查看当前订单明细的发票情况，因为存在一张订单分次开票的情况；选择"查看当前订单对应发货单"命令，查看当前订单明细的发货情况，因为存在一张订单分次发货的情况；选择"查看当前订单预估毛利"命令，可以预测当前订单的预估毛利，预估毛利（本币）=无税金额（本币）-参考成本（参考成本请参阅本书第4章中的存货档案设置）×数量。如图7-3所示。

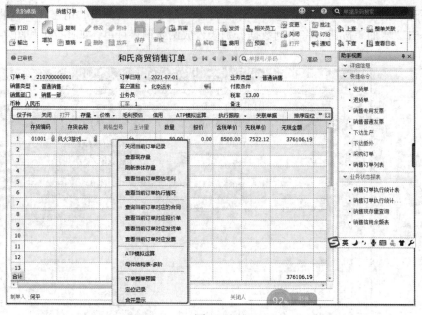

图 7-3

注意　订单的发货、开票情况查询是指由该张订单复制生成了销售发货单、销售发票之后的查询结果。请参阅销售发货和销售开票。如果在销售选项设置中勾选了可执行直运业务，则销售订单可以被采购管理系统参照生成采购订单。

（4）单击"审核"按钮可以审核该张销售订单，销售订单被审核之后便不能修改（除非取消审核），但可以单击"变更"按钮变更销售订单信息。

提示
- 变更后的数量（各种计量单位数量）必须大于等于订单累计发货量、订单累计出库量和订单累计开票量中的任一个。
- 变更后的金额必须大于等于订单累计发货金额和订单累计开票金额中的任一个。
- 变更记录是否被用友 U8 记录保留查询，设置请参阅本书图 4-28，变更后的单据需要重新审核。

（5）如果该张销售订单执行完毕（即该张销售订单被参照生成了销售发货单、销售发票），则该单据就自动关闭（销售订单自动关闭条件设置请参阅销售管理系统的"选项"设置）；对于确实不能执行的某些单据，经主管批准后，也可以手动关闭该单据。如果单据已关闭，但又要执行，可以打开订单，也可以按行关闭订单记录。

注意　已经被关闭之后的销售订单不能参照生成销售发货单或销售发票。

（6）单击"退出"按钮退出订单窗口。

提示　如果在销售选项中设置了需要进行信用额度控制，则当该客户、部门或销售业务员的应收款额度超过该客户档案、部门档案或职员档案中所设置的信用额度时，系统将会提供报警。

提示　销售时，也常常会有赠品业务处理（会发货给客户，但是不收钱），在销售订单表体中，有一项"是否赠品"栏，选择为"是"即可，赠品会产生销售出库业务，形成主营业务成本，但是在销售发票时，不会被参照生成，不会产生应收账款。

7.2 销售发货

销售管理系统中的销售发货是指企业确认要将货物发给客户的指令，是销售业务的执行阶段。如果客户所订的货备齐完毕（如生产完毕或采购完毕），则可执行此指令。

销售发货单是销售方作为给客户发货的指令（可以理解为销售发货通知单），销售发货单会被传递到库存管理系统中，在库存管理系统中根据销售发货单参照生成销售出库单，发货单是销售管理系统的核心单据。

例7-3 参照例 7-1 中的销售订单生成销售发货单，完全发货，发货仓库为"普通仓"。

（1）展开"销售发货"菜单，选择"发货单"命令，系统弹出"发货单"窗口，如图 7-4 所示。

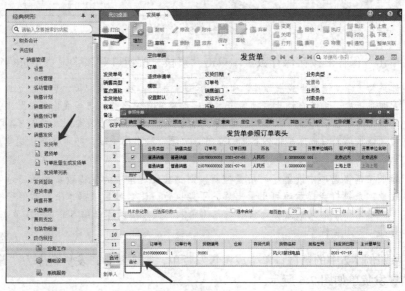

图 7-4

（2）单击"增加"按钮，新增一张销售发货单。

如果在"销售选项"的"业务控制"中勾选了"普通销售必有订单"项，则销售发货单必须参照销售订单生成。如果在"销售选项"的"其他控制"中设置了新增发货单默认参照订单生成（请参阅本书第 4 章的 4.6 节），则在销售发货单中单击"增加"按钮后，系统将自动打开销售订单过滤窗口；如果没有设置，也可以在销售发货单中，选择"增加"按钮下拉菜单中的"订单"命令，系统打开销售订单过滤窗口，然后输入过滤条件，单击"确定"按钮，系统列出所有符合条件的销售订单，选择需要发货的销售订单，单击"确认"按钮即可将选定的需要发货数据复制到销售发货单中，在销售发货单中可修改此次发货数量。

> **注意** 只有使用了销售发货单参照销售订单生成的情况，才能建立起销售订单与销售发货单之间的联系，也才能在销售订单执行统计表中查询到该张订单的执行情况（请参阅本章的 7.1 节）。在销售订单过滤窗口中，"可发货数"栏显示此次可发货的数量，发货数量可以修改，一张订单可以分次发货，系统会列出该张销售订单现在生成销售发货单时的可发货数量，如果在销售选项中勾选了"是否有超订单发货控制"项，则每次发货之后，系统都会倒扣可发货数量，避免产生超出订单数量发货的情况；否则每次的可发货数量都与销售订单的数量一致，不管以前该张销售订单是否有参照生成过发货单。

（3）销售发货单参照销售订单生成后，需要在销售发货单表体中指定发货仓库，可以修改此次的发货数量，销售订单号会被自动带入销售发货单的表头中，如图7-5所示。

图7-5

（4）最后单击"保存"按钮保存数量。单击"审核"按钮可对该张发货单进行审核。

> **提示**
>
> 如果勾选了"销售生成出库单"项（请参阅本书图4-28），则审核之后的发货单被传递到库存管理系统中，系统自动生成销售出库单；如果没有勾选"销售生成出库单"项，则库存管理系统中的销售出库单可以参照已审核后的销售发货单生成（请参阅本书图8-4），库管人员查询到该张单据后根据单据内容进行备货，办理货物出库手续，并审核该张销售出库单就可以完成存货出库业务（请参阅本书第8章的8.2节）。
>
> 如果在销售选项中设置了可用量控制，则销售发货单中的发货数量如果超过了仓库的可用数量，系统将会提示超可用量出库，不能执行。读者如果依据本书所举例子按顺序进行操作，则库存中的期初数据还没有录入（录入方式请参阅本书第5章的5.3节），所以在此不要进行可用量控制。

例7-4 参照例7-2中的销售订单生成销售发货单，完全发货，发货仓库为"普通仓"。生成的销售发货单如图7-6所示。

图7-6

7.3 发货签回

发货签回单是客户在收到货物以后，在发货单上签署的结果或是签收的单据，如图7-7所示。发货签回单是客户方给销售方签收货物的凭据。

-172-

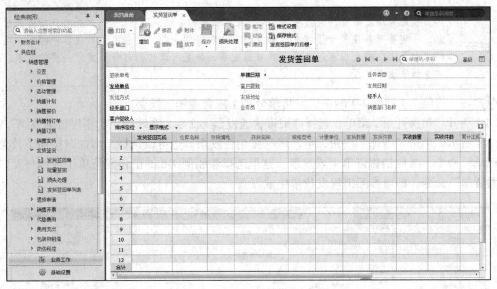

图 7-7

销售发货单上的数量只是代表企业向客户方发货的数量,当货物被送至客户处后,一般需要客户签字确认,根据此签字确认的数量来进行双方的后期业务处理,如开票、收款等。

 实例分析 某企业的业务是从国外进口水果再批发给国内的商家客户,在销售送货的过程中,常常会有损耗,于是就一定要以送货至客户处,并以客户现场过秤签收的数量为准。在水果、肉、菜的业务中常常使用到此功能。

当需要进行发货签回业务时,需要在存货档案中勾选"需要进行发货签回"项,然后在签回单中选择损失处理方式(是企业方承担还是物流商承担),如果是企业方自己承担,则系统会将损失生成退货单退货至仓库,然后自动生成仓库中的其他出库单,出库业务类型为"发货签回损失出库",以此来平这个账。

7.4 销售开票

销售开票是在销售过程中,由企业向客户开具销售发票及所附清单的过程,它是销售收入确认、销售成本计算、应交销售税金确认和应收账款确认的依据,是销售业务的重要环节。

7.4.1 销售发票

销售发票是在销售开票过程中用户所开据的原始销售单据,包括增值税专用发票、普通发票及所附清单。

销售发票在销售管理系统中填制,经过销售管理系统复核之后,自动传递到应收款管理系统中,经过应收款管理系统再次复核后,正式形成该客户的应收账款,并在应收款系统中完成应收款核销、制单生成凭证传递到总账系统等操作(请参阅 7.6 节)。

发票分为专用发票和普通发票两种,销售专用发票即增值税专用发票,销售普通发票即普通发票。对于未录入税号的客户(客户税号的录入请参阅 3.2.2 小节的客户档案设置),可以开具普通发票,不可开具专用发票。

提示　因为销售专用发票可以通过用友 U8 导入第三方的金税系统中,所以如果有此功能需求的企业,一定要开具销售专用发票,如果没有此需求的企业,并且也没有在客户档案中将客户的税号录入,那么也可以在此开具普通发票,并且可以达到与专用发票一样的效果,只需注意销项税率即可。

例7-5　将例 7-3 和例 7-4 的销售发货单分别生成普通销售发票。

(1)展开"销售开票"菜单,选择"销售普通发票"命令,系统弹出"销售普通发票"窗口,如图 7-8 所示。单击"增加"按钮,可新增一张销售发票,也可以选择"增加"按钮下拉菜单中的"订单"命令,参照销售订单生成发票。这里选择参照例 7-2 的销售发货单生成销售发票,选择"发货单"命令,即可参照销售发货单生成发票。

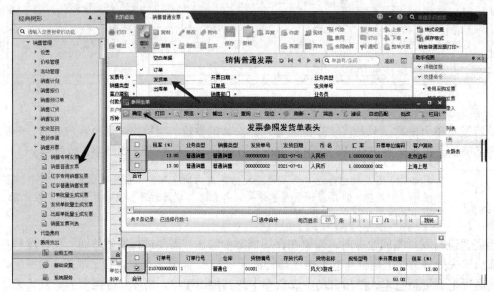

图 7-8

 注意　只有将销售发票参照销售订单或销售发货单而生成,才能建立起销售发票与销售订单或销售发货单之间的链接,便于查询。只有在销售选项中设置了直运业务才能参照采购发票生成销售发票。

(2)单击"保存"按钮保存该张发票。

单击发票窗口上的"代垫"按钮即可新增代垫费用单,表头记录根据当前发票带入,表体记录由用户录入。代垫费用指随货物销售所产生的,不通过发票处理而形成的暂时代垫将来需向客户收取的费用项目,如运杂费、保险费等。代垫费用实际上形成了用户对客户的应收款,代垫费用的收款核销由应收款管理系统处理。

单击发票窗口上的"费用"按钮即可新增销售支出单,表头记录根据当前发票带入,表体记录由用户录入。销售支出指在销售业务中,随货物销售所产生的为客户支付的业务执行费、现金折扣让利等费用,货物赠送也可按其成本价进行登记。销售支出处理的目的是让企业掌握用于某客户费用支出的情况,以及承担这些费用的销售部门或业务员的情况,作为对销售部门或业务员的销售费用和经营业绩的考核依据。销售支出单在销售管理系统中仅作为销售费用的统计单据,与其他产品没有传递或关联关系。

未复核的发票可单击"现结"按钮进行现结,现结后可以弃结。现结是在银货两讫的情况下,在销售结算的同时向客户收取货币资金。在销售发票、销售调拨单、零售日报等收到货款后可以随时对其单据进行现结处理,现结操作必须在单据复核操作之前。一张销售单据可以全额现收,也可以部分现收。在销售发票复核前进行现结/弃结,已复核的发票不能再现结/弃结;现结处理后在应收款管理系统中做收款核销处理。支持外币现付,现结汇率以发票上的汇率为准。应收总额大于 0 时,结款单的总金额必须大于 0;应收总额小于 0 时,结款单的总金额必须小于 0。支持全额现收和部分现收,结算金额不得大于应收金额。

 注意　现结的发票在应收款管理系统中进行现结制单,但在应收款管理系统账表中并不反映现结的发票和现收款记录,即全额现收的发票在应收账表中不反映,部分现收的发票在应收账表中只记录发票未现收的部分。

(3)单击"作废"按钮可将未复核的发票作废,作废后可以弃废。单击"复核"按钮可复核该张发票,如图 7-9 所示。

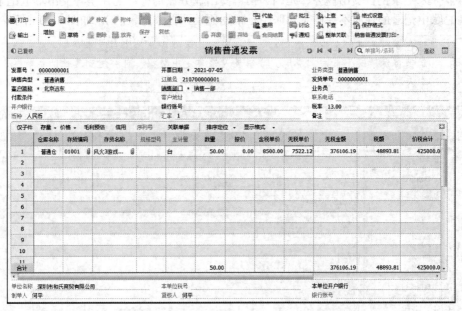

图 7-9

 提示　在销售发票的表体中,单击鼠标右键,系统会弹出一个子菜单,在此可以查看现存量,查看当前发票收款结算情况、当前发票预估毛利、当前发票对应发货单、当前发票对应出库单、当前发票对应的采购发票(参照采购发票生成的情况下即可查看)、关闭当前发票对应发货单。

7.4.2 红字发票

红字发票是销售发票的逆向处理业务单据,当客户要求退货或销售折让,但用户已将原发票作账务处理时,需要向客户开具红字发票。

红字发票分为红字专用发票和红字普通发票两种。

提示 由于红字发票与销售发票的业务一样,只不过是在数量上为负数,因此这里不详细介绍,请读者参阅销售发票的操作方式进行操作。

7.5 销售支出

销售支出指在销售业务中,随货物销售所产生的为客户支付的业务执行费、现金折扣让利等费用,货物赠送也可按其成本价进行登记。

销售支出处理的目的是让企业掌握用于某客户的费用支出情况,以及承担这些费用的销售部门或业务员的情况,作为对销售部门或业务员的销售费用和经营业绩的考核依据,比如给中介公司的佣金,为了记录和统计所产生的费用,可以用销售支出业务来处理。

销售订单、销售发货单、销售发票上都可以直接填制销售支出,销售支出数据生成之后不再传递给其他系统,只在此做企业内部的记录和统计使用,所以一笔销售支出数据产生后,除了在此填入销售支出单,还需要在总账中填制一张记账凭证用于记录这笔销售支出业务,之所以要分成两部分业务来记录销售支出业务,是因为销售支出业务数据有可能在销售支出单上记录的费用性质与在总账中记录的性质不一样(总账中是根据原始票据来记录的),如图7-10所示。

 说明 销售支出单可以在此直接录入,可分摊到具体的货物,不与发票发生关联,也可以在填制销售发票时,单击"费用"按钮录入销售支出数据,可分摊到具体的货物,与发票建立关联。

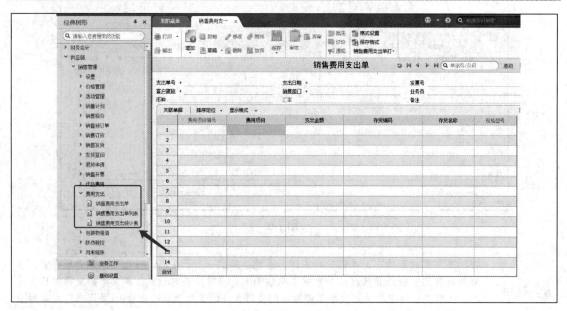

图 7-10

销售支出统计表可以按部门、客户、业务员、存货汇总销售支出的发生金额。

7.6 应收款确认和欠款分析

销售发票传递到应收款管理系统中,由财务对销售发票进行审核,以确认应收账款。

> 注　销售发票和应收单据都是应收款日常核算的原始单据，如果启用了销售管理系统，则销售发票在销售管理系统中填制，然后传递至应收款管理系统中。此时在应收款管理系统中只能增加应收单，而不能增加销售发票，但可对销售发票进行查询、核销、制单等操作。

（1）在应收款管理系统中，展开"销售发票"菜单，选择"销售发票审核"命令，系统弹出"销售发票审核"窗口，如图7-11所示。单击"查询"按钮，选择查询所有未审核的销售发票，勾选需要审核的销售发票，单击"审核"按钮审核销售发票。

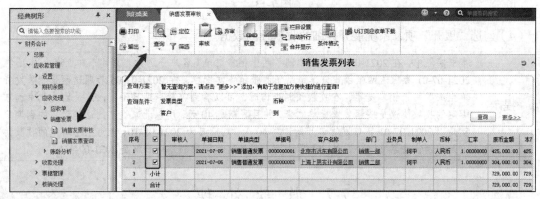

图7-11

在应收款管理系统中，经过审核之后的销售发票就相当于确认了应收账款，可以进行收款预测（采购管理系统中有付款预测）。

 提示　收款预测是指预测将来的某一段日期范围内，客户、部门或业务员等对象的收款情况，预测的依据是根据账期计算出来的，账期是将收付款协议（请参阅本书图3-33）与客户档案绑定之后，自动推算出来的，也可以在填制销售订单、销售发货单、销售发票时，表头上"收款条件"项中的每张单据都手工选入设置好的收款协议（如果没有手工指定，则自动使用客户档案中指定的收款协议）。

（2）在应收款管理系统中，展开"账表管理"下的"统计分析"菜单，选择"收款预测"命令，系统弹出"收款预测"条件过滤窗口，如图7-12所示。

（3）在此录入收款预测过滤条件，如果发生的应收账款没有收款协议（该客户没有绑定收款协议，并且在销售业务单据上也没有手工指定收款协议），则可以将"不进行账期控制按"选择为"发票"或"发货单"进行查询。最后单击"确定"按钮，系统列出收款预测结果，如图7-13所示。

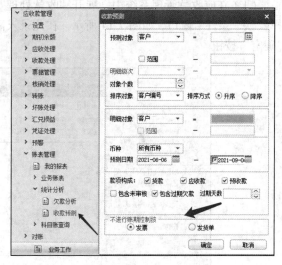

图7-12

图 7-13

（4）勾选"展开"项，系统展开详细的收款预测数据。

> **提示** 本书实例中，在 2021-07-01 分别填制了两张销售订单（客户分别为北京远东和上海上思），在 2021-07-01 参照这两张销售订单填制了两张销售发货单，在 2021-07-05 参照这两张销售发货单生成了两张销售发票，在收款预测查询时，可以看到收款到期日不同，这是因为北京远东绑定的收款协议是按销售发货单立账，并且账期是 40 天，所以北京远东的这笔销售的到期日就是以 2021-07-01 销售发货单开始计算 40 天，到期日为 2021-08-10；上海上思绑定的收款协议是按销售发票立账，月结，所以上海上思的这笔销售的到期日就是 2021-07-31。

7.7 收款处理

在应收款管理系统中，收款有两种处理方式，一种是直接填制收款单，另一种是通过选择收款直接生成收款单。

例7-6 收到客户"上海上思"转账收款，金额为 304 000 元；收到客户"北京远东"现金收款，金额为 20 000 元。

7.7.1 选择收款

选择收款的方式用于快速收款处理，不必一张一张地填制收款单。

（1）在应收款管理系统中，展开"收款处理"菜单，选择"选择收款"命令，系统弹出"选择收款—条件"窗口，如图 7-14 所示。在此录入需要进行收款的应收账款的过滤条件，然后单击"确定"按钮。

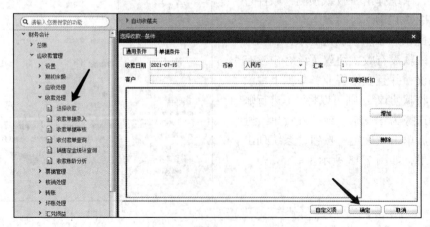

图 7-14

（2）系统列出符合条件的记录，如图 7-15 所示。勾选需要收款的记录，可以修改本次的收款金额，单击"确认"按钮，系统要求录入收款的结算方式，录入完成之后，单击"确定"按钮。

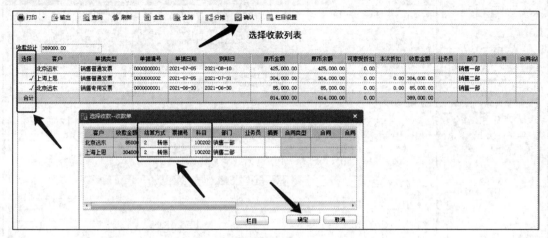

图 7-15

（3）系统根据所选择的每一笔收款记录生成收款单，并且该张收款单自动为"审核""核销"状态。如图 7-16 所示。

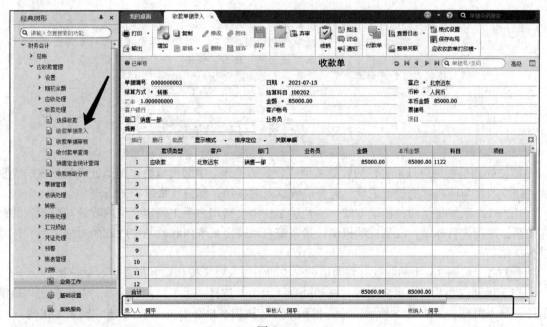

图 7-16

7.7.2 收款单

在应收款管理系统中，展开"收款处理"菜单，选择"收款单据录入"命令，系统弹出"收款单据录入"窗口,如图7-17所示。单击"增加"按钮增加一张空白收款单,录入收款单数据,然后单击"保存"按钮保存收款单,单击"审核"按钮审核收款单。

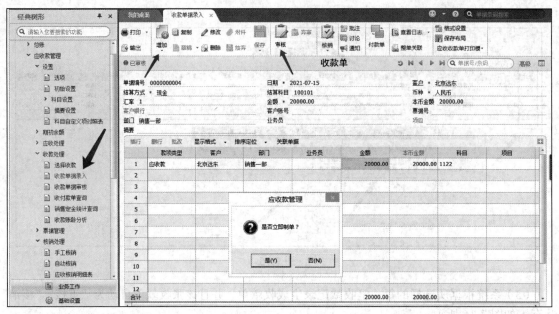

图 7-17

 提示

在收款单打开的情况下,审核收款单时,系统提示"是否立即制单",这是因为在设置应收款管理的选项时,勾选了"单据审核立即制单"项,如果立即制单则可以立即生成记账凭证,也可以不立即制单,待月底统一制单。单击"核销"按钮进入核销处理,单击"付款单"按钮可以处理对客户的付款业务(如退款业务)。

7.8 收款核销

核销处理是指用户日常进行的收款核销应收款的工作。单据核销的作用是处理收款核销应收款,建立收款与应收款的核销记录,监督应收款及时核销,加强往来款项的管理。

用友 U8 系统提供两种核销方式:一是手工核销,指用户手工确定系统内收款与应收款的对应关系,选择进行核销;二是自动核销,指系统自动确定系统内收款与应收款的对应关系,选择进行核销。

例7-7 将例 7-6 中的收款分别对应例 7-5 的销售发票,按相同客户进行收款核销。

(1)展开应收款管理系统中的"核销处理"菜单,选择"手工核销"命令,系统弹出"核销条件"录入窗口,如图 7-18 所示。录入核销条件(核销客户必录),然后单击"确定"按钮。

(2)系统列出符合条件的收款记录和应收记录,如图 7-19 所示。分别在收款单和应收单中录入本次的结算金额,结算金额的合计要相等,然后单击"确认"按钮确认核销。

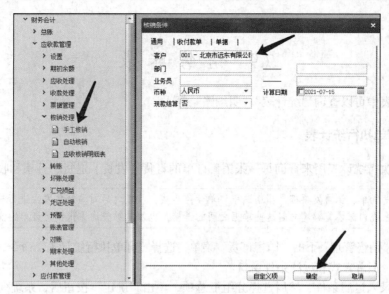

图 7-18

图 7-19

如果要取消核销,则展开应收款管理系统中的"其他处理"菜单,选择"取消操作"命令,系统弹出"取消操作条件"窗口,如图 7-20 所示,在此选择需要取消的操作类型为"核销"即可。

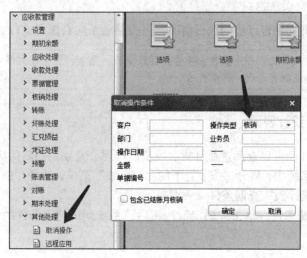

图 7-20

7.9 销售账表

在销售账表中可以查询"统计表""明细账"等。

7.9.1 订单执行统计表

销售订单执行统计表用来查询每一张销售订单的订货、发货、退货、开票和收款等情况。

 说明　发货单、销售发票都是指由该张订单参照生成，收款之后对该销售发票进行核销，只有这样系统内部才能够建立起这些单据之间的链接，也才能够查询该张销售订单的执行情况。

（1）展开"销售管理"下的"销售订货"菜单，选择"订单执行统计表"命令，系统弹出"订单执行统计表"汇总方式和过滤条件窗口。

（2）在此录入过滤条件，然后选择分组汇总项，单击"确定"按钮后，系统列出符合条件的统计结果，如图 7-21 所示。

图 7-21

（3）在此可以查询到销售订单的执行情况，可将移动条向右拖曳进行查看。

 提示　销售订单执行统计表是销售业务查询得最多的一张表，因为它对每一笔销售订单的执行情况从头到尾都有记录，非常有用。

7.9.2 销售综合统计表

通过销售综合统计表可以查询企业订货、发货、出库、开票、回款的统计数据。

（1）在销售管理系统中，展开"报表"下的"统计表"菜单，选择"销售综合统计表"命令，系统弹出"销售综合统计表"查询条件录入窗口。

（2）在此录入过滤条件，单击"确定"按钮后，系统列出符合条件的统计结果，如图 7-22 所示。

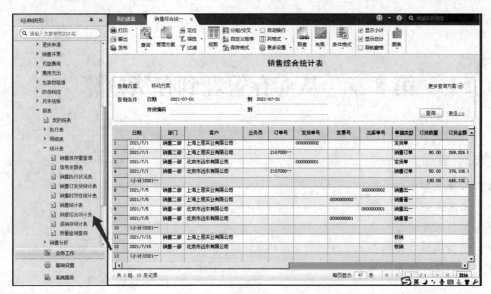

图 7-22

7.9.3 应收明细账

应收明细账查询应收账款的明细情况。

（1）在应收款管理系统中，展开"账表管理"下的"业务账表"菜单，选择"业务明细账"命令，系统弹出"应收明细账"查询条件录入窗中。

（2）在此录入过滤条件，单击"确定"按钮后，系统列出符合条件的统计结果，如图 7-23 所示。

图 7-23

第 8 章　从库存管理到存货核算

> **本章重点**
> - 入库业务
> - 出库业务
> - 暂估业务处理
> - 单据记账计算成本
> - 发出商品业务处理

库存管理系统是用友 U8 供应链的重要产品，能够满足采购入库、销售出库、产成品入库、生产材料领用出库、其他出入库、盘点管理、调拨管理等业务需要，提供仓库货位管理、批次管理、保质期管理、出库跟踪入库管理及可用量管理等全面的业务应用。

库存管理系统接收来自采购管理系统的采购到货单和委外管理系统的委外到货单，经审核之后，生成采购入库单；接收来自销售管理系统的销售发货单，经审核之后，生成销售出库单。生产型企业的库存管理系统还可参照生产订单、委外订单进行材料发料（材料出库单）；参照生产订单生成产成品入库单。

存货核算是财务的成本会计进行存货成本核算的管理系统，接收来自于库存管理系统中的各种入库、出库单据（根据核算规则的不同，也可以接收其他系统中的业务单据，比如销售成本选择的是按"销售发票"核算，则也接收销售管理系统中的销售发票来进行出库成本核算），根据存货核算中设置的成本核算规则，核算存货的入库成本和出库成本，并生成记账凭证传递到总账系统中。

8.1　入库业务

仓库收到采购或生产的货物，仓库保管员验收货物的数量、质量及规格型号等，确认验收无误后入库，并登记库存账。

入库业务单据主要包括采购入库单、产成品入库单（本书不作介绍）和其他入库单。

8.1.1　采购入库单

采购入库单是根据采购到货签收的实收数量填制的单据。工业企业的采购入库单一般指采购原材料验收入库时所填制的入库单据（如果启用了委外管理系统，则委外入库也以本张采购入库单据来处理），商业企业的采购入库单一般指商品进货入库时所填制的入库单据。

采购入库单按进出仓库方向分为蓝字采购入库单和红字采购入库单；按业务类型分为普通采购入库单、受托代销入库单（商业）和委外加工入库单（工业）。

红字入库单是采购入库单的逆向单据。在采购业务活动中,如果发现已入库的货物存在质量等问题要求退货,则对采购业务进行退货单处理。

如果发现已审核的入库单数据有误(多填数量等),也可以填制退货单(红字入库单)原数冲抵原入库单数据。原数冲回是将原错误的入库单以相等的负数量填单。

> **注** 在采购管理中指定的批次、生产日期、失效日期等,在库存管理中不可修改。建议用户由仓库管理部门指定以上内容,避免因发生错误而不能及时入库。
> 采购管理设置必有订单(普通、受托)时,相应的采购入库单(普通、受托)不可手工录入存货,需参照采购订单或采购到货单(采购到货单参照采购订单生成)生成(请参阅第 4 章的 4.7 节)。

(1)展开"采购入库"菜单,选择"采购入库单"命令,系统打开"采购入库单"窗口,如图 8-1 所示。单击"增加"按钮可新增一张采购入库单,也可以选择参照"采购订单"或"采购到货单"命令生成采购入库单。

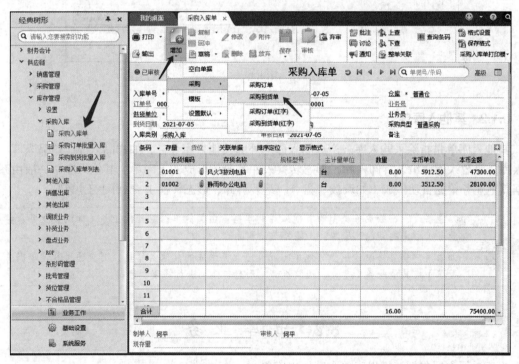

图 8-1

> **提示** 企业如果启用了采购到货单,则一般选择参照采购到货单生成采购入库单;如果没有启用采购到货单,才选择参照采购订单生成采购入库单。

(2)在采购入库单上会显示参照来源的业务单据的单据号(采购订单号、采购到货单号),入库仓库必填,入库类别建议填,因为在存货核算系统中根据入库类别生成凭证时,会自动将所对应的会计科目带入(请参阅本书第 10 章),如图 8-2 所示。

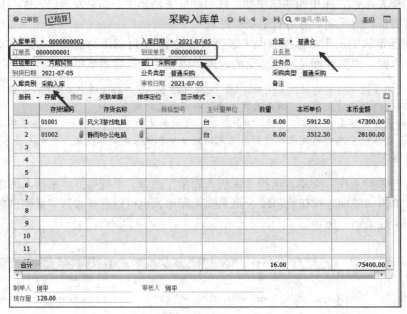

图 8-2

8.1.2 其他入库单

其他入库单是指除采购入库、产成品入库之外的其他入库业务，如样品入库、赠品入库、调拨入库、盘盈入库、组装拆卸入库、形态转换入库等业务形成的入库单。其他入库单一般由系统根据其他业务单据自动生成（如调拨、盘点、组装拆卸、形态转换），也可手工填制。

注意

只能修改、删除业务类型为其他入库的单据；由其他单据或其他业务（如调拨业务、盘点业务）形成的其他入库单，不能修改、删除。

如果用户需要修改、删除其他单据或其他业务形成的其他入库单，则应通过其他单据（调拨单）或其他业务（盘点、组装拆卸、形态转换）进行修改、删除。

8.2 出库业务

出库单据主要包括销售出库单和其他出库单。

8.2.1 销售出库单

销售出库单是销售出库业务的主要凭据，在库存管理中用于存货出库数量核算，在存货核算中用于存货出库成本核算（如果存货核算中销售成本的核算选择依据销售出库单）。工业企业的销售出库单一般指产成品销售出库时所填制的出库单据，商业企业的销售出库单一般指商品销售出库时所填制的出库单。

销售出库单按进出仓库方向分为蓝字销售出库单和红字销售出库单；按业务类型分为普通销售出库单、委托代销出库单和分期收款出库单。

如果销售管理系统未启用，则可直接在库存管理系统中填制销售出库单，否则不可手工填制，只能使用"生单"功能参照销售管理系统的业务单据生单,包括以下几种。

- 参照销售发货单生成。先发货后开票业务:根据销售管理的发货单生成销售出库单。
- 参照销售发票生成。开票直接发货业务:根据销售管理的销售发票生成销售出库单。
- 参照销售调拨单生成。根据销售管理的销售调拨单生成销售出库单。
- 参照零售日报生成。根据销售管理的销售日报生成销售出库单。

详情请参阅本书第 4 章的 4.6 节。

 提示　销售发票、销售调拨单、零售日报在销售管理复核时,同时生成发货单。在参照发货单窗口,以上 3 种单据都有发货单号、发票号,单据类型分别对应销售发票、销售调拨单、零售日报,所以也可统称为参照发货单。

 注意　在销售管理中指定的批次、生产日期、失效日期、入库单号等,在库存管理中不可修改。建议用户由仓库管理部门指定以上内容,避免因发生错误而不能及时出库。

例8-1　将本书第 7 章中的销售发货单全部生成销售出库单。

(1)展开"销售出库"菜单,选择"销售出库单"命令,系统打开"销售出库单"窗口,如图 8-3 所示。如果没有启用销售管理系统,则可以直接单击"增加"按钮新增一张销售出库单。如果启用了销售管理系统,则销售出库单可以参照销售管理中的"销售发货单"生成。

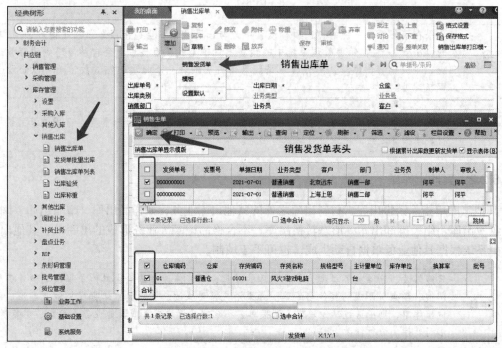

图 8-3

(2)销售出库单生成后,单击"保存"按钮保存销售出库单,单击"审核"按钮审核销售出库单,如图 8-4 所示。

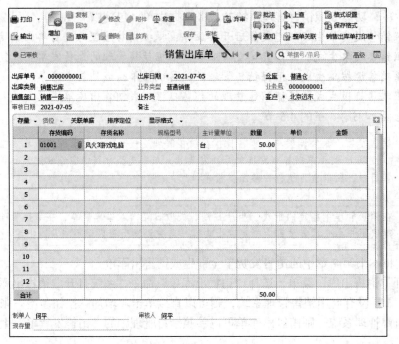

图 8-4

提示　如果在销售管理系统的"选项"设置中，勾选了"销售生成出库单"项（请参阅第 4 章的 4.6 节），则在销售管理系统中的销售发货单生成并审核后，会自动传递到库存管理系统，生成销售出库单，库存管理系统只需再次确认一下此次的发货数量（可以修改）并审核即可。

提示　销售出库单上的单价为成本价（主营业务成本），此时为空是因为需要在存货核算系统中进行成本核算之后，由系统自动返写回来。

8.2.2　其他出库单

其他出库单指除销售出库、材料出库之外的其他出库业务，如样品出库、赠品出库、调拨出库、盘亏出库、组装拆卸出库、形态转换出库、不合格品记录等业务形成的出库单。其他出库单一般由系统根据其他业务单据自动生成，也可手工填制。

注意　只能修改、删除业务类型为其他出库的单据；不能修改、删除由其他单据或其他业务（如调拨、盘点）形成的其他出库单。如果用户需要修改、删除其他单据或其他业务形成的其他出库单，则应通过其他单据（调拨单、不合格品记录单）或其他业务（盘点、组装拆卸、形态转换）进行修改、删除。

8.3　调拨业务

调拨单是指用于仓库之间存货的转库业务或部门之间存货调拨业务的单据。同一张调拨单上，如果转出部门和转入部门不同，则表示为部门之间的调拨业务；如果转出部门和转入部门相同，但转出仓库和转入仓库不同，则表示为仓库之间的转库业务。

调拨业务也常在各办事处之间调货使用，办事处之间出库与入库中间有时间差（即货物在途问题），一般情况下是设置一个虚拟仓库（如在途仓库），出库时做调拨入在途仓库处理，入库时做从在途仓库调入目的仓库处理，这样便于查询调拨在途的货物。

（1）展开"调拨业务"菜单，选择"调拨单"命令，系统打开"调拨单"窗口，如图8-5所示。

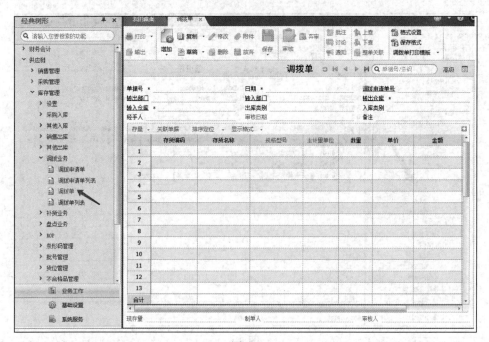

图 8-5

（2）单击"增加"按钮新增一张调拨单，录入调出仓库和调入仓库，出库类别应为调拨出库，入库类别应为调拨入库。

 提示　调拨单审核后生成其他出库单、其他入库单，所生成的其他出库单和其他入库单经过审核之后系统才能更改库存数量。由调拨单自动生成的其他出库单和其他入库单不能单独删除，删除调拨单的同时也会自动删除其他出库单和其他入库单。

8.4　盘　　点

为了保证企业库存资产的安全和完整，做到账实相符，企业必须对存货进行定期或不定期的清查，查明存货盘盈、盘亏、损毁的数量以及造成的原因，并据此编制存货盘点报告表，按规定程序，报有关部门审批。经有关部门批准后，应进行相应的账务处理，调整存货账的实存数，使存货的账面记录与库存实物相符。

盘点时系统提供多种盘点方式，比如按仓库盘点、按批次盘点、按类别盘点、对保质期临近多少天的存货进行盘点等，还可以对各仓库或批次中的全部或部分存货进行盘点，盘盈、盘亏的结果自动生成其他出、入库单。

盘点单是用来进行仓库存货的实物数量和账面数量核对工作的单据，用户可使用空盘点单进行实盘，然后将实盘数量录入系统，与账面数量进行比较。

（1）展开"盘点业务"菜单，选择"盘点单"命令，系统打开"盘点单"窗口，如图8-6所示。

（2）录入盘点单表头栏目，指定盘点仓库。

（3）可直接录入要盘点的存货，也可单击"盘库""选择存货"按钮批量增加存货。系统将自动带出对应存货不同的自由项，批次的账面数量、账面件数、账面金额等。

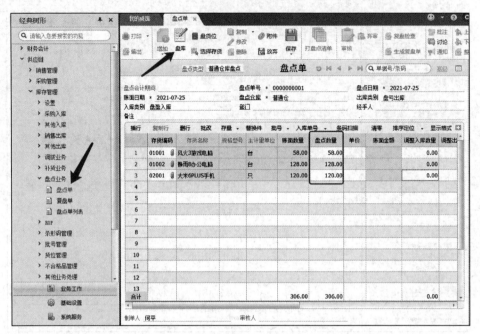

图 8-6

（4）单击"保存"按钮保存盘点单。将盘点表打印出来，到仓库中进行实物盘点。

（5）实物盘点后，打开盘点单，单击"修改"按钮，输入盘点数量/件数，保存此张盘点单。

（6）单击"审核"按钮对盘点单进行审核。

周期盘点预警：可以按照"存货"或"仓库+存货"的方式设置存货的盘点周期，到盘点周期的存货，系统可以进行预警。

新增盘点单时，单击"盘库"按钮，设置盘点选项"是否按周期盘点"。系统将符合条件的存货带入盘点单。

提示

审核盘点单时，根据盘点表生成其他出、入库单，业务号为盘点单号，单据日期为当前的业务日期。所有盘盈的存货生成一张其他入库单，业务类型为盘盈入库。所有盘亏的存货生成一张其他出库单，业务类型为盘亏出库。盘点单审核时，同时删除生成的其他出、入库单；生成的其他出、入库单如已审核，则相对应的盘点单不可弃审。

注　上次盘点仓库的存货所在的盘点表未审核之前，不可再对此仓库此存货进行盘点，否则系统提示错误。

应用举例

第一张盘点表是对甲仓库中的A存货进行盘点，该盘点表未审核时，又新增了一张盘点表。如果第二张盘点表也对甲仓库进行盘点，则第二张盘点表中不能有A存货，只能对第一张盘点表中没有的存货进行盘点。要想在第二张盘点表中对甲仓库中的A存货再次进行盘点，必须将第一张盘点表审核或删除后才可以重盘。如果第二张盘点表是对除甲仓库之外的其他仓库进行盘点，则没有此限制。

盘点前应将所有已办理实物出、入库的单据处理完毕，否则账面数量会不准确。

8.5 成本记账

在存货核算系统中，如果要进行入库和出库成本的计算并确认，则要通过成本的核算规则（请参阅本书第 4 章的 4.5 节）对业务进行记账，只有记账后业务记录才能参与成本计算。

8.5.1 暂估成本录入

存货暂估是外购入库的货物发票还未到，在无法确定实际的采购成本时，财务人员期末暂时按估计价格入账，后续按照选择的暂估处理方式进行回冲或者补差处理。处理暂估业务，依据用户在系统选项"暂估方式"中的选项进行处理（请参阅本书第 4 章的 4.5 节）。

暂估结算处理有以下 3 种方式。

月初回冲：月初回冲是指月初时系统自动生成红字回冲单，报销处理时，系统自动根据报销金额生成采购报销入库单。

单到回冲：单到回冲是指报销处理时，系统自动生成红字回冲单，并生成采购报销入库单。

单到补差：单到补差是指报销处理时，系统自动生成一笔调整单，调整金额为实际金额与暂估金额的差额。

对于没有成本的采购入库单，在这里进行暂估成本的成批录入。这种情况一般出现在采购入库单产生时，单价为空，并且采购发票没有到，所以还没有结算，但又需要做采购入库单的暂估成本记账。

在存货核算系统中，展开"记账"菜单，选择"暂估成本录入"命令，系统弹出"暂估成本录入"窗口，如图 8-7 所示，如果采购入库单上还没有单价记录，则系统会显示出来并要求在此录入暂估成本。

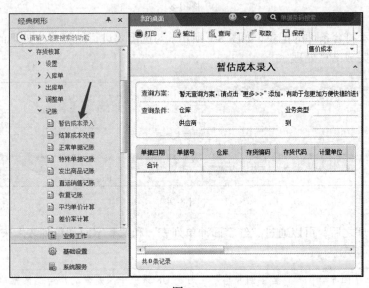

图 8-7

8.5.2 结算成本处理

如果之前采购入库单做了暂估成本入库,现在采购发票与采购入库单结算之后,则需要做结算成本处理。结算成本处理是将结算后的成本去冲销之前的暂估成本,系统会形成红字倒冲数据。

例8-2 将003账套中的期初采购入库单(在2021-06-30采购入库的,请参阅本书第5章中的图5-1)进行结算成本处理。该张期初采购入库单的采购发票是在2021-07才来的,才做的采购结算(请参阅本书第6章中的6.6节)。

(1)在存货核算系统中,展开"记账"菜单,选择"结算成本处理"命令,系统弹出"结算成本处理"条件过滤窗口,如图8-8所示,录入过滤条件,然后单击"确定"按钮。

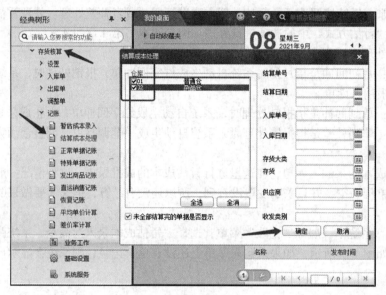

图 8-8

(2)系统显示符合条件的记录,如图8-9所示。勾选需要进行结算成本处理的记录,单击"结算处理"按钮,完成结算处理。

图 8-9

(3)结算处理之后,可以通过"红字回冲单列表"和"蓝字回冲单列表"来查询暂估回冲的结果,如图8-10所示。

> **提示** "红字回冲单"和"蓝字回冲单"在用友U8系统中不是真的产生了两张单据,它们只是在原来的采购入库单上记录了红字回冲金额和蓝字回冲金额,所以红字回冲单和蓝字回冲单的单据号就是采购入库单的单据号。

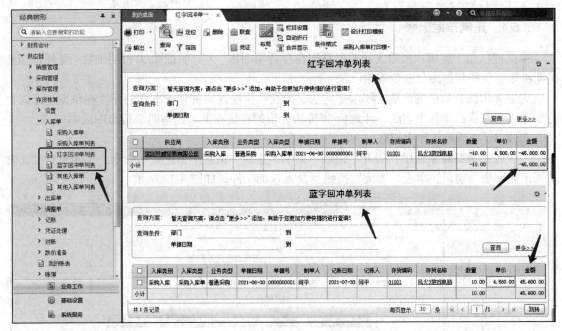

图 8-10

8.5.3 特殊单据记账

特殊单据记账的主要功能是对组装单、调拨单、形态转换单进行记账，这些业务单据在库存管理系统中保存审核之后会同时生成一张其他出库单和一张其他入库单，这张其他出库单上的存货成本就是对应的这张其他入库单上的成本，所以可以通过"特殊单据记账"功能，自动将其他出库单上的出库成本转写到其他入库单的入库成本上，一步就可以实现对出库和入库单据的记账，不需要在正常单据记账中再分别对其他出库单和其他入库单进行记账，如图 8-11 所示。

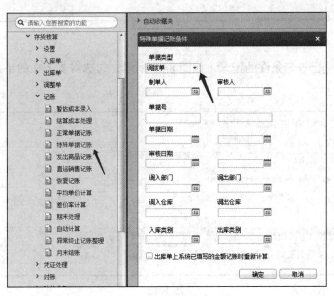

图 8-11

8.5.4 正常单据记账

单据记账用于将用户所输入的单据登记在存货明细账、差异明细账/差价明细账、受托代销商品明细账、受托代销商品差价账中。

先进先出法、后进先出法、移动平均法、个别计价法这4种计价方式的存货在单据记账时进行出库成本核算；全月平均法、计划价/售价法计价的存货在期末处理时进行出库成本核算。

例8-3 将采购入库单记账。

（1）在存货核算系统中，展开"记账"菜单，选择"正常单据记账"命令，系统打开"正常单据记账列表"窗口，单击"查询"按钮，录入查询条件，如图8-12所示。

图 8-12

（2）系统显示符合查询条件的记录，如图8-13所示，勾选需要记账的单据，单击"记账"按钮完成记账。

	日期	单据号	存货编码	存货名称	规格型号	存货代码	单据类型	仓库名称	收发类别	数量	单价	金额	计划单价
✓	2021-07-05	0000000002	01001	风火x3游戏电脑			采购入库单	普通仓	采购入库	8.00	5,912.50	47,300.00	
✓	2021-07-05	0000000002	01002	静雨8办公电脑			采购入库单	普通仓	采购入库	8.00	3,512.50	28,100.00	
小计										16.00		75,400.00	

图 8-13

8.5.5 发出商品记账

分期收款发出商品记账：在销售管理系统选项中，如果勾选了"分期发出商品"项（请参阅本书第 4 章的 4.6 节），则在销售订单时选择了销售业务类型为"分期收款"，那么，该笔销售业务在存货核算中将使用发出商品记账方式。

普通销售发出商品记账：如果在存货核算的系统选项中选择按销售出库单核算或按销售发票核算，则在正常单据记账中进行成本核算；如果选择按发出商品核算（请参阅本书第 4 章的 4.5 节），则在此进行单据记账，进行成本核算。

> **说明**　发出商品记账方式之所以常常被用于销售出库业务和销售开票业务不在同一个会计期间（如同一个月内）的情况，是因为这会使得结转主营业务成本的产生和应收账款的产生不在同一个会计期间，产生不匹配的情况。一般来讲，企业常常希望将主营业务成本的产生和应收账款的确认保持在同一个会计期间，但又为了记录已销售出库未销售开票的数据，于是就使用发出商品记账（销售出库时，库存商品转至发出商品；销售开票时，由发出商品转至主营业务成本）。

例8-4 将销售业务进行发出商品记账。

在存货核算系统中，展开"记账"菜单，选择"发出商品记账"命令，系统弹出"发出商品记账"窗口，单击"查询"按钮，查询符合条件的记账，如图 8-14 所示。在此可以看到销售发货单和销售发票，勾选需要记账的单据，单击"记账"按钮进行记账。

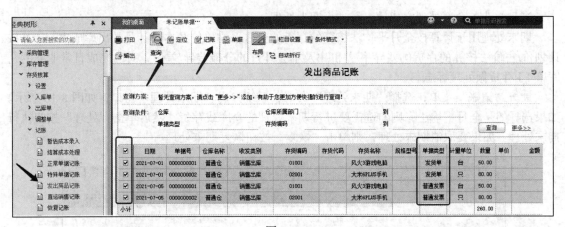

图 8-14

> **重要提示**　发出商品记账时，单据类型是"销售发货单"（销售管理系统中的发货单）还是"销售出库单"（库存管理系统中的销售出库单），取决于在销售管理系统的选项设置中，设置的销售发票是依据"发货单"生成还是依据"销售出库单"生成（请参阅本书第4章中的图4-29）。建议依据"销售出库单"生成，否则就会在销售发货单与销售出库单不同时生成时（特别是跨月的情况下），发出商品就会根据销售发货单生成，而此时库存商品根本就没有出库。

8.6 恢复记账

在存货核算系统中，将业务进行记账之后，如果需要取消记账，则可以选择"记账"菜单下的"恢复记账"命令取消记账，如图 8-15 所示。

图 8-15

8.7 期末处理

当日常业务全部处理完成后，需进行期末处理。

期末处理用于计算按全月平均法核算的存货的全月平均单价及本会计月的出库成本，计算按计划价/售价法核算的存货的差异率/差价率及本会计月的分摊差异/差价，对已完成日常业务的仓库/部门/存货做处理标志。

展开"记账"菜单，选择"期末处理"命令，系统弹出"期末处理"窗口，如图 8-16 所示。如果选择的是全月平均法，则勾选需要进行期末处理的仓库或存货，然后单击"处理"按钮执行期末处理。如果要取消期末处理，则单击"恢复"按钮恢复期末处理。

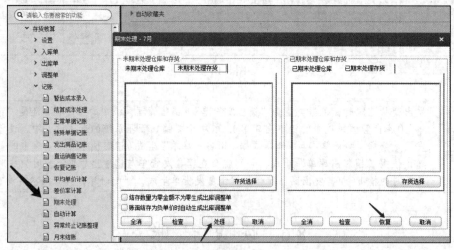

图 8-16

8.8 账　　表

在库存账表中可查询库存账（现存量、流水账、库存台账、代管账、委托代销备查簿、不合格品备查簿、呆滞积压备查簿、供应商库存、入库跟踪表）、批次账（批次台账、批次汇总表、保质期预警）、货位账（货位卡片、货位汇总表）、统计表（库存展望、收发存汇总表、存货分布表、业务类型汇总表、限额领料汇总表、组装拆卸汇总表、形态转换汇总表）、储备分析（安全库存预警、超储存货查询、短缺存货查询、呆滞积压分析、库龄分析、缺料表）。

8.8.1 现存量查询

现存量查询是企业常用的一个查询报表。

（1）在库存管理系统中，展开"业务报表"下的"库存账"菜单，然后选择"现存量查询"命令，系统弹出"现存量查询"条件录入窗口。

（2）录入查询条件，单击"确定"按钮，系统列出符合查询条件的记录，如图8-17所示。

> **注意** 由于现存量查询报表是启用了分组查询展示方式，因此可以打开报表上"分组/交叉"按钮的下拉菜单，选择"无分组/无交叉"命令进行展示。

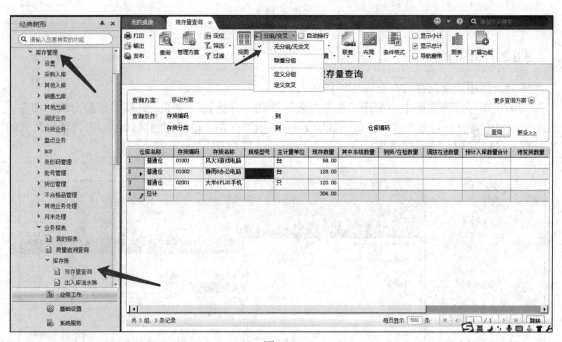

图 8-17

8.8.2 收发存汇总表

收发存汇总表反映各仓库、各存货、各种收发类别的收入、发出及结存情况。按照仓库进行分页查询，一页显示一个仓库的收发存汇总表，所有仓库的收发存汇总表通过汇总功能查询。

（1）在库存管理系统中，展开"业务报表"下的"统计表"菜单，选择"收发存汇总表"命令，系统弹出"收发存汇总表"分组汇总项设置和条件过滤设置窗口。

（2）在此设置好分组汇总方式和过滤条件，然后单击"确定"按钮，系统列出所有符合条件的记录，如图 8-18 所示。

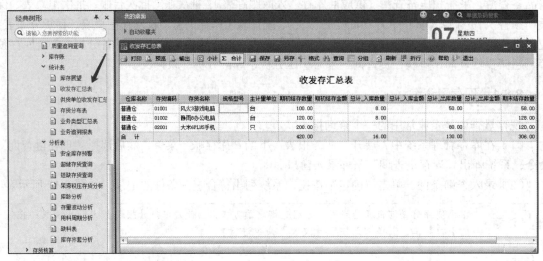

图 8-18

8.8.3 库龄分析

库龄分析用于查询存货在仓库中的停留时间。

（1）在库存管理系统中，展开"业务报表"下的"分析表"菜单，选择"库龄分析"命令，系统弹出"库龄分析过滤条件"窗口，如图 8-19 所示。首先要设置库龄区间（用于设置库龄区间的天数），最后单击"确定"按钮。

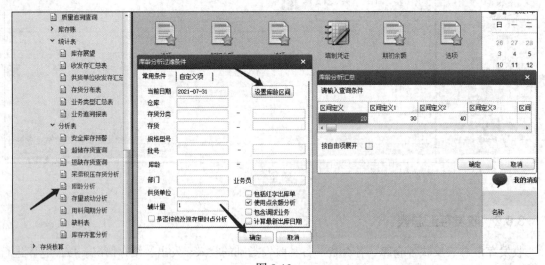

图 8-19

（2）系统列出库龄分析结果，如图 8-20 所示。

 提示　在"库龄分析过滤条件"窗口中，如果勾选"包括红字出库单"项，则表示红字出库单（退货入库）也计入在内；如果勾选"包含调拨业务"项，则表示调拨业务生成的其他出、入库单也计算在内。在实际业务中，企业往往是不会将这两项业务当作存货的正常出、入库业务来计算库龄的。

存货编码	存货名称	存货分类编码	存货分类名称	主计量单位	库存单位	小于20天			20-29天			30-39天			大于39天		
						数量	件数	金额	数量	件数	金额	数量	件数	金额	数量	件数	金额
01001	风火3游戏	01	电子产品	台					8.00		47300.00	50.00					
01002	静雨办公	01	电子产品	台					8.00		28100.00	120.00					
02001	大米6PLUS	02	食品	只								120.00					
合计						0.00	0.00		16.00	0.00	75400.00	290.00	0.00	0.00		0.00	0.0

图 8-20

第 9 章 固定资产管理

本章重点
- 固定资产增加
- 固定资产变动
- 固定资产计提折旧

9.1 概　　述

固定资产是保证企业正常运作的物质条件。核算单位经常要为固定资产制作固定资产卡片，对其基本信息、附属设备、修理记录、转移、停用和原值变动等内容随时进行记录。

用友 U8 固定资产管理系统中的固定资产以卡片的形式登记，可以处理固定资产的维修、自动计提折旧、部门转移等业务，处理一个固定资产被多部门使用的情况，固定资产卡片还可以关联图片，进行固定资产查询管理，固定资产的各种业务处理（如固定资产购进、折旧和报费等）会自动生成记账凭证并将其传递到总账管理中。固定资产卡片还可以为成本核算系统提供资产的折旧信息。

9.2 固定资产卡片管理

9.2.1 资产增加

资产增加是指新增加固定资产卡片。在系统日常的使用过程中，可能会购进或通过其他方式增加企业资产，该部分资产通过资产增加操作录入系统。当固定资产开始使用日期的会计期间等于录入会计期间时，才能通过资产增加操作录入系统。

提示 固定资产原值一定要包含消费税、关税、包装费、装卸费、运输费等相关税费，是否包含增值税要看增值税进项税额能不能抵扣，若能抵扣则不含，若不能抵扣则包含。在固定资产卡片项目设置中有一个增值税项目，可以通过固定资产卡片样式设置出来（请参阅本书第 5 章中的图 5-45）。

例 9-1 增加一个固定资产，固定资产编号：02001，固定资产名称：宝马 3 系汽车，使用部门：总经理室，增加方式：直接购入，使用年限：3 年（36 个月），折旧方法：平均年限法（一），开始使用日期：2021-07-05，原值：320 000 元人民币，净残值率：15%。

（1）选择"卡片"菜单中的"资产增加"命令，系统弹出"固定资产类别档案"窗口，如图 9-1 所示，选择需增加的固定资产类别"车辆"，然后单击"确定"按钮。

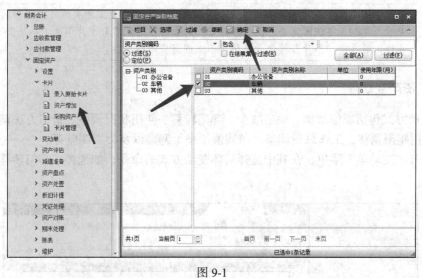

图 9-1

（2）系统进入"固定资产卡片"窗口，如图 9-2 所示。依据卡片中的项目提示，将例 9-1 中的数据依次录入相应的项目中，最后单击"保存"按钮保存录入数据。

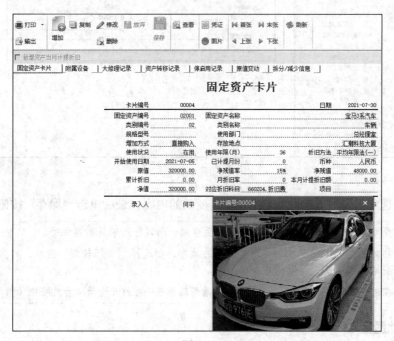

图 9-2

注 因为是新增的固定资产，所以在进行固定资产的日期录入时，只能修改日，不能修改年与月，新增固定资产的第一个月不计提折旧，所以为 0。
对于固定资产被多部门使用的情况，一般指该固定资产没有单一的使用部门，所以该固定资产的折旧费用就由共同使用的部门分摊。

提示　提前在固定资产图片存放的文件夹下（固定资产图片存放文件夹的设置请参阅本书第4章中的图4-24）将该固定资产图片存储好，如果图片文件名与卡片编号（不是固定资产编号）一致，则单击"图片"按钮，系统显示该固定资产的图片。

9.2.2 资产变动

资产变动方式包括原值增加、原值减少、部门转移、使用状况调整、折旧方法调整、累计折旧调整、使用年限调整、工作总量调整、净残值（率）调整以及类别调整等。

（1）展开"变动单"菜单，在其中选择具体变动方式的命令，如选择"部门转移"命令，如图9-3所示。

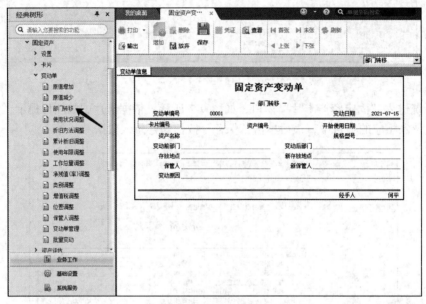

图 9-3

（2）在所选定的固定资产变动单中修改需变动的内容，最后单击"保存"按钮进行保存。

 提示　变动单不能修改，只可在当月删除后重做，所以仔细确认后再保存。
具体的变动方式中有一些需要注意的地方，如选择"部门转移"变动，则当月原始录入或新增的资产不允许做此种变动业务。
在进行具体的变动操作时，请仔细查看帮助信息（在打开变动单后，按F1键）。

9.2.3 批量变动

批量变动是指对一批有相同变动内容的固定资产进行统一变动，其原理与变动处理一样。

在固定资产管理系统中，选择"批量变动"命令，系统弹出"批量变动处理"窗口，如图9-4所示。

选择变动类型，再选择需要变动的固定资产，单击"保存"按钮可将需变动的资产生成变动单。

填充数据：可以对变动原因、净残值（率）调整单中的净残值率、使用年限调整单中的使用年限和类别调整单中的类别进行统一填充变动数据。先将焦点定位于可填充列，然后在"填充数据"按钮后的文本框中输入要统一变动的内容，单击"填充数据"按钮即可。

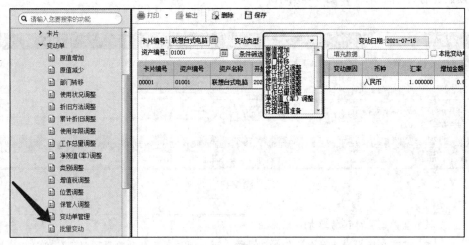

图 9-4

9.2.4 资产评估

随着市场经济的发展，企业在经营活动的过程中，会根据业务需要或国家要求对部分资产或全部资产进行评估或重估，其中固定资产评估是资产评估中很重要的一部分，比如公司原有的一块地皮，经过几年之后，升值了，就需要用到资产评估。

（1）展开"资产评估"菜单，选择"资产评估"命令，系统弹出"资产评估"窗口，如图 9-5 所示。
（2）单击工具栏中的"增加"按钮，新增资产评估记录。
（3）进行资产评估时，每次要评估的内容可能不一样，系统会弹出"评估资产选择"窗口。
（4）勾选可评估项目，然后单击"确定"按钮。

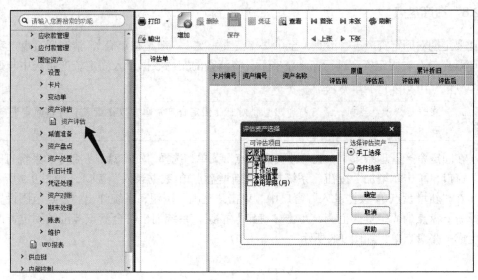

图 9-5

（5）选择需要进行评估的固定资产，在需要更改的评估后的项目中进行数据修改，最后单击"保存"按钮保存评估结果，如图9-6所示。

图9-6

> **提示**
> 只有当月制作的评估单才可以删除。
> 任一资产若既做过变动单又做过评估单，则必须先删除变动单再删除评估单。
> 原值、累计折旧和净值3个中必须选择两个，而另一个通过公式"原值−累计折旧=净值"推算得到。
> 评估后的数据必须满足以下公式：
> 原值−净值=累计折旧≥0
> 净值≥净残值率×原值
> 工作总量≥累计工作量

9.2.5 资产减少

资产在使用过程中，总会由于各种原因，如毁损、出售、盘亏等退出企业，该部分操作被称为资产减少。本系统提供资产减少的批量操作，便于同时清理一批资产。

9.2.6 资产盘点

企业要定期对固定资产进行清查，至少每年清查一次（一般是在年底），清查通过盘点实现。

资产盘点是在对固定资产进行实地清查后，将清查的实物数据录入固定资产系统中与账面数据进行比对，并由系统自动生成盘点结果清单。

> **提示** 在进行资产盘点前，最好打印出可供对比的固定资产清单，以便盘点。打印固定资产清单在卡片管理中实现。

（1）在固定资产管理系统中，展开"资产盘点"菜单，选择"资产盘点"命令，系统打开"盘点管理"窗口，单击"增加"按钮，系统打开"新增盘点单-数据录入"窗口，如图9-7所示。

（2）在"新增盘点单-数据录入"窗口中，单击"范围"按钮，系统弹出"盘点范围设置"窗口，选择需要盘点的固定资产范围，单击"确定"按钮，系统列出符合盘点范围的固定资产账面信息并生成一张盘点单，如图9-8所示。

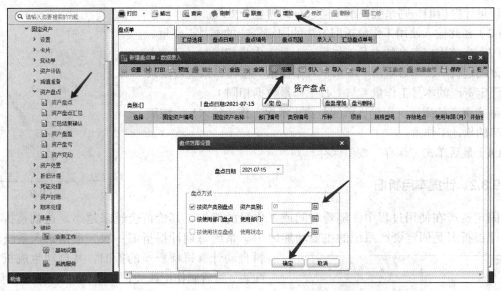

图 9-7

图 9-8

（3）在盘点单上录入人工盘点数据（可以引入符合固定资产盘点格式的外部文件作为盘点数据），然后单击"保存"按钮，系统将固定资产系统内的卡片数据与人工录入的盘点数据进行对照，给出盘点结果，如果盘点结果为"相同"，则表示盘点数据与固定资产系统内的数据相同，否则就给出盘盈、盘亏结果，最后单击"保存"按钮保存该张盘点单。

9.3 固定资产处理

固定资产处理是对现有的固定资产进行业务上的处理，主要工作包括工作量输入、计提本月折旧、折旧清单、折旧分配表等。

9.3.1 工作量输入

当使用工作量法对账套内的资产进行计提折旧时，每月计提折旧前必须录入资产当月的工作量。使用本功能可以录入当月工作量并查看以前会计期间的工作量信息。

（1）展开"固定资产"下的"计提折旧"菜单，选择"工作量输入"命令，如图 9-9 所示，系统弹出"工作量"窗口（如果没有在固定资产卡片中将其折旧方法设置为按工作量进行折旧，

-205-

则系统会提示无法打开"工作量"窗口）。如果系统中没有固定资产按工作量计提折旧，则系统提示不能进行此项业务处理。

（2）在此输入使用工作量折旧方法的固定资产的本月工作量。

（3）当该固定资产的本月工作量与上月工作量相同时，可单击选中该固定资产，然后单击"继承上月工作量"按钮，系统自动录入该固定资产的本月工作量（与上月工作量数据相同）。

固定资产的累计工作量显示的是截止本次工作量输入后，该固定资产的累计工作量。

（4）最后单击"保存"按钮保存。

图 9-9

9.3.2 计提本月折旧

固定资产在使用过程中，随着时间或工作量的增加，其价值会越来越小，这就是折旧。自动计提折旧是固定资产系统的主要功能之一。系统每期计提折旧一次，根据录入系统的资料自动计算每项资产的折旧，并自动生成折旧分配表，然后制作记账凭证，将本期的折旧费用自动登账。

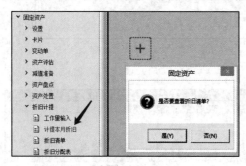

图 9-10

（1）选择"折旧计提"菜单下的"计提本月折旧"命令，如图 9-10 所示。

（2）系统提示计提折旧后"是否要查看折旧清单"，单击"是"或"否"按钮（如果单击"是"按钮，则计提折旧系统会列出折旧清单，如果单击"否"按钮，则不会列出），系统开始计提折旧，最后提示折旧完成信息。

> **注** 固定资产系统在一个期间内可以被多次计提折旧，每次计提折旧后，只将计提的折旧累加到月初的累计折旧，不会重复累计。
> 如果上次计提折旧已制单并把数据传递到总账系统中，则要删除该凭证之后再重新计提折旧。计提折旧后若对账套进行可能影响折旧计算或分配的操作，则应重新计提折旧，否则系统不允许结账。如果用自定义的折旧方法使月折旧率或月折旧额出现负数，则系统自动中止计提。

9.3.3 折旧清单

折旧清单显示资产计提折旧数额的列表。单期的折旧清单中列出了资产名称、计提原值、月折旧率、单位折旧、月工作量和月折旧额等信息。全年的折旧清单中同时列出了各资产在 12 个计提期间中的月折旧额、本年累计折旧等信息。

（1）选择"折旧计提"菜单下的"折旧清单"命令，系统弹出"折旧清单"窗口，如图 9-11 所示。

（2）在此窗口中可以按照部门来具体查询折旧数据。

> **注意** 如果在固定资产选项设置有设置"新增固定资产当月不计提折旧"，则当月新增的固定资产不计提折旧，所以例 9-1 中的宝马汽车在本月折旧中不参与折旧。

图 9-11

9.3.4 折旧分配表

折旧分配表是把计提折旧额分配到成本和费用的依据。生成折旧分配凭证的时间根据初始化或选项中选择的折旧分配汇总周期确定。如果选定的是 1 个月，则每期计提折旧后自动生成折旧分配表；如果选定的是 3 个月，则只有到 3 的倍数的期间，即 3、6、9、12 月计提折旧后才自动生成折旧分配凭证。折旧分配表有两种类型：部门折旧分配表和类别折旧分配表，只能从中选择一个制作记账凭证。

（1）选择"折旧计提"菜单下的"折旧分配表"命令，系统弹出"折旧分配表"窗口，如图 9-12 所示。

图 9-12

（2）单击"修改"按钮，然后选择"按类别分配"或"按部门分配"项。
（3）单击工具栏中的"打印"按钮将折旧分配表打印出来，单击工具栏中的"凭证"按钮生成折旧分配凭证。

9.4 固定资产账表查询

完成日常固定资产业务的处理后，相应的结果数据就可以在账表中进行查询了。每月月末需要进行月末处理。

固定资产管理过程中需要及时掌握资产的统计、汇总和其他各方面的信息。系统可以将这些信息以报表的形式提供给财务人员和资产管理人员。报表分为 5 类：账簿、折旧表、统计表、分析表及减值准备表。另外，在系统中还可以自定义报表。

展开"账表"菜单，可以选择不同的账表查询，如展开"折旧表"菜单，选择"部门折旧计提汇总表"命令，系统弹出查询条件过滤窗口，录入过滤条件后，单击"确定"按钮，系统列出图 9-13 所示的符合条件的部门折旧计提汇总表。

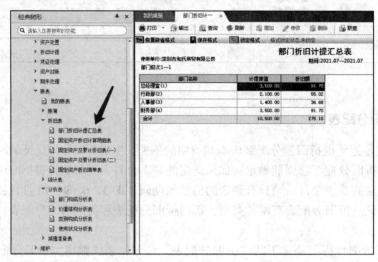

图 9-13

第 10 章　业务制单和总账

本章重点

- 业务系统制单
- 总账填制、审核、记账凭证
- 现金、银行账管理
- 账簿查询

记账凭证是财务处理日常业务的起点,也是查询实时数据最主要的来源。记账凭证通过借、贷双方的数据反映公司的日常业务。用友 U8 系统中账簿的准确、完整与否完全依赖于凭证,因此用户必须确保记账凭证输入得及时、准确和完整。

> **会计知识:记账凭证**
>
> 　　记账凭证作为登记账簿的主要依据,因其所反映的经济业务内容、单位规模及其对会计核算简繁程度的要求不同,其格式也有所不同,但为了满足记账的基本要求,均应具备以下基本内容或要素。
> 1. 记账凭证的名称。
> 2. 填制记账凭证的日期。
> 3. 记账凭证的编号。
> 4. 经济业务事项的内容摘要。
> 5. 经济业务事项所涉及的会计科目及其记账方向。
> 6. 经济业务事项的金额。
> 7. 记账标记。
> 8. 所附原始凭证张数。
> 9. 会计主管、记账、审核、出纳和制单等有关人员的签字。

在应收款管理系统、应付款管理系统、存货核算系统、固定资产管理系统中,处理完成相关业务之后需要制单生成记账凭证,之后将其传递到总账系统中并记账。

10.1　应收款管理系统制单处理

(1)在应收款管理系统中,展开"凭证处理"菜单,选择"生成凭证"命令,系统弹出"制单查询"窗口,如图 10-1 所示。

(2)录入制单单据的过滤条件,然后单击"确定"按钮,系统列出所有符合条件的记录,如图 10-2 所示。

> **注**　如果不能勾选"核销"制单项,则是因为在应收系统选项中没有勾选"核销生成凭证"项,所以不管核销双方单据的入账科目是否相同均不需要对这些记录进行制单。

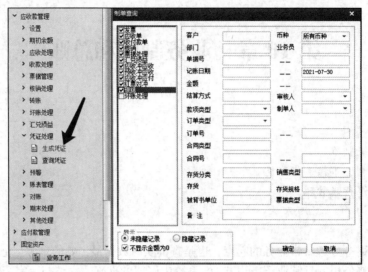

图 10-1

选择标志	凭证类别	单据类型	单据号	日期	客户编号	客户名称	部门	业务员	金额
1	记账凭证	销售普通发票	0000000001	2021-07-15	001	北京市远东有限公司	销售一部		425,000.00
2	记账凭证	销售普通发票	0000000002	2021-07-15	002	上海上思实业有限公司	销售二部		304,000.00
3	记账凭证	收款单	0000000002	2021-07-15	002	上海上思实业有限公司	销售二部		304,000.00
4	记账凭证	收款单	0000000003	2021-07-15	001	北京市远东有限公司	销售一部		85,000.00
5	记账凭证	收款单	0000000004	2021-07-15	001	北京市远东有限公司	销售一部		20,000.00
6	记账凭证	核销	0000000002	2021-07-15	002	上海上思实业有限公司	销售二部		304,000.00
7	记账凭证	核销	0000000003	2021-07-15	001	北京市远东有限公司	销售一部		85,000.00
8	记账凭证	核销	0000000004	2021-07-15	001	北京市远东有限公司	销售一部		20,000.00

图 10-2

（3）在"选择标志"栏中输入任一序号。如果需要将几张单据合并制单，则在"选择标志"栏中输入相同的序号。单击"全选"按钮，所有单据都分别制单；单击"合并"按钮，全部单据合并生成一张凭证。

> 注　系统默认制单日期为当前业务日期。制单日期应大于或等于所选单据的最大日期，小于或等于当前业务日期。如果同时使用了总账系统，则所输入的制单日期应该满足总账制单日期的要求（如果制单序时控制，则需大于等于同月、同类别凭证的日期）；原始单据制单后，将不能再次制单。

（4）单击"制单"按钮，系统显示制单结果信息，如图10-3所示，检查无误后单击"保存"按钮，该张凭证会出现"已生成"字样，并直接传递到总账系统。

第 10 章 业务制单和总账

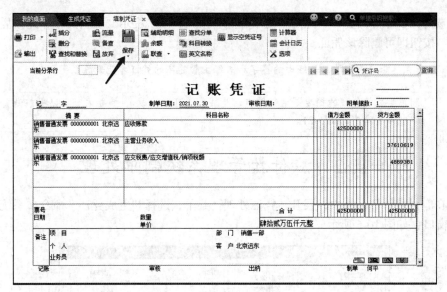

图 10-3

> **提示**
>
> 制单生成的凭证在总账系统中用查询凭证功能就可以查到。如果此次生成的是多张凭证，则可以单击凭证窗口中的"上张""下张"按钮一一进行浏览查询和保存。如果制单生成的凭证，其会计科目系统不能自动带入，则是因为前期没有在应收款管理系统中设置好不同的业务所对应的会计科目（请参阅本书第 5 章的 5.5.1 小节），在此也可以手工填制或修改会计科目。

如果制单错误，或者需要重新修改原始单据，则需要删除制单，操作方法如下。

（1）选择"凭证处理"菜单下的"查询凭证"命令，系统弹出"查询凭证"窗口，输入查询条件，然后单击"确定"按钮，系统列出所有符合条件的记录，如图 10-4 所示，双击可以直接联查所生成的记账凭证，也可以选择"联查"按钮下拉菜单中的"单据"或"凭证"命令，对选定的单据联查其原始单据或凭证。

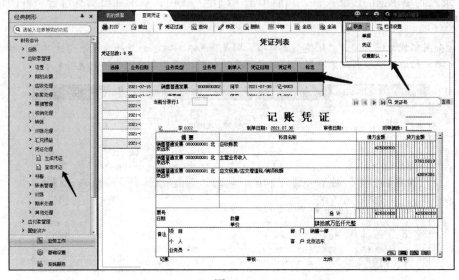

图 10-4

- 211 -

（2）选定需要删除的凭证，然后单击"删除"按钮，系统提示"确实要删除此张凭证吗？"，单击"是"按钮即可删除该凭证。

> 注 只有在总账中未审核、未经出纳签字和未经主管签字的凭证才能删除。

> 提示 制单生成的凭证的摘要是由系统自动生成的（可以修改），摘要内容可以提前设置，请参阅本书第5章中的图5-21。

10.2 应付款管理系统制单处理

（1）在应付款管理系统中，展开"凭证处理"菜单，选择"生成凭证"命令，系统弹出"制单查询"窗口，如图10-5所示。

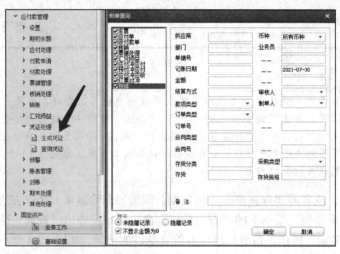

图10-5

（2）录入制单单据的过滤条件，然后单击"确定"按钮，系统列出所有符合条件的记录，如图10-6所示。

> 注 如果不能勾选此处的"核销"制单项，则是因为在应收系统选项中没有勾选"核销生成凭证"项，所以不管核销双方单据的入账科目是否相同均不需要对这些记录进行制单。

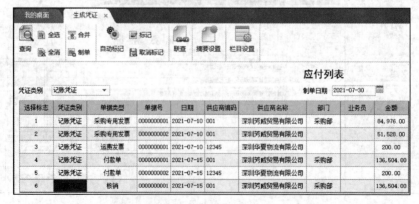

图10-6

(3) 在"选择标志"栏中输入任一序号。如果需要将几张单据合并制单,则在"选择标志"栏中输入相同的序号。单击"全选"按钮,所有单据都分别制单;单击"合并"按钮,全部单据合并生成一张凭证。

> 注　系统默认制单日期为当前业务日期。制单日期应大于或等于所选单据的最大日期,小于或等于当前业务日期。如果同时使用了总账系统,则所输入的制单日期应该满足总账制单日期要求(如果制单序时控制,则需大于等于同月、同类别凭证的日期);原始单据制单后,将不能再次制单。

(4) 单击"制单"按钮,系统显示制单结果信息,如图10-7所示,检查无误后单击"保存"按钮,该张凭证会出现"已生成"字样,并直接传递到总账系统。

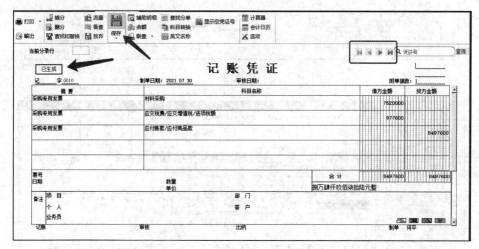

图 10-7

> 提示　制单生成的凭证在总账系统中用查询凭证功能就可以查到。如果此次生成的是多张凭证,则可以单击凭证窗口中的"上张""下张"按钮——进行浏览查询和保存。如果制单生成的凭证,其会计科目系统不能自动带入,则是因为前期没有在应收款管理系统中设置好不同的业务所对应的会计科目,在此也可以手工填制或修改会计科目。

> 提示　如果在制单生成凭证时,系统提示需要补充科目内容等信息,则需手工补充好资料后才能保存。图10-8所示为"记账凭证"窗口,会计科目"应付账款/应付商品款"设置为部门辅助核算,但是在填制采购发票时没有指定采购部门,所以在此制单时,系统就找不到该会计科目的部门辅助核算,找不到需要核算的部门,则需要手工指定(将光标放在该会计科目上,然后用鼠标双击"备注"上的"部门"栏,打开"辅助项"设置窗口)。其实遇到此种情况,也可以先不保存制单凭证,回到采购发票上将部门填入之后,再到此来制单,但是如果采购发票已执行审核、结算、核销等操作,则比较麻烦,因为需要全部取消操作之后才能修改采购发票,也建议在采购发票单据格式设置中将表头中的"部门"项设置为必填项(请参阅第3章的3.3.1小节),这样以后填制采购发票时就不会忘记了。

如果制单错误,或者需要重新修改原始单据,则需要删除制单,操作方法如下。

(1) 选择"凭证处理"菜单下的"查询凭证"命令,系统弹出"查询凭证"窗口,输入查询条件,然后单击"确定"按钮,系统列出所有符合条件的记录,如图10-9所示,双击可以直接联查所生成的记账凭证,也可以选择"联查"按钮下拉菜单中的"单据"或"凭证"命令可对选定的单据联查其原始单据或凭证。

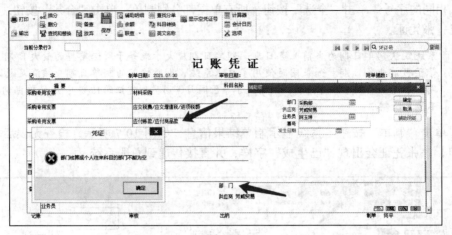

图 10-8

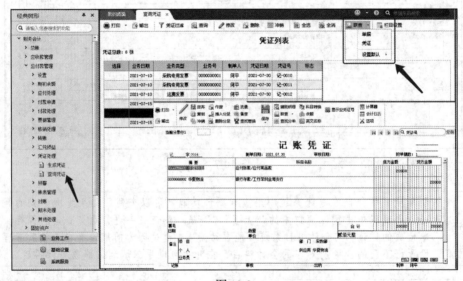

图 10-9

（2）选定需要删除的凭证，然后单击"删除"按钮，系统提示"确实要删除此张凭证吗？"，单击"是"按钮即可删除该凭证。

注　只有在总账中未审核、未经出纳签字和未经主管签字的凭证才能删除。

提示　制单生成的凭证的摘要是由系统自动生成的（可以修改），摘要内容可以提前设置，请参阅本书第5章中的图5-36。

10.3　固定资产批量制单

凡是在业务发生时没有制单的业务会被自动排列在批量制单表中，表中各列为业务发生的日期、类型、原始单据号、默认的借贷方科目和金额，以及制单选择标识。

（1）选择"凭证处理"菜单下的"批量制单"命令，系统弹出"批量制单"窗口，如图10-10所示。
（2）单击工具栏中的"全选"按钮，所有记录的"选择"标记项均会被打上"Y"字样，表示对全部记录进行制单。如果不需要全部制单，则双击需要制单的记录的"选择"标记项，打上"Y"字样标记即可。

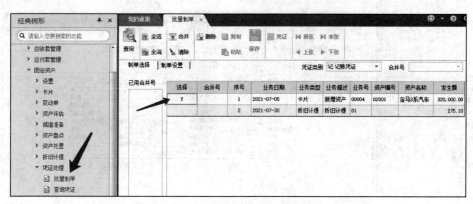

图 10-10

（3）单击选择"制单设置"选项卡，在此选择生成凭证的科目，注意借贷方向，单击工具栏中的"保存"按钮保存设置，如图10-11所示。
（4）单击工具栏中的"凭证"按钮，系统弹出"记账凭证"窗口。
（5）在"记账凭证"窗口中，首先选择所生成的凭证类别，然后填入各分录的摘要内容，最后单击"保存"按钮进行保存。如果无误，该张凭证会出现"已生成"字样，并传递到总账系统中。

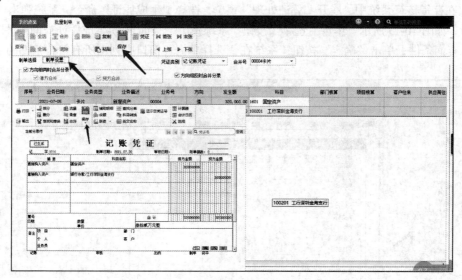

图 10-11

在固定资产系统中制作并传输到账务系统中的记账凭证，可通过"查询凭证"功能查看和删除。
选择"凭证处理"菜单下的"查询凭证"命令，系统弹出"查询凭证"窗口，如图10-12所示。双击记录联查原始凭证，或单击工具栏中的"联查"按钮，输入条件后即可进行查询。单击工具栏中的"删除"按钮可以删除所选的凭证。

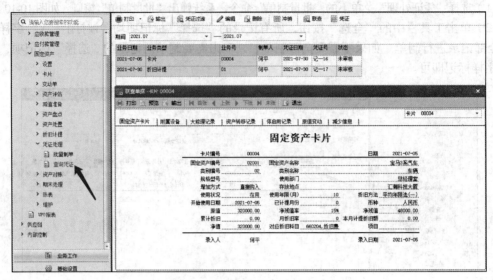

图 10-12

> 注　只能在本系统中删除凭证,在总账系统中无法删除此系统生成的凭证。已经在总账系统中审核和记账的凭证不能修改和删除,只有将总账系统中的审核与记账取消后方可修改和删除。

10.4　存货核算制单

（1）在存货核算系统中,展开"凭证处理"菜单,选择"生成凭证"命令,系统弹出"生成凭证"窗口,如图 10-13 所示。单击"选单"按钮,系统弹出"查询条件-生成凭证查询条件"窗口,在此输入查询条件,单击"确定"按钮,系统在"选择单据"窗口中列出所有符合条件的记录。

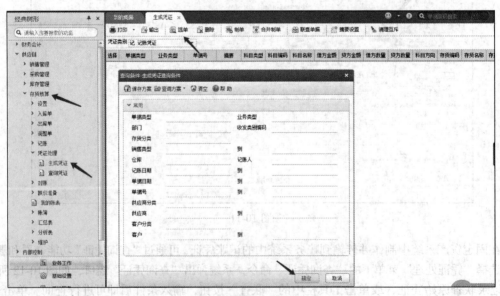

图 10-13

（2）双击需要生成凭证的记录，也可以单击“全选”按钮选择所有单据，如图 10-14 所示。

选择单据

打印 · 输出 全选 全消 确定 取消 单据 帮助

☐ 已结算采购入库单自动选择全部结算单上单据(包括入库单、发票、付款单),非本月采购入库单按蓝字报销单制单

未生成凭证单据一览表

选择	记账日期	单据日期	单据类型	单据号	仓库	收发类别	记账人	部门	部门编码	业务单号	业务类型	备注	摘要	供应商	客户
1	2021-07-30	2021-06-30	红字回冲单	0000000001	普通仓	采购入库	何平				普通采购			深圳芳威贸易有限公司	
2	2021-07-30	2021-06-30	蓝字回冲单	0000000001	普通仓	采购入库	何平				普通采购			深圳芳威贸易有限公司	
3	2021-07-31	2021-07-01	发货单	0000000001	普通仓	销售出库	何平	销售一部	501		普通销售				北京市远东有限公司
4	2021-07-31	2021-07-01	发货单	0000000002	普通仓	销售出库	何平	销售二部	502		普通销售				上海上思实业有限公司
5	2021-07-31	2021-07-05	采购入库单	0000000002	普通仓	采购入库	何平	采购部	6		普通采购			深圳芳威贸易有限公司	
6	2021-07-31	2021-07-05	普通发票	0000000001	普通仓	销售出库	何平	销售一部	501		普通销售				北京市远东有限公司
7	2021-07-31	2021-07-05	普通发票	0000000002	普通仓	销售出库	何平	销售二部	502		普通销售				上海上思实业有限公司

图 10-14

提示

- “选择”项中数字相同的记录会合并生成一张凭证。
- 本书模拟账套中的销售成本核算方式选择的是“按发出商品核算”（请参阅本书第 4 章图 4-25），所以系统就会将销售发货单和销售发票都显示出来并分别生成记账凭证。

  销售发货单生成的会计分录如下。

  借：发出商品

  贷：库存商品

  销售发票生成的会计分录如下。

  借：主营业务成本

  贷：发出商品
- 列表头中有一个选项：“已结算采购入库单自动选择全部结算单上单据（包括入库单、发票、付款单），非本月采购入库单按蓝字报销单制单”。此功能一般用于采购入库单和采购发票合并制单的情况。

  使用本功能时，在存货核算系统中采购入库单和采购发票合并制单，会计分录如下。

  借：库存商品

  借：增值税进项税

  贷：应付账款
- 本书模拟账套中，启用了应付款管理系统，也采用的是分开制单的方式。

  采购入库单是一张凭证，在存货核算系统中制单，会计分录如下。

  借：库存商品

  贷：物资采购

  采购发票是一张凭证，在应付款管理系统中制单，会计分录如下。

  借：物资采购

  借：增值税进项税

  贷：应付账款

很多人员习惯性采用结算单制单方式（采购入库单和采购发票合并制单），一步到位，这种方式也与手工做账方式比较相近。还有的企业因为没有启用应付款管理系统，所以也采用这种方式来制单。

（3）单击“确定”按钮，系统再次弹出所选单据的“生成凭证”窗口，如图 10-15 所示。

（4）在“生成凭证”窗口，系统将被选定的记录显示在此，会计科目系统根据前期的设置（请

参阅本书第 5 章的 5.4.1 小节）自动带入（可修改），单击"合并制单"按钮，系统逐一制单生成凭证，如图 10-16 所示，用户在生成凭证之前可以修改凭证类别、摘要、借方科目、贷方科目以及金额，也可以增加或删除借贷方记录，但应保证借贷方金额相平，并等于所选记录的金额，单击"保存"按钮，系统显示"已生成"字样，表示该张凭证已生成并传递到总账系统中，然后单击凭证上的定位按钮，逐一找到生成的其他凭证并保存。

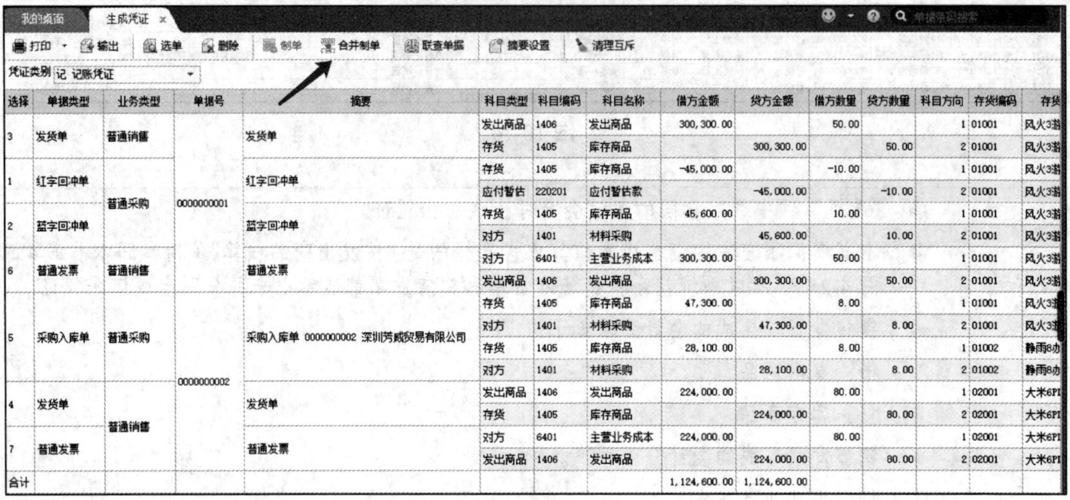

图 10-15

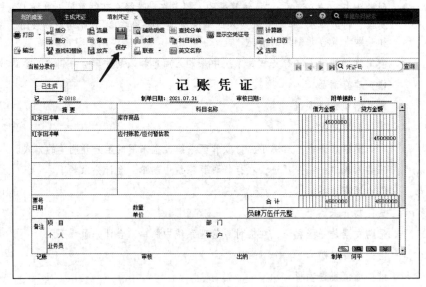

图 10-16

用户可以查询本会计年度存货核算系统中的凭证。

（1）展开"凭证处理"菜单，选择"查询凭证"命令，系统弹出"查询条件-查询凭证过滤条件"窗口，如图 10-17 所示。

（2）在此输入凭证查询条件，单击"确定"按钮，系统打开"凭证列表"窗口，并在其中显示所有符合条件的记录，如图 10-18 所示。

第 10 章 业务制单和总账

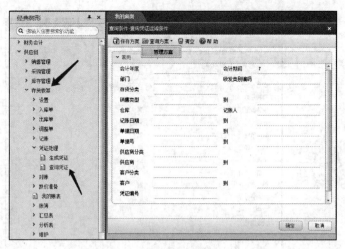

图 10-17

选择	凭证日期	凭证类型	凭证号	凭证摘要	业务号	制单人	审核人	记账人	状态	来源
Y	2021-07-31	记	18	红字回冲单	2021IA0000000000009	何平			正常	存货系统
	2021-07-31	记	19	蓝字回冲单	2021IA0000000000010	何平			正常	存货系统
	2021-07-31	记	20	发货单	2021IA0000000000011	何平			正常	存货系统
	2021-07-31	记	21	发货单	2021IA0000000000012	何平			正常	存货系统
	2021-07-31	记	22	采购入库单 0000000002 深圳芳威贸易有限公司	2021IA0000000000013	何平			正常	存货系统
	2021-07-31	记	23	普通发票	2021IA0000000000014	何平			正常	存货系统
	2021-07-31	记	24	普通发票	2021IA0000000000015	何平			正常	存货系统

图 10-18

注 由于在查询条件中的会计年度和会计期间是必录项，而用友 U8（V13）在此有一个 BUG，会计年度无法录入，因此用友出了补丁程序解决 BUG。如果没有安装补丁程序，也可以选择"查询方案"下拉菜单中的"管理方案"命令，系统打开"查询条件配置"窗口，然后在此新增一个查询方案，如图 10-19 所示。然后再返回"查询条件-查询凭证过滤条件"窗口中，选择新增的查询方案来使用就可以，如图 10-20 所示。

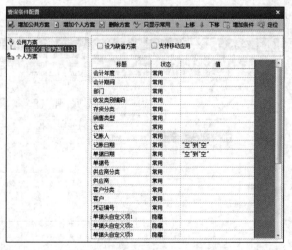

图 10-19

图 10-20

（3）选中指定记录，单击工具栏中的"单据"按钮，打开"联查凭证"窗口，在此查询生成该记录的原始单据。双击即可打开该单据窗口。

10.5 总账凭证处理

10.5.1 新增凭证

例10-1 报销一笔部门（财务部）办公费用。

    贷：现金-人民币   200元
    借：管理费用-交通费-财务部 200元

（1）选择"凭证"菜单下的"填制凭证"命令，系统弹出"填制凭证"窗口，单击"增加"按钮，结果如图 10-21 所示。

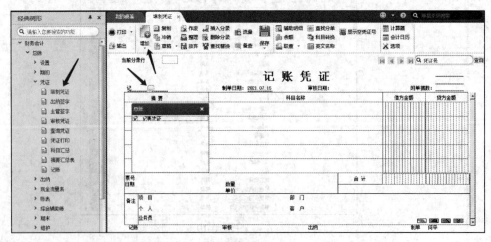

图 10-21

(2)单击凭证类别旁的"浏览"按钮,可以选择新增凭证的凭证类别(凭证类别设置请参阅本书第 3 章 3.2.4 小节的凭证类别设置),如果设置凭证编号由系统自动编号(不同的凭证类别,在每月初都重置号码为 1)。若未设置也可以手工录入凭证编号。

> 会计知识:记账凭证应连续编号,每月从第 1 号开始

(3)系统自动提取该账套本年度该类凭证最后一张凭证的日期作为制单日期,用户可以修改(如果设置制单序时控制功能,则在此不能往前更改日期。如果系统提示"制单日期不能置于系统日期之后",则需要检查计算机的系统日期是否比制单日期小,若小则要更正过来)。在附单据数处输入该张凭证所附的单据数量。

(4)在摘要栏中输入信息"报销部门费用"(或单击摘要栏中的"浏览"按钮,选择预先设置好的常用摘要信息),如图 10-22 所示。

图 10-22

(5)在科目名称栏中,输入科目编码"100101",或者单击其科目栏的"浏览"按钮进入"科目参照"窗口中选择科目,如图 10-23 所示。

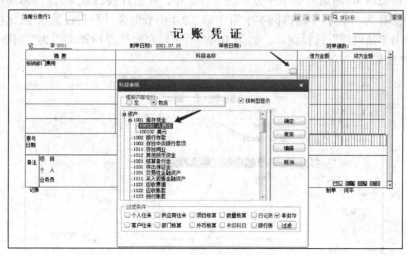

图 10-23

注 在"科目参照"窗口中，由于科目太多，可以通过"过滤条件"筛选符合条件的科目，如果当前业务之前还没有设置所需科目，则可以直接在"科目参照"窗口中单击"编辑"按钮，进入新增科目设置窗口进行科目设置。

（6）在"贷方金额"栏中输入"200"。

提示 输入金额处，红线后为小数位，红线前为整数位。金额不能为0。如果所录入的金额是负数（即红字），则在金额处按"-"，系统会显示金额为红字，但是打印该凭证时，该金额前会打印出"-"字样。如果要调整金额方向（即借贷方调整），则在金额处单击键盘上的空格键。

（7）如果该会计科目被指定为现金流量科目（请参阅本书第3章 3.2.4 小节的会计科目设置），则单击"流量"按钮，可以将该笔现金业务记录到现金流量项目中，便于查询现金流量表，如图10-24所示。

图 10-24

（8）输入完第一条分录后，按 Enter 键，系统会自动将上一分录的摘要内容复制到下一分录的摘要栏中（可更改），然后开始下一分录的录入工作，在会计科目处录入"660201"，由于该会计科目的辅助核算为"部门"（请参阅本书第3章 3.2.4 小节的会计科目设置），因此在科目录入完毕后，系统弹出"辅助项"选择窗口，如图10-25所示。在此选择核算部门为"财务部"，然后在"借方金额"栏中输入"200"。

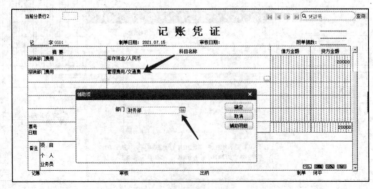

图 10-25

> **提示** 所有会计科目的辅助项都以此方式填入，辅助项选择确认之后，只显示在备注中，不显示在科目名称中（如果要修改辅助项，双击备注上的辅助项内容，即可进行修改）。凭证打印时，辅助页将被打印在该会计科目的后面，如图10-26和图10-27所示。

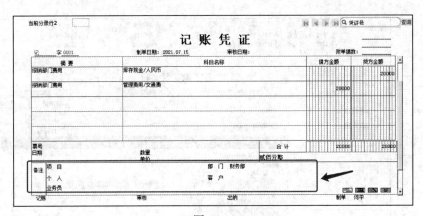

图 10-26

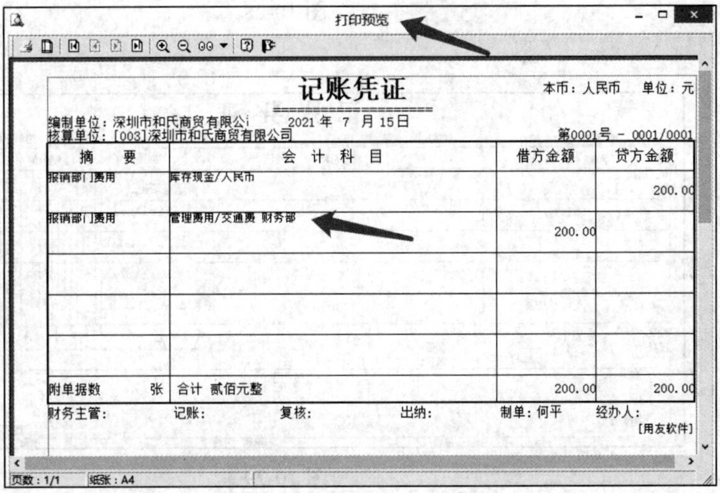

图 10-27

在凭证的最后一笔分录中，可在金额录入处按下"="键，系统会根据借贷平衡的原则，自动计算出该分录的结果，十分方便。

（9）单击"保存"按钮保存凭证（如果借贷不平，则系统会给出提示，并不予保存）。

（10）单击凭证中的会计科目，然后单击"余额"按钮，系统会弹出该科目的余额一览表，如图10-28所示。

填制凭证时，如果会计科目是外币核算，则系统会自动将凭证格式调整为外币核算的格式，如图10-29所示。由于外币汇率已经设置好了（请参阅本书第3章3.2.4小节的外币设置），因此只需录入外币金额，系统就会自动计算出本币金额。

| 提示 | 系统规定每页凭证可以有5笔分录，若某号凭证超过5笔，则不止一页，系统将自动在凭证号后标上几分之一，如某号凭证的凭证号为"收字0001号0002/0003"表示为收款凭证第0001号凭证，该凭证共有3张分单（页），当前光标所在分录在第2张分单（页）上。|

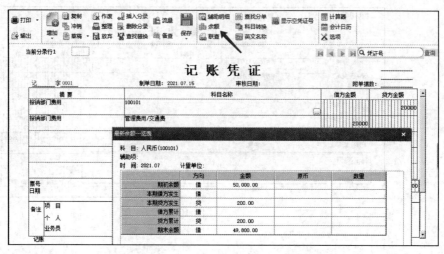

图 10-28

图 10-29

10.5.2 查看凭证来源

总账系统可进行各种业务记账凭证的填制，但如果已经启用了其他管理系统（如应收应付、存货核算），则相关业务的记账凭证可能是由其他管理系统制单生成（原始凭证生成记账凭证），然后传递到总账系统中。此时，在总账系统中查询该张凭证时，可以直接联查到生成该张凭证的原始业务单据（如收款单、发票等）。

（1）在"凭证"窗口中，对于外部系统（非总账系统）制单生成的凭证，单击凭证名称就可以看到该张凭证的来源信息，即本张凭证是由哪个系统生成并传递过来的，如图10-30所示。

（2）外部凭证，可以通过选择"联查"按钮下拉菜单中的命令，联查生成该张凭证的来源数据，如图10-31所示。

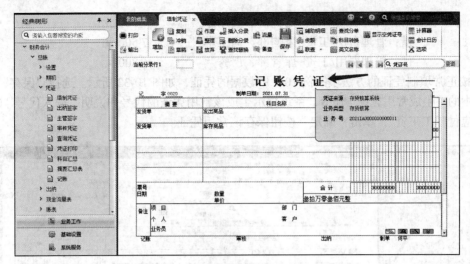

图 10-30

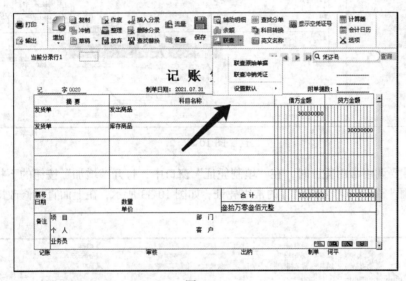

图 10-31

10.5.3 生成常用凭证

日常业务中，有很多业务部分相同或完全相同，如发工资、按月报销固定费用等，如果每一次都重新填制凭证，必然十分烦琐，因此可以将这样的凭证以常用凭证的方式储存起来，当下一次需要填制类似业务的凭证时，将该常用凭证复制一张出来，稍做修改即可生成一张新凭证，这必将大大提高业务处理的效率。

例10-2 做一张应付职工工资的常用凭证。

贷：应付职工薪酬/工资　　　　　　　　　　44 800 元
借：销售费用/工资-销售一部、何玉琪　　　　5 000 元
借：管理费用/工资-总经理室、仁渴　　　　10 000 元
借：管理费用/工资-财务部、何平　　　　　　8 000 元

借：管理费用/工资-财务部、龚冰冰　　　7 500元
借：管理费用/工资-采购部、何玉琳　　　7 500元
借：管理费用/工资-库管部、严秀兰　　　6 800元

先按正常填制凭证的方法填制例10-2中数据的凭证，如图10-32所示。选择"保存"按钮下拉菜单中的"生成常用凭证"命令，系统提示生成该常用凭证的代号和说明，输入代号"001"和说明"应付职工工资"，单击"确定"按钮保存该常用凭证。

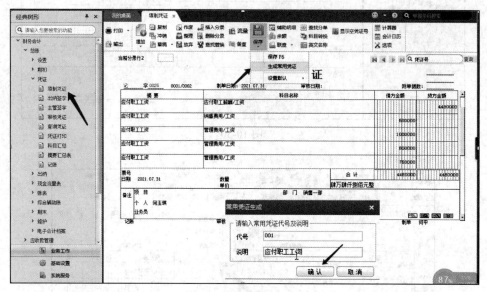

图 10-32

第二个月要调用常用凭证时，在"填制凭证"窗口中，打开"增加"按钮的下拉菜单，选择"调用常用凭证"命令即可复制已有的常用凭证，如图10-33所示，在上面直接修改即可生成一张新的凭证。

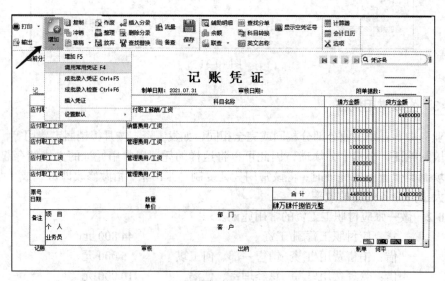

图 10-33

10.5.4 草稿凭证的处理

在新增凭证过程中,如果有意外情况不能继续(如临时有事要离开),则可以保存这张未完成且未保存过的凭证,这张凭证是一张草稿凭证,可以是结转生成的凭证,但不包括其他系统生成的凭证。在保存时,不做任何合法性校验(借贷不平也可以保存),凭证号也不保存。等以后要使用或继续完成这张草稿凭证时可以按操作员引入。

打开"填制凭证"窗口中的"草稿"下拉菜单,选择"草稿保存"命令,系统即可将当前凭证保存为草稿凭证,如图 10-34 所示。

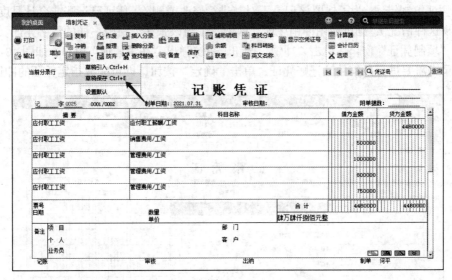

图 10-34

选择"草稿引入"命令,可以将以前未完成的草稿凭证引入继续完成。当凭证填制完成需要保存时,系统提示"是否保留引入的凭证?",如果单击"是"按钮,则保存那张未完成的凭证,以后还可以引用;如果单击"否"按钮,则删除那张未完成的凭证。

 提示　每个操作员只能保存一张未完成的凭证,保存第二张草稿凭证时系统提示"已存在一张未完成凭证,是否覆盖?",如果单击"是"按钮,则保存第二张草稿凭证,删除第一张;如果单击"否"按钮,则不保存第二张。

10.5.5 凭证修改

会计知识:错误凭证的处理

填制记账凭证时若发生错误,则应当重新填制,已记账凭证在当年内发现填写错误时,可以用红字填写一张与原内容相同的记账凭证,在摘要栏注明"注销某月某日某号凭证"字样,同时再用蓝字重新填制一张正确的记账凭证,注明"订正某月某日某号凭证"字样。如果会计科目没有错误,只是金额错误,也可以将正确数字与错误数字之间的差额另编一张调整的记账凭证。如果发现是以前年度的记账凭证有错误,则应当用蓝字填制一张正确的记账凭证。

> **提示** 以上会计知识所讲的是在填制记账凭证时发生错误的处理方法,更多在手工填制凭证时使用。现在可以完全借助用友 U8 软件进行凭证修改,如当年的凭证已记账、月末结账,均可以使用反结账、反记账,然后再取消凭证审核,对凭证进行修改。如果填制错误的凭证已经打印并装订了起来,则最好使用冲销凭证进行处理。

> **注** 已审核的凭证不能进行修改,取消审核之后方可进行修改。外部系统传过来的凭证不能在总账系统中修改,只能在生成该凭证的系统中进行修改,然后再传递到总账系统中。

10.5.6 冲销凭证

如果凭证填制错误,为了保留该记录不对其进行修改或删除(凭证已记账或会计月度已结账,就可能出现这种情况),则可使用冲销凭证,即做一张与该张凭证一模一样的红字凭证。

打开"填制凭证"窗口,单击"冲销"按钮,系统弹出"冲销凭证"窗口,如图 10-35 所示。系统提示录入需要进行冲销的已记账凭证,单击"确定"按钮,即可完成指定凭证的冲销工作。

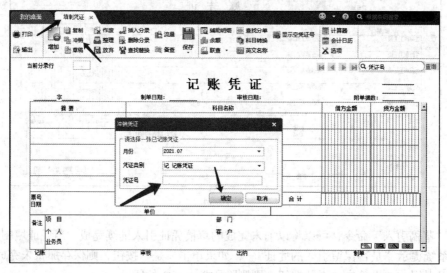

图 10-35

> **注** 只有已记账的凭证才能被冲销,凭证冲销是自动生成一张与原凭证借贷都相同的红色凭证,所以冲销之后还需要做一张正确的凭证。
> 未记账的凭证如果错误,则一般使用凭证修改。

10.5.7 删除凭证

凭证不再被需要时,如凭证所记录的业务取消或者凭证填制错误,可将其删除。

(1)打开"填制凭证"窗口,查询凭证以找到要删除的凭证,双击将其打开,单击"作废"按钮作废当前凭证,如图 10-36 所示。作废后该凭证被标上"作废"字样,原凭证中的数据内容不变,但不能修改,不能审核。此时"作废"按钮自动变成"恢复"按钮,如果此时要取消作废,则单击"恢复"按钮,即可取消对该张凭证的作废操作,使其回到正常凭证状态,这类似于从 Windows 操作系统的回收站中将删除的文件还原。

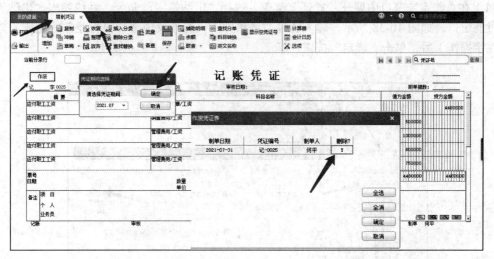

图 10-36

| 注 | 作废凭证需参与记账，否则无法结账。作废凭证不做数据处理，相当于空白凭证，在做账簿查询时，不显示该张凭证的数据，但仍然占有该张凭证号。 |

（2）单击"整理"按钮，系统提示选择需整理凭证的期间（以月份为选择）。

（3）选择好凭证期间后，单击"确定"按钮，系统弹出"作废凭证列表"窗口，该表中列有在该凭证期间有"作废"字样的凭证，在此可选择需要删除的作废凭证，然后单击"确定"按钮，系统提示对未记账凭证是否重新编号，并且可以选择重新编号时的方式，如图 10-37 所示，单击"是"按钮则整理，单击"否"按钮则不整理。

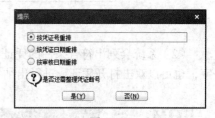

图 10-37

| 提示 | 整理凭证时，如果有凭证（如 003 号凭证）被删除，则该凭证号（003）会自动为断号，如果选择了重新整理断号，则系统将后面的凭证号全部往前移动（将 004 号凭证的凭证号更改为 003 号凭证）。如果在整理凭证之前，凭证已经被打印出来，最好就不要再整理断号，因为这样会造成系统中的凭证编号和已打印出来的凭证编号错位。 |

10.6 出纳签字

出纳人员管理着企业现金的收入与支出，为了加强对出纳凭证的管理，出纳人员可以通过出纳签字功能，对制单员填制的带有现金银行科目的凭证进行检查核对。核对的主要内容是出纳科目金额，对有错误或异议的凭证，应交填制人员修改，之后要再次核对。如果设置了出纳凭证必须由出纳签字，则未经过出纳签字的凭证不能进行审核。

| 提示 | 实际工作中，也有将凭证打印出来，由出纳人员在打印出来的凭证上手工签字的情况，是手工签字还是在电脑中签字可根据实际情况而定。
在本书中的总账选项设置中可以设置是否需要在电脑中执行出纳签字。 |

（1）在总账系统窗口中展开"凭证"菜单，选择"出纳签字"命令，系统弹出"出纳签字"条件过滤窗口，如图10-38所示，输入凭证过滤条件（只有涉及现金、银行业务的凭证才会执行出纳签字操作）后，单击"确定"按钮。

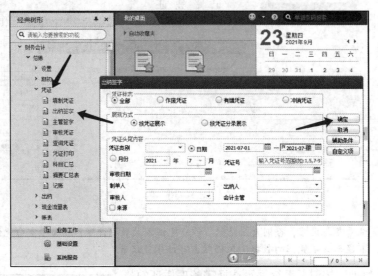

图 10-38

（2）系统会列出符合条件的凭证记录，勾选需要签字的凭证，单击"签字"按钮执行出纳签字，也可以双击打开凭证，进行出纳签字，如图10-39所示。

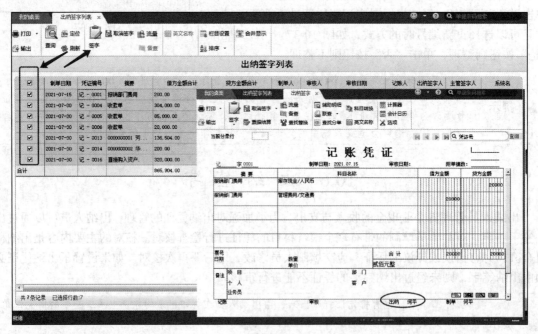

图 10-39

注	要对已签字的凭证取消签字,可单击"取消"按钮。凭证一经签字,就不能被修改、删除,只有取消签字后才可以进行修改或删除,取消签字只能由签字的出纳人员完成。

提示	许多企业为加强对会计人员制单的管理,常采用主管会计签字后凭证才有效的管理模式,因此用友 U8 系统中提供"主管签字"这种核算方式,即其他会计人员制作的凭证必须经主管签字后才能记账。主管签字方式与出纳签字方式操作一样,在此不做详细说明。

10.7 凭证审核

审核凭证是审核员按照财会制度,对制单员填制的记账凭证进行检查核对。只有具有审核权限的操作员才能使用本功能。

按照企业内控管理要求,制单人与审核人不能为同一人,此时需要以另一具有审核权限的操作员身份重新登录用友 U8 系统方可进行审核。有的企业规模比较小,会计人员只有一位,也可以设置为"制单人审核人同为一人"(设置请参阅本书第 4 章中的图 4-1)。

(1)在总账系统中,展开"凭证"菜单,选择"审核凭证"命令,系统弹出"凭证审核"条件过滤窗口,如图 10-40 所示,输入过滤条件后,单击"确定"按钮。

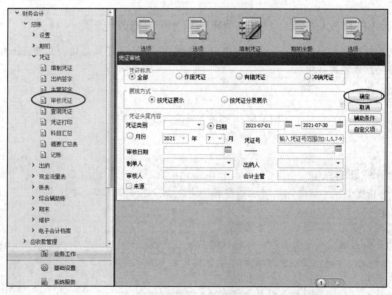

图 10-40

(2)系统列出所有符合条件的记录,勾选需要审核的凭证,单击"审核"按钮批审,也可以双击打开"凭证"进行单张审核,如图 10-41 所示。

提示	单击"审核"按钮审核该张凭证后,系统会自动进入下一张未审核凭证的窗口,所以单击"上一张" 按钮才能找到该张已审核的凭证。

(3)如果审核时发现凭证有错,可单击"标错"按钮,先进行标错,再进行修改,再次单击"标错"按钮可取消该张凭证的标错。

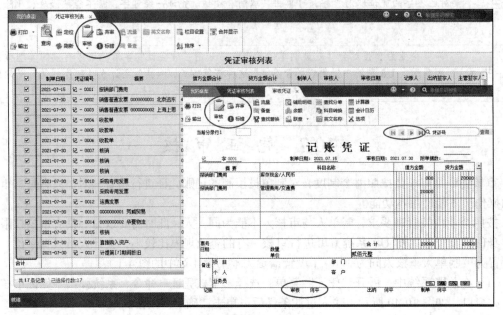

图 10-41

凭证审核后不能修改与删除，只有取消审核后才可以修改与删除。

注　如果在总账选项中设置了出纳凭证需由出纳签字，则出纳凭证必须由具有出纳签字权限的操作员签字后才能进行审核。

10.8 凭证打印

会计知识：会计凭证的保管

会计凭证的保管是指会计凭证记账后的整理、装订、归档和存查等工作。会计凭证的保管主要有下列要求。

1. 会计凭证应定期装订成册，防止散失。
2. 会计凭证封面应注明单位名称、凭证种类、凭证张数、起止号码、年度、月份、会计主管人员和装订人员等有关事项，会计主管人员和保管人员应在封面上签章。
3. 会计凭证应加贴封条，防止抽换凭证。
4. 严格遵守会计凭证的保管期限规定，期满前不得任意销毁。

如果核算单位已经进行了手工甩账操作，完全使用用友 U8 软件进行日常的会计处理工作，则需要将系统中的凭证打印出来，然后在凭证后面贴上原始单据，装订成册，保留记录，这是财务制度的要求。

（1）选择"凭证"菜单下的"凭证打印"命令，系统弹出"凭证打印"窗口，如图10-42所示。

（2）在此输入需打印的凭证范围、格式和条件，然后单击"打印"按钮开始打印。另外，也可以单击"打印设置"按钮进行打印格式的设置，如纸张的大小、类型等。

图 10-42

 提示　凭证打印有两种方式，一种是使用普通的凭证大小的白纸打印，另一种是购买与用友 U8 系统配套印好格子的套打纸打印，如图 10-43 所示，使用套打打印需要在总账的"选项"系统中提前设置为套打方式（请参阅本书第 4 章中的图 4-3）。随着科技的发展，国家现在也正在推进会计电子档案存储方式，即会计凭证和会计报表用电子资料的方式进行存储留档。

图 10-43

10.9　凭证记账

　　记账指将已审核的凭证记录到具有账户基本结构的账簿中去，也称为登账或过账，是财务业务中重要的一环。记账凭证经审核签字后，即可用来登记总账、明细账、日记账、部门账、往来账、项目账以及备查账等。记账采用向导方式，记账过程更加明确。

会计知识：会计账簿
　　通过填制和审核记账凭证，可以核算和监督企业每天经济业务的发生和完成情况，但是随着凭证的增加，资料变得越来越多，不能对某一时期内发生的相同类别的经济业务进行集中的记载和反映，所以就需要使用记账处理。
　　会计账簿就是指由一定格式账页组成的，将经过审核的记账凭证全面、系统和连续地记录到各项经济业务的簿籍。

10.9.1 记账

（1）选择"凭证"菜单下的"记账"命令，系统弹出"记账"窗口，如图10-44所示。系统默认进入"记账选择"处理，在选择本次"记账范围"栏中输入记账的凭证范围，范围之间可用"-"或","隔开。

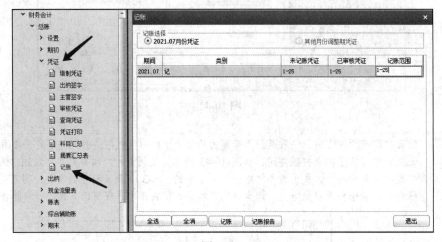

图10-44

> **提示**　只有审核之后的凭证才能记账，如果存在会计科目填制了期初余额而试算不平衡（请参阅本书第5章中的图5-56）、上月的凭证有未记账、上月未结账等情况时，本月的凭证都不可记账，系统提示为"无可记账凭证"；作废凭证不需要审核，可以直接记账。

（2）单击"记账"按钮，系统给出"期初试算平衡表"，如图10-45所示。

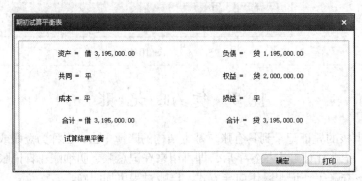

图10-45

（3）单击"确定"按钮，系统开始记账，最后系统显示"记账完毕！"，如图10-46所示。

> **注**　记账的过程中不得中断退出，如果因其他原因中断了该程序，则系统将自动调用"恢复记账前状态"恢复数据，然后重新执行记账工作。在第一次记账时，若期初余额试算不平衡，则系统将不允许记账。所选范围内的凭证如有不平衡凭证，则系统将列出错误凭证，并重选记账范围。

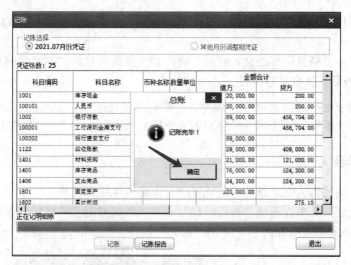

图 10-46

10.9.2 恢复记账前状态

由于经过记账的凭证不能取消审核（凭证不能取消审核，自然也不能对其进行删除和修改），所以在实际工作中，有可能会遇到取消记账的情况（即恢复记账前状态），用友 U8 软件提供恢复记账处理。

选择"实施导航"命令，系统打开"U8+实施导航工作台"窗口，在此选择"实施工具"命令，如图 10-47 所示。选择"总账数据修正"命令，系统弹出"恢复记账前状态"窗口，在此可以对已记账的凭证进行恢复。

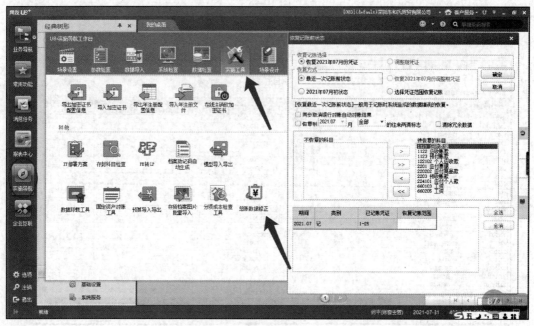

图 10-47

选择是否恢复往来两清标志和选择恢复两清标志的月份，系统选择在恢复时清除恢复月份的两清标志。

根据需要可以不必恢复所有的会计科目，将需要恢复的科目从"不恢复的科目"选入"待恢复的科目"，即只恢复需要恢复的科目。

> **注** 恢复记账功能一般用于对做错了的凭证进行修改，如果做错了的凭证不允许修改，要保留痕迹，则一般通过冲销凭证（请参阅本章中的10.5.6小节），然后再做一张正确的凭证的方式来处理。

10.9.3 汇总表

可以将科目、摘要作为汇总条件，对凭证进行汇总并生成汇总表。

（1）展开"凭证"菜单，选择"科目汇总"命令，系统弹出"科目汇总"条件录入窗口，如图10-48所示，输入科目汇总条件后，单击"汇总"按钮。

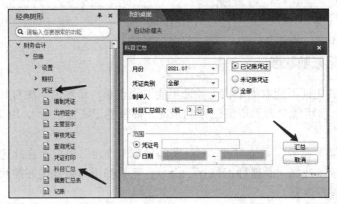

图10-48

（2）系统列出汇总表结果，如图10-49所示。

科目编码	科目名称	币种名称	计量单位	金额合计 借方	金额合计 贷方	原币合计 借方	原币合计 贷方	数量合计 借方	数量合计 贷方
1001	库存现金			20,000.00	200.00				
100101	人民币			20,000.00	200.00				
1002	银行存款			389,000.00	456,704.00				
100201	工行深圳金海支行				456,704.00				
100202	招行建安支行			389,000.00					
1122	应收账款			729,000.00	409,000.00				
1401	材料采购			121,000.00	121,000.00				
1405	库存商品			76,000.00	524,300.00				
1406	发出商品			524,300.00	524,300.00				
1601	固定资产			320,000.00					
1602	累计折旧				275.10				
资产 小计				2,179,300.00	2,035,779.10				
2202	应付账款			136,704.00	91,704.00				
220201	应付暂估款				-45,000.00				
220202	应付商品款			136,704.00	136,704.00				
2211	应付职工薪酬				44,800.00				
221101	工资				44,800.00				
2221	应交税费			15,704.00	83,867.26				
222101	应交增值税			15,704.00	83,867.26				
22210101	进项税额			15,704.00					
22210102	销项税额				83,867.26				
负债 小计				152,408.00	220,371.26				
4103	本年利润				75,557.64				
权益 小计					75,557.64				

图10-49

10.10 出纳管理

加强现金、银行账的管理是应用信息化处理财务数据的重要内容之一。核算单位在财务工作中会设置一位出纳人员，其日常工作就是对现金、银行账进行管理和查询，以随时了解公司目前的现金、银行信息。

> **提示** 用友 U8 系统中如果启用了出纳管理系统（启用方式请参阅本书第 2 章中的图 2-15），则出纳人员的工作在出纳管理系统中进行，如果没有启用出纳管理系统，则总账中也为出纳人员提供了出纳工作处理，包括指定现金、银行科目（请参阅本书第 3 章 3.2.4 小节的会计科目设置），进行出纳签字、查询出纳账、银行对账等。在总账中的出纳账查询是在填制了现金、银行科目的记账凭证之后进行。

10.10.1 出纳账查询

出纳账查询包括对日记账和资金日报的查询，以此对现金、银行业务进行了解和分析，为企业负责人提供及时、准确的信息。

1. 日记账

出纳日记账包括现金日记账和银行日记账，现金和银行科目必须在进行会计科目设置时预先指定。

（1）展开"出纳"菜单，选择"现金日记账"命令，系统弹出"现金日记账"查询条件窗口，如图 10-50 所示，输入查询条件后，单击"确定"按钮。

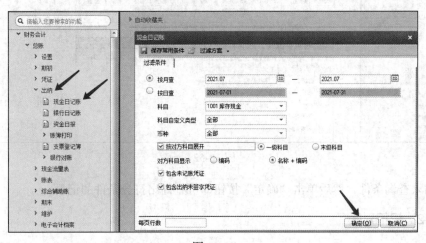

图 10-50

> **提示** 科目处包含的是在科目设置时被指定为现金科目的科目，如果勾选"包含未记账凭证"项，则查询结果包含了所有符合条件的未记账的现金凭证记录。

（2）系统列出所有符合条件的记录，如图 10-51 所示。双击具体的记录或选定好记录后单击"凭证"按钮，即可打开产生该记录的来源凭证。

> **注** 日记账分为金额式日记账和外币日记账，可以设置为以账页格式显示，也可直接双击某一条记录，联查该记录的原始凭证。银行日记账的查看方式与现金日记账的查看方式是一致的。

图 10-51

2. 资金日报

资金日报表是反映企业现金、银行存款每日发生额及余额情况的报表。该功能可以为企业负责人对指定日的资金走势提供有效的数据，以便做出相应的应对策略。

（1）展开"出纳"菜单，选择"资金日报"命令，系统弹出"资金日报表"查询条件窗口，如图 10-52 所示。

图 10-52

（2）输入查询条件，然后单击"确定"按钮即可查询出符合条件的记录。

10.10.2 银行对账

会计知识：银行对账

银行对账的工作通常在月末，由会计人员将银行存款的账面余额与开户银行转来的对账单的余额核对一次。如果由清查人员进行清查，则事前要取得银行存款的对账单，并把本单位银行存款账面结清，再将二者逐笔相核对，查明账实是否相符及差异原因。造成账实不符的原因有两方面：一是双方记账出现了差错，二是双方无差错的情况下，未达账项的存在造成双方银行存款余额不一致。

未达账项是指核算单位与银行双方在凭证传递的过程中，由于凭证接收时间差异，造成记账时间不一致，从而发生一方已经入账，另一方尚未入账的情况。

实例分析	实际业务中，比如核算单位开出一张 10 万元转账支票给供应商 A，然后在核算单位的银行账数据上做下已付 10 万元给供应商 A 的数据，但是该供应商 A 根本就没有将这张转账支票去核算单位的开户银行进账（或者该张支票因为填写失误而不执行），那么就有可能造成核算单位所做的银行账的数据（已转账 10 万元给供应商 A）和核算单位开户银行反馈回来的数据（没有转账 10 万元给供应商 A 的这笔业务存在）不一致，这就需要用到银行对账功能。但是随着信息技术的发展，用友 U8 系统也不是独立存在使用，越来越多的企业选择银企互联功能（银行系统与用友 U8 系统互联），实际收支的实时同步，于是这样的银行对账需求就几乎不需要了。

用友 U8 系统提供自动对账和手工对账两种方式。
- 自动对账是由系统进行银行对账，系统根据银行日记账未达账项与银行对账单进行自动核对、勾销，一般情况下是"结算方式+结算号+方向+金额"或"方向+金额"两种方式。
- 手工对账是对自动对账的补充。执行完自动对账后，如果一些特殊的已达账项尚未勾对出来而被视作未达账面，则可以通过手工对账进行调整勾销。

注	系统要求对账的科目是在科目设置时定义为"银行账"辅助账类的科目。 在对账单文件中一条业务记录与银行日记账未达账项文件中一条业务记录相同的情况下，系统能自动核销已对账的记录。 在对账单文件中一条业务记录与银行日记账未达账项文件中多条业务记录，或者对账单文件中多条业务记录与银行日记账未达账项文件中一条业务记录相同，或者对账单文件中多条业务记录与银行日记账未达账项文件中多条业务记录相同的情况下，均不能由系统自动核销已对账的记录，只能通过人工挑选相应的业务，并进行强制核销处理。

1. 银行对账期初录入

如果是第一次使用银行对账，则需录入日记账对账单未达账项，相当于这两项的期初余额。

（1）展开"出纳"下的"银行对账"菜单，选择"银行对账期初录入"命令，系统弹出"银行科目选择"窗口，如图 10-53 所示。

在此录入银行对账期初数据。为了保证银行对账的正确性，在使用"银行对账"功能进行对账之前，必须在开始对账的月初先将日记账、银行对账单未达项录入系统中。

（2）选择需要录入银行对账期初的科目，然后单击"确定"按钮，系统弹出该科目的"银行对账期初"窗口。

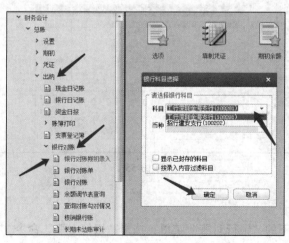

图 10-53

（3）在"单位日记账"和"银行对账单"栏中输入调整前的余额数据。单击"对账单期初未达项"或"日记账期末达项"按钮进行录入，如图10-54所示。

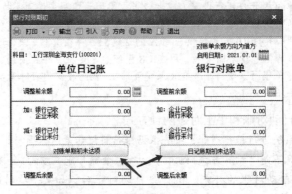

图 10-54

2. 银行对账单

银行对账单是核算单位开户银行反馈回来的对账单据，将其手工录入总账系统中（也可以将符合需求格式的电子文档直接引入总账系统中），然后再与系统中所做的银行账进行勾对。

展开"出纳"下的"银行对账"菜单，选择"银行对账单"命令，系统弹出"银行科目选择"窗口，选择银行对账单科目，单击"确定"按钮，系统弹出图10-55所示的"银行对账单"窗口。在"银行对账单"窗口中，单击"增行"按钮，以增加新记录，录入完毕可单击"保存"按钮保存新记录。单击"退出"按钮退出。

 提示　单击"导入对账单"按钮可以从系统外的文件中引入银行对账单的数据。

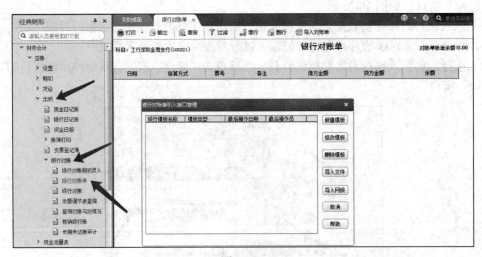

图 10-55

3. 银行对账

（1）展开"出纳"下的"银行对账"菜单，选择"银行对账"命令，系统弹出"银行科目选择"窗口，如图10-56所示。

第 10 章 业务制单和总账

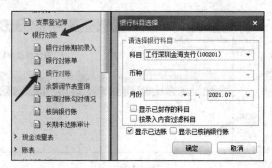

图 10-56

（2）选择需要对账的银行科目，然后单击"确定"按钮，系统弹出图 10-57 所示的"银行对账"窗口。

（3）在"银行对账"窗口中单击"对账"按钮，系统弹出"自动对账"窗口，在"截止日期"处输入对账的截止日期，或者单击旁边的"日历"按钮，在"日历"窗口中选择日期。选择好对账条件，确认日期相差的天数，最后单击"确定"按钮，系统即可显示自动对账结果。

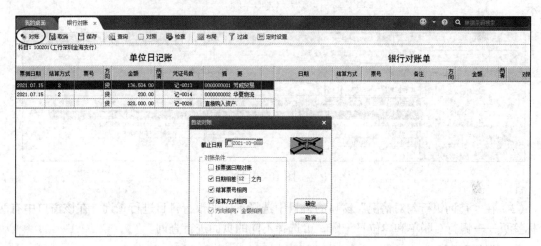

图 10-57

对于已达账，系统会在银行存款日记账和银行对账单双方的"两清"栏中标上红色"Y"标识。对于无法自动对账勾销的账项，可用手工对账功能，分别在"两清"栏双击鼠标左键，打上红勾，进行手工调整。

（4）对账完毕后，单击"检查"按钮检查平衡结果，如果有错，还需进行调整；如果没错，单击"退出"按钮，对账完毕。

4．余额调节表查询

对账完毕后，系统会自动生成银行存款余额调节表，此表是指先前输入截止到对账日期的余额调节表，若无对账截止日期，则为最新余额调节表，目的是检查对账是否正确。

（1）展开"出纳"下的"银行对账"菜单，选择"余额调节表查询"命令，系统弹出"银行存款余额调节表"窗口，如图 10-58 所示。

（2）双击需要查询的银行科目，系统弹出该账户的"银行存款余额调节表"，查询完毕后单击"退出"按钮完成操作。

图 10-58

5. 查询对账勾对情况

利用"查询对账勾对情况"功能可以查询单位日记账及银行对账单的对账结果。

（1）展开"出纳"下的"银行对账"菜单，选择"查询对账勾对情况"命令，系统弹出"银行科目选择"窗口。

（2）输入过滤条件，然后单击"确定"按钮，系统弹出"查询银行勾对情况"窗口，如图 10-59 所示。

图 10-59

（3）在"查询银行勾对情况"窗口的科目中选择不同的银行科目进行查询。在该窗口中有两个标签页——银行对账单和单位日记账，可选择不同的页面进行查询。

6. 核销银行账

"核销银行账"功能用于删除核对正确并确认无误的已达账。对于一般用户来说，在银行对账正确后，如果想将已达账删除并只保留未达账时，可使用本功能。

（1）展开"出纳"下的"银行对账"菜单，选择"核销银行账"命令，系统弹出"核销银行账"窗口，如图 10-60 所示。

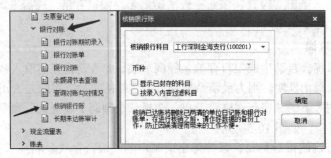

图 10-60

（2）选择需要核销的银行账科目，然后单击“确定”按钮，系统会出现核销提示，单击“是”按钮，出现“核销完毕”提示，然后单击“确定”按钮退出。

注　核销后已达账项消失，不能恢复，最好在核销前做好备份工作，以免误操作，但是核销不影响银行日记账的查询和打印工作。

7. 长期未达账审计

“长期未达账审计”功能用于查询至截止日期为止未达天数超过一定限制的银行未达账项，以便企业分析长期未达原因，避免资金损失。

（1）展开“出纳”下的“银行对账”菜单，选择“长期未达账审计”命令，系统弹出“长期未达账审计条件”录入窗口，如图 10-61 所示。

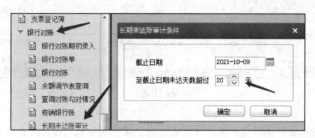

图 10-61

（2）在此录入长期未达账审计条件后，单击“确定”按钮，系统给出查询长期未达账审计结果，如图 10-62 所示。

打印　输出　查询　定位　过滤

长期未达审计

截止日期：2021-10-09　　至截止日期未达天数超过 20 天

银行对账单　单位日记账

科目编码	科目名称	凭证日期	票据日期	结算方式	票号	方向	金额	凭证号数	摘　要
100201	工行深圳金海支	2021.07.30	2021.07.15	2		贷	136504.00	记-13	0000000001 芳威贸易
100201	工行深圳金海支	2021.07.30	2021.07.15	2		贷	200.00	记-14	0000000002 华夏物流
100201	工行深圳金海支	2021.07.30				贷	320000.00	记-26	直接购入资产
100202	招行建安支行	2021.07.30	2021.07.15	2		借	304000.00	记-4	收款单
100202	招行建安支行	2021.07.30	2021.07.15	2		借	85000.00	记-5	收款单

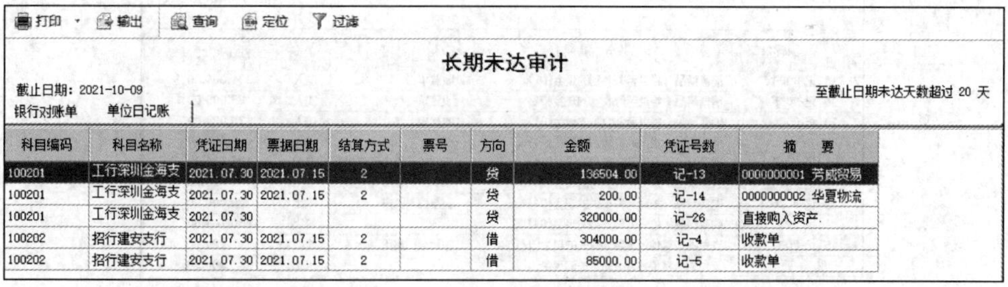

图 10-62

10.11　现金流量表

现金流量表查询是针对现金流量项目明细表的查询。现金流量项目分为流入项目和流出项目。

（1）展开“总账”下的“现金流量表”菜单，可以分别选择“期初录入”“现金流量凭证查询”“现金流量明细表”和“现金流量统计表”命令，如果选择“现金流量明细表”命令，则系统弹出“现金流量表_明细表”查询条件窗口，如图 10-63 所示，输入查询条件后，单击“确定”按钮。

（2）系统会列出符合条件的记录，如图 10-64 所示。

（3）在选定的记录上双击鼠标左键或单击“凭证”按钮，系统弹出与该记录相关的凭证。

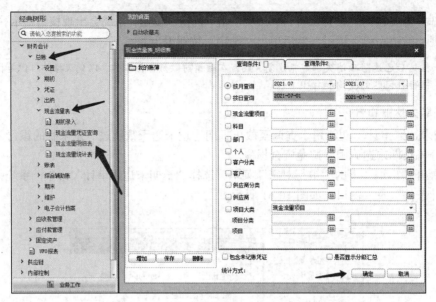

图 10-63

> **注** 如果希望在此能够查到现金流量统计表和现金流量明细表,则需要在填制凭证时将现金科目所发生的业务记入具体的现金流量项目中,即在填制凭证时如果用到现金科目,就单击"填制凭证"窗口上的"流量"按钮,记录该笔现金业务所发生的现金流量项目。

现金流量明细表

月份:2021.07-2021.07

2021年 月 日	凭证号	现金流量项目	摘要	方向	金额
7	30	记-0004	销售商品、提供劳务收到的现金(01)	收款单	流入	304,000.00
7	30	记-0005	销售商品、提供劳务收到的现金(01)	收款单	流入	85,000.00
7	30	记-0006	销售商品、提供劳务收到的现金(01)	收款单	流入	20,000.00
			销售商品、提供劳务收到的现金(01)	小计	流入	409,000.00
7	30	记-0013	购买商品、接受劳务支付的现金(04)	0000000001 芳威贸易	流出	136,504.00
7	30	记-0014	购买商品、接受劳务支付的现金(04)	0000000002 华夏物流	流出	200.00
7	30	记-0026	购买商品、接受劳务支付的现金(04)	直接购入资产.	流出	320,000.00
			购买商品、接受劳务支付的现金(04)	小计	流出	456,704.00
7	15	记-0001	支付的与其他经营活动有关的现金(07)	报销部门费用	流出	200.00
			支付的与其他经营活动有关的现金(07)	小计	流出	200.00

图 10-64

10.12 账表查询

制单、审核和记账(如果在查询或打印时选择未记账功能也可)之后,系统就生成了正式的会计账簿,可以进行查询、统计和打印等操作。

10.12.1 科目账查询

科目账查询包括总账、余额表、明细账、月份综合明细账、序时账、多栏账、综合多栏账、日记账和日报表的查询。

(1)展开"账表"下的"科目账"菜单,任选科目账进行查询,下面以多栏账(综合

第 10 章 业务制单和总账

多栏账是用于查询带自定义项辅助核算的会计科目多栏账）的查询为例。

（2）单击"多栏账"命令，系统弹出"多栏账"查询条件录入窗口，如图 10-65 所示。单击"增加"按钮，系统弹出"多栏账定义"对话窗口，首先选择需要进行查询的"核算科目"（系统仅给出具有下级科目的会计科目供选择），如选择"6602 管理费用"，然后单击"自动编制"按钮，系统自动将所选择的"核算科目"的下级明细科目全部显示出来（可修改），然后单击"确定"按钮。

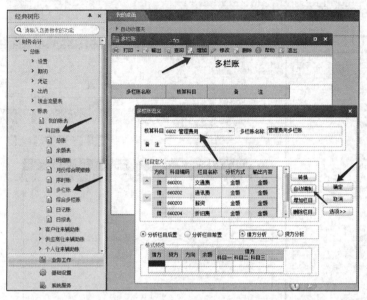

图 10-65

（3）系统将设置好的多栏账查询方案保存在"多栏账"查询窗口中，如图 10-66 所示。

（4）在"多栏账"查询窗口中，双击选择刚设置好的多栏账，系统弹出"多栏账查询"对话窗口，录入查询条件，单击"确定"按钮，系统列出查询结果，如图 10-67 所示。

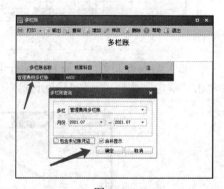

图 10-66

| 2021年 | | 凭证号数 | 摘要 | 借方 | 贷方 | 方向 | 余额 | 借方 | | | | |
月	日							交通费	通讯费	餐资	折旧费	工资
07	15	记-0001	报销部门费用_财务部	200.00		借	200.00	200.00				
07	30	记-0016	计提第[7]期间折旧_总经理室	275.10		借	475.10				275.10	
07	31	记-0024	应付职工工资_总经理室 仁汤	39,800.00		借	40,275.10					39,800.00
07	31	记-0025	期间损益结转_财务部		40,275.10	平						
07			当前合计	40,275.10	40,275.10	平		200.00			275.10	39,800.00
07			当前累计	40,275.10	40,275.10	平		200.00			275.10	39,800.00

图 10-67

10.12.2 部门辅助账

部门辅助账用于查询部门发生业务的情况,包括部门总账、部门明细账和部门收支分析。
(1)展开"账表"下的"部门辅助账"菜单。
(2)选择需要查询内容的命令,如选择"部门三栏总账"命令,系统弹出"部门三栏总账"条件窗口,如图10-68所示。

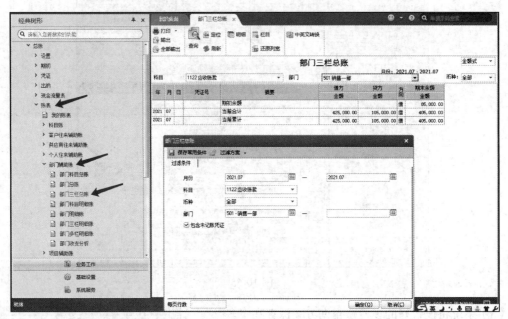

图 10-68

(3)输入查询条件(科目只限于具有部门辅助核算的科目),系统会列出符合条件的记录,单击"确定"按钮,系统打开所选定记录的相关明细账,如图10-69所示。

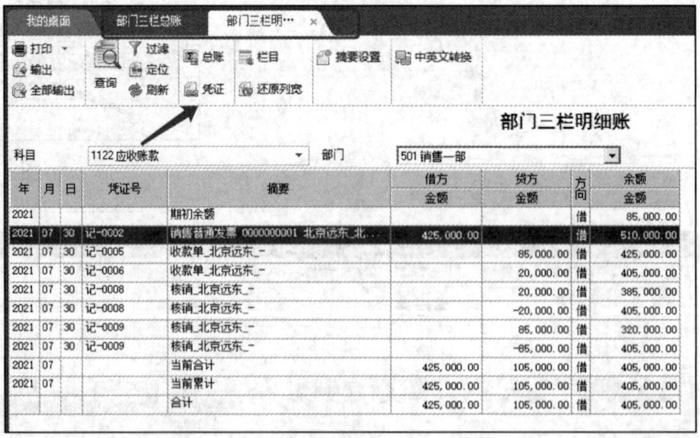

图 10-69

(4)在"部门三栏明细账"中,选定相应的记录,单击"凭证"按钮,即可联查到该记录的相关凭证。

第 11 章 月末处理

本章重点

- 业务系统月末处理
- 业务系统月末结账

一个会计期间结束之后（一般情况是指每个月月末时），就可以进行期末处理，期末处理后，表示该系统的当月业务已被封存，不能再新增、修改了，只能查询。

各系统的期末处理有先后顺序之分，如图 11-1 所示，采购管理系统月末结账后，应付款管理系统才能结账；销售管理系统结账后，应收款管理系统才能结账；采购管理和销售管理结账后，库存管理才能结账；库存管理结账后存货核算系统才能结账；应付款管理系统、应收款管理系统、存货核算系统、固定资产管理系统结账后，总账系统才能结账。

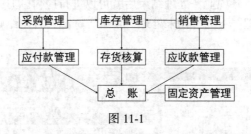

图 11-1

> **提示** 已结账的系统如需修改业务数据，则需要取消结账，用友 U8 软件中总账是最后一个结账的系统，取消结账时需要按结账顺序的反向顺序来取消结账，每次只能取消最后一个月的结账，所以如果是要取消几个月前的结账，则需要多次执行取消结账操作。

11.1 采购月末结账

在当月采购业务处理完成之后，可进行月末结账，已结账月份的采购管理入库单、采购发票不可修改、删除。

（1）展开"采购管理"下的"月末结账"菜单，选择"月末结账"命令，系统打开月末"结账"处理窗口，如图 11-2 所示。

（2）系统显示该会计月份是否结账，选择最早一次未结账的会计月份，系统自动进行月末结账，将所选各月采购单据按会计期间分月记入有关账表中。

（3）月末结账后，可逐月取消结账，选中已结账的最后月份，单击"取消记账"按钮，则取消该月的月末结账。

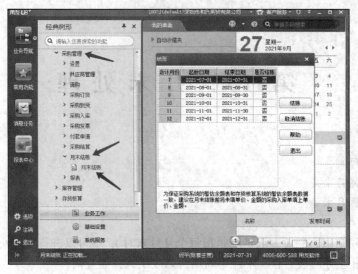

图 11-2

11.2 应付款管理系统期末处理

应付款管理系统的本月各项业务处理结束后就可以进行应付款月末结账工作。

(1) 展开"应付款管理"下的"期末处理"菜单,选择"月末结账"命令,系统弹出"月末处理"窗口,如图 11-3 所示。

图 11-3

(2) 在"月末处理"窗口中,双击需要结账月份的"结账标志"栏,出现"Y"字后,单击"下一步"按钮,系统会根据实际情况进行提示。

① 如果系统提示"结账成功",则单击"确定"按钮完成结账。

② 如果系统提示"需完成其他操作后方可重新进行结账",则表示尚有单据未审核或制单。如果已结账的月份还有数据需要处理,则需要取消月结。

选择"期末处理"菜单中的"取消月结"命令,系统弹出"取消结账"窗口,选择最后一个已结账的月份,然后单击"确认"按钮,系统提示"取消结账成功",单击"确定"按钮完成取消结账。

11.3 销售月末结账

销售管理系统的月末结账是将每月的销售单据逐月封存,并将当月的销售单数据记入有关账表中。

> **注** 如果上月未结账,虽然本月单据可以正常操作,不影响日常业务的处理,但本月不能结账。

如果本月还有未审/复核单据,则结账时系统提示"存在未审核的单据,是否继续进行月末结账?",用户可以选择继续结账或取消结账,即有未审核的单据仍可月末结账;但年底结账时,所有单据必须都审核完才能结账。

如果应收款管理系统按照单据日期记账(此设置请参阅本书的第4章),则销售管理系统如果本月有未复核的发票,在月末结账后,这些未复核的发票在应收款管理系统中就不能按照单据日期记账了,除非在应收款管理系统中改成按业务日期记账。

月末结账后将不能再做当前会计月的业务,只能做下个会计月的日常业务。

本功能为独享功能,与系统中所有功能的操作互斥,即在操作本功能前,应确定其他功能均已退出;在网络环境下,要确定本系统所有的网络用户均已退出所有的功能。

销售管理系统月末处理后,才能进行库存管理系统、存货核算系统和应收款管理系统的月末处理。

如果销售管理系统要取消月末处理,则必须先通知库存管理系统、存货核算系统和应收款管理系统的操作人员,要求他们在各自的系统取消月末结账。

(1)展开"销售管理"下的"月末结账"菜单,选择销售"月末结账"命令,系统弹出销售月末"结账"处理窗口,如图11-4所示。

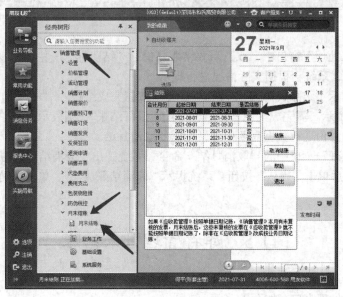

图 11-4

（2）在"结账"窗口中，单击月末"结账"按钮，系统开始进行合法性检查，如果检查通过，则系统立即进行结账操作，结账后结账月份的"是否结账"栏显示为"是"；如果检查未通过，则系统会提示不能结账的原因。当某月结账发生错误时，可以单击"取消结账"按钮恢复到结账前，正确处理后再结账。不允许跳月取消月末结账，只能从最后一个月逐月取消。

11.4 应收款管理系统期末处理

应收款管理系统中的本月各项业务处理结束后就可以进行应收款月末结账工作。

（1）展开"应收款管理"下的"期末处理"菜单，选择"月末结账"命令，系统弹出"月末处理"窗口，如图 11-5 所示。

图 11-5

（2）在"月末处理"窗口中，双击需要结账月份的"结账标志"栏，出现"Y"字样后，单击"下一步"按钮，系统会根据实际情况进行提示。

①如果系统提示"结账成功"，则单击"确定"按钮完成结账。

② 如果系统提示"需完成其他操作后方可重新进行结账"，则表示尚有单据未审核或制单。如果已结账的月份还有数据需要处理，则需要取消月结。

选择"期末处理"菜单中的"取消月结"命令，系统弹出"取消结账"窗口，选择最后一个已结账的月份，然后单击"确认"按钮，系统提示"取消结账成功"，单击"确定"按钮完成取消结账。

11.5 库存管理月末结账

（1）在库存管理系统中，展开"库存管理"下的"月末处理"菜单，选择"月末结账"命令，系统弹出"结账"处理窗口，如图 11-6 所示。

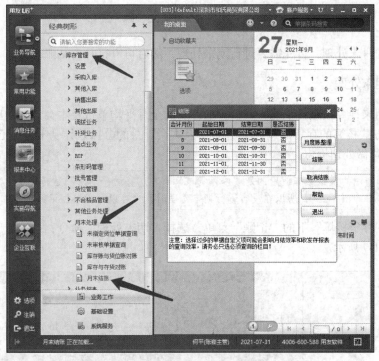

图 11-6

（2）进入月末结账界面，屏幕出现"结账"窗口，光标位于未结账的第一个月。单击"结账"按钮即可对该月进行结账；单击"取消结账"按钮即可对当前月的上月取消结账，即已结账的最后一个月才能取消结账。

若结账或取消结账成功，则"是否结账"标志改变；若未成功，则系统提示错误信息。

结账前用户应检查本会计月的工作是否已全部完成，只有在当前会计月的所有工作全部完成的前提下，才能进行月末结账，否则会遗漏某些业务。

不允许跳月结账，只能从未结账的第一个月逐月结账；不允许跳月取消月末结账，只能从最后一个月逐月取消。

没有期初记账，将不允许月末结账。

如果上月未结账，虽然本月单据也可以正常操作，不影响日常业务的处理，但本月不能结账。

月末结账后将不能再做已结账月份的业务，只能做未结账月份的日常业务。

月末结账之前一定要进行数据备份，否则数据一旦发生错误，将造成无法挽回的后果。

如果用户认为目前的现存量与单据不一致，则可通过"整理现存量"功能将现存量调整正确。

月末结账功能与系统中其他所有功能的操作互斥，即在操作本功能前，应确定其他功能均已退出；在网络环境下，要确定本系统所有的网络用户均已退出所有的功能。

如果库存管理系统和采购管理系统、销售管理系统集成使用，则只有在采购管理系统、销售管理系统结账后，库存管理系统才能进行结账。

如果库存管理系统和存货核算系统集成使用，则存货核算系统必须是当月未结账或取消结账后，库存管理系统才能取消结账。

11.6 存货核算月末结账

存货核算的月末处理,首先需要进行期末处理,然后再进行月末结账。

11.6.1 期末处理

期末处理用来计算按全月平均方式核算的存货的全月平均单价及本会计月的出库成本;计算按计划价/售价方式核算的存货的差异率/差价率及本会计月的分摊差异/差价;对已完成日常业务的仓库/部门/存货做处理标志。

 提示　本书中的模拟账套使用的是"按存货核算"和"移动平均法"结转成本(请参阅本书第 4 章中的图 4-25),所以在没有进行期末处理时,也可以进行单据记账结转成本。

(1)展开"存货核算"下的"记账"菜单,选择"期末处理"命令,系统弹出"期末处理"对话框,如图 11-7 所示。

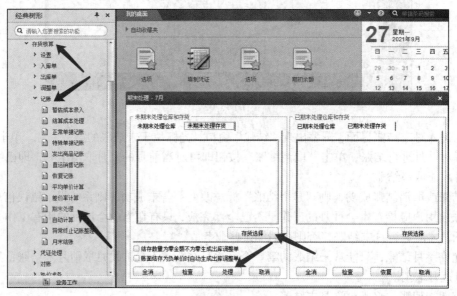

图 11-7

(2)在"未期末处理存货"标签页中,如果是按"仓库核算"结转成本,则可以勾选仓库,如果是按"存货核算"结转成本,则可以勾选需进行期末处理的存货,也可以直接单击"处理"按钮默认对所有业务进行期末处理。如果是已进行期末处理的仓库或存货,则当月不能再处理新增、修改等业务。

11.6.2 月末结账

月末结账是指日常业务全部完成后,计算出按全月平均方式核算的存货的全月平均单价及本会计月的出库成本;计算按计划价/售价方式核算的存货的差异率/差价率及本会计月的分摊差异/差价,并对已完成日常业务的仓库/部门做处理标志。如果使用采购或销售管理系统,则需要采购或销售管理系统作结账处理后才能进行。系统提供恢复期末处理的功能,但是总账结账后将不可恢复。

（1）展开"存货核算"下的"记账"菜单，选择"月末结账"命令，系统弹出月末"结账"对话框，如图11-8所示。

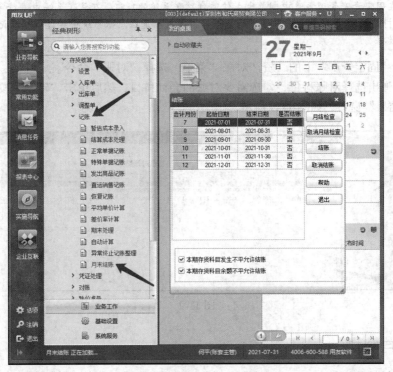

图 11-8

（2）在"结账"窗口中，系统提示此次的月末结账月份（只能对当前会计月进行结账），选择月末结账项，然后单击"结账"按钮完成月末结账。

月末结账后对本月账簿做结账标志，如果与采购管理系统集成并用，并且暂估处理方式选择"月初回冲"时，则将同时生成下月红字回冲单。月末结账后将不能再进行当前会计月的工作，只能做下个会计月的日常工作。

（3）对于已结账的月份，如果还需修改已结账月份的内容，也可以在月末"结账"窗口中，选择"取消结账"项，然后单击"取消结账"按钮，取消结账。

11.7　固定资产月末处理

固定资产管理系统生成凭证并传递到总账系统后，凭证在总账系统中经出纳签字、审核和科目汇总、记账，之后就可以在固定资产管理系统中进行对账。如果对账平衡，月底时就可以进行固定资产的月末结账。

11.7.1　对账

系统在运行过程中，应保证本系统管理的固定资产的价值和账务系统中固定资产科目的数值相等。两个系统的资产价值是否相等，可以通过本系统提供的对账功能进行检验。对账操作不限制执行的时间,任何时候均可进行对账。系统在执行月末结账前自动对账一次,给出对账结果,并根据初始化或选项中的判断确定不平情况下是否允许结账。

> **注** 只有系统初始化或在选项中选择了与账务对账,本功能才可使用。在使用对账功能之前,需要将在固定资产管理系统中制单生成传递到总账系统的凭证,在总账系统中进行审核、记账。因为对账时,账务账套原值和账务账套累计折旧数据是在总账系统中经过审核和记账后统计的凭证数据。

(1)展开"固定资产"下的"资产对账"菜单,选择"对账"命令。

(2)系统弹出选择对账科目,勾选需要对账的会计科目,然后单击"确定"按钮,系统弹出"与总账对账结果"窗口,如图11-9所示。

图 11-9

11.7.2 月末结账

月末结账每月进行一次,结账后当期的数据不能修改。在对账不平的情况下是否可以执行月末结账,需要看在固定资产管理系统的选项设置中是否勾选了"在对账不平的情况下允许固定资产月末结账"项。

(1)选择"期末处理"菜单下的"月末结账"命令(如果本月已结账,则不再显示),系统弹出"月末结账"窗口,如图11-10所示,单击"开始结账"按钮,系统开始进行结账工作。

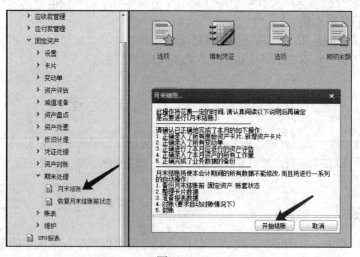

图 11-10

（2）系统显示与账务对账的结果，单击"确定"按钮，系统提示"月末结账成功完成"。

> **注** 月末结账运行时，有可能会受到外部影响而中断，所以执行之前最好备份账套数据，从而避免数据丢失。

在结账期内的数据是不能修改的，如果需要修改结账前的数据，则需先取消结账，使用"期末处理"菜单下的"恢复月末结账前状态"命令。

11.8 总账月末处理

总账系统月末时，需要处理转账和结账业务。

11.8.1 转账

总账系统提供8种转账形式。

（1）自定义结转。完成费用分配、费用分摊、税金计算、提取各项费用、部门核算、项目核算、个人核算、客户核算和供应商核算的结转。如果往来业务在应收、应付系统中处理，则在总账系统中不能按客户、供应商辅助项进行结转，只能按科目总数进行结转。

（2）对应结转。系统可以进行两个科目的一对一结转，也可以进行科目的一对多结转。对应结转的科目可为上级科目，但其必须与下级科目的科目结构一致（相同明细科目），如有辅助核算，则两个科目的辅助账类也必须一一对应。此结转功能只结转期末余额。

（3）销售成本结转。销售成本系统计算各类商品的销售成本并进行结转。

（4）售价（计划价）销售成本结转。按售价（计划价）结转销售成本或调整月末成本。

（5）汇兑损益。用于期末自动计算外币账户的汇兑损益，并在转账生成中自动生成汇兑损益转账凭证。汇兑损益只处理外汇存款户、外币现金和外币结算的各项债权和债务，而不包括所有者的权益类账户、成本类账户和损益类账户。核算单位有外币业务进行处理时方可使用此项。

（6）期间损益。在一个会计期间终了时，将损益类科目的余额结转到本年的利润科目中，从而及时反映企业的盈亏情况，主要是对管理费用、销售费用、财务费用、销售收入和营业外收支等科目进行结转。

（7）自定义比例转账。当两个或多个科目及辅助项有一一对应关系时，可将其余额按一定比例系数进行对应结转，可一对一结转，也可多对多结转和多对一结转。可在转账生成时显示生成的转账明细数据表，用户根据明细表可定义结转的金额和比率。本功能只结转期末余额。

（8）费用摊销和预提。本功能可实现分期等额摊销待摊费用和计提预提费用。费用摊销可针对已经计入待摊费用的数据进行分期摊销，按一定的结转比例或金额转入费用类科目。费用预提可按一定的结转比例或金额计提预提费用。可一对一结转，也可一对多结转。

> **会计知识：月末转账**
>
> 企业使用的账户一般可以分为两类，即虚账户和实账户。
>
> 虚账户是指收入及费用两类账户，会计期终了时，这类账户的余额应结平，一方面是为了计算本期盈亏，另一方面是为了下一会计期间的使用方便，因为结账之后，各账户余额复归为零，下期可重新归集收入和费用。

在月末时，需要对月末转账的业务进行处理。

期间损益结转用于在一个会计期间终了时将损益类科目的余额结转到本年的利润科目中，从而及时反映企业利润的盈亏情况，主要是对管理费用、销售费用、财务费用、销售收入、营业外收支等科目向本年利润的结转。

例11-1 将损益类科目余额转到本年的利润科目"4103"中。

（1）在总账系统中，选择"期末/转账定义/期间损益"命令来定义期间损益结转方式，系统弹出"期间损益结转设置"窗口，如图 11-11 所示。选择本年利润科目（4103 本年利润），单击"确定"按钮完成设置。

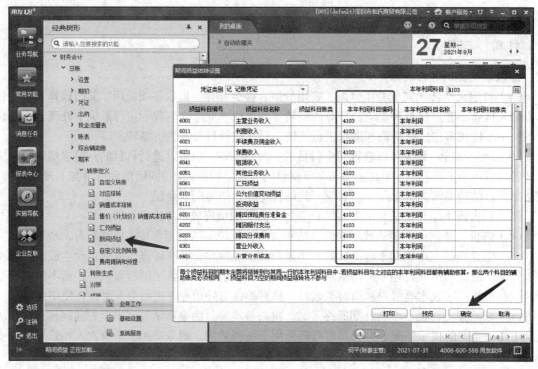

图 11-11

> **提示**：如果后期新增加了损益科目，需要再到这里（期间损益结转设置）重新设置，这样新增加损益科目的数据才能结转到本年的利润科目里。

（2）选择"期末/转账生成"命令，系统弹出"转账生成"窗口，如图 11-12 所示。

（3）选择"期间损益结转"项，系统列出已经设置好的期间损益结转方式，单击"全选"按钮，即所有损益类科目全部结转，单击"确定"按钮，系统自动生成一张记账凭证，如图 11-13 所示，单击"保存"按钮保存记账凭证。

> **提示**：勾选"按科目+辅助核算+自定义项展开"复选框时，生成的转账凭证按照自定义项发生明细转出，否则按照科目+辅助项发生转出，忽略自定义项信息。勾选"客商往来科目按照业务员生成凭证"复选框时，生成的转账凭证按照业务员发生明细转出，否则按照客商明细转出，忽略业务员信息。

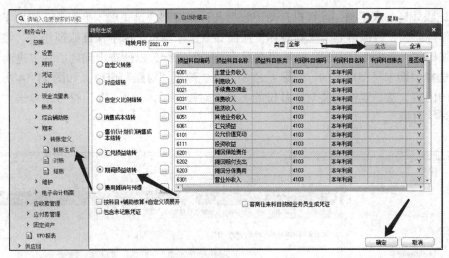

图 11-12

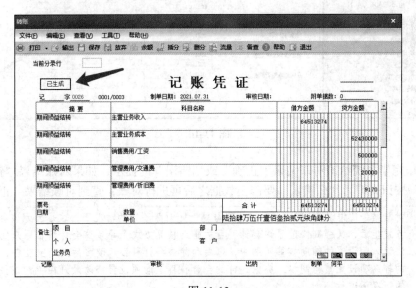

图 11-13

> **提示** 由于转账凭证只能对已经审核并记账的科目进行结转，如果涉及损益类科目的凭证还没有审核和记账，则需要先审核之后才能转账。

（4）对生成的转账凭证进行审核、记账。

11.8.2 对账

会计知识：对账

对账是为了保证会计账簿记录的会计资料的真实、完整和准确而进行的有关账目核对的工作。由于在记账过程中可能出现人为差错等问题，因此需要定期将会计账簿记录的内容与单位实际的库存实物、货币资金等进行相互核对，以保证会计账簿记录的准确无误。根据《会计法》的规定，账目核对应做到账证核对、账账核对、账实核对和账表核对，从而使账证相符、账账相符、账实相符和账表相符。

只要记账凭证录入正确，计算机自动记账后各种账簿都应是正确、平衡的。但由于操作失误或病毒发作等原因，数据可能会受到破坏，从而导致账账不符。为了保证账证相符、账账相符，需进行对账操作，至少每月一次，一般可在月末结账前进行，以便查出问题所在，进而更正。

（1）选择"期末"菜单下的"对账"命令，系统弹出"对账"窗口，如图11-14所示。勾选需要对账的内容，然后双击需要对账月份的"是否对账"栏，录入"Y"符号，单击"对账"按钮，系统开始对账。

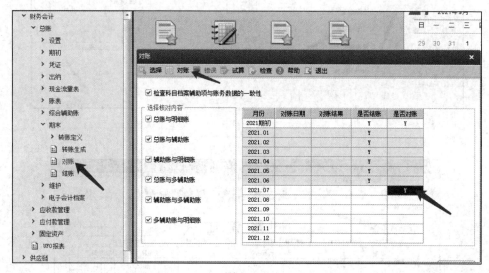

图 11-14

（2）对账完毕系统给出对账结果"正确"或"错误"的提示，如果对账结果"错误"，则要单击"错误"按钮查询为什么错误，要修正数据之后再进行对账，直到对账结果"正确"为止。

 提示　　对账结果"错误"，多数出现在总账与辅助账对账不平的情况下，这是因为该会计科目有业务发生后，又强制修改了该会计科目的辅助核算方式，导致该会计科目原来发生的业务无法记入后设置的辅助核算明细中，需要删除该会计科目修改之后的所有业务，再回到最初的辅助项设置重新制单，类似这样的会计科目辅助项设置修改最好在年初该科目余额为空的情况下进行。

（3）单击"试算"按钮，对各科目类别余额进行试算平衡。

11.8.3 结账

会计知识：结账

　　结账是指在本期内所发生的经济业务全部登记入账的基础上，按照规定的方法结算出本期的发生额合计和余额，并将其余额结转下期或者转入新账。

　　手工会计处理中有结账的过程，在计算机会计处理中也有这一过程，以符合会计制度的要求。结账每月只能进行一次。

　　选择"期末"菜单下的"结账"命令，系统弹出"结账"窗口，如图11-15所示。依据系统提示，单击"下一步"按钮逐步进行月末结账工作。

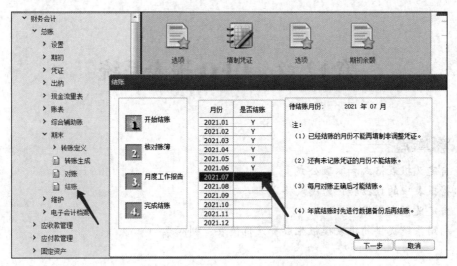

图 11-15

注 (1)结账时,在"开始结账"中,选择要取消结账的月份,按"Ctrl+Shift+F6"组合键即可进行反结账。
(2)如果上月未结账,则本月不能记账,但可以填制、复核凭证。
(3)如果本月还有未记账凭证,则本月不能结账。
(4)已结账月份不能再填制凭证。
(5)结账只能由有结账权限的人进行操作。
(6)若总账与明细账对账不符,则不能结账。
(7)反结账操作只能由账套主管执行。

第 12 章 UFO 报表系统

本章重点

- 自定义报表格式和取数公式
- 将报表中的数据转化为图表格式
- 自定义报表模板
- 利用系统提供的报表模板生成资产负债表、利润表

12.1 概　　述

用友 UFO 报表是一个开放式的报表编制系统，可以在报表数据的基础上生成其他相关图表，以满足需求。另外，UFO 报表中还有已编制好的报表模板，核算单位可以利用这些模板快速生成资产负债表、损益表等。

UFO 报表与用友 U8 其他系统都有着相应的数据接口，可以通过公式取数。UFO 报表是在各系统的基础上提取数据进行操作的，所以把 UFO 报表放在本书的最后一章来讲解。

UFO 报表可直接使用，而不必先启用其他功能系统（如总账）。

UFO 报表的主要功能如下。

- 报表格式设计（表尺寸、单元格属性和关键字设置等）。
- 报表公式编辑和数据处理。
- 报表管理（追加表页、表页排序和表页查找等）。
- 图表功能（即将报表数据转换为图表形式）。
- 报表模板应用。

12.2 设 计 报 表

设计报表是指对报表的外观格式进行设计，包括调整单元格的大小、线条属性和单元格的显示属性，组合单元格以及设置关键字等。

12.2.1 打开 UFO 报表

在用友 U8 系统中，选择"业务工作"项，展开"财务会计"菜单，双击"UFO 报表"命令打开 UFO 报表系统，如图 12-1 所示。

第 12 章 UFO 报表系统

图 12-1

在报表窗口中打开"文件"菜单,选择"新建"命令建一张空表,如图 12-2 所示。也可以单击"打开"功能按钮打开一张已设计好的报表。

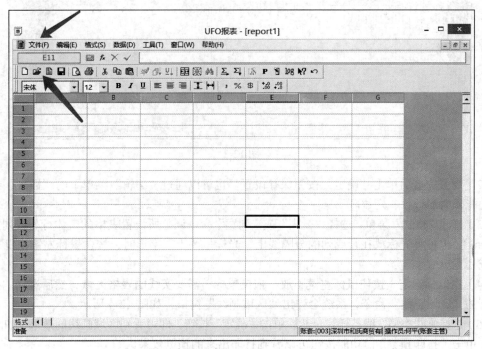

图 12-2

> **注** 空表外观类似于 Excel 文件格式，其操作方式也与 Excel 类似，如果表格中出现"演示数据"字样表明现在使用的是用友演示版（未购买用友正式版软件进行注册）。

一张 UFO 报表具有"格式"和"数据"两种状态，表的左下角有标识，单击状态标识可以进行"格式/数据"的状态互换。在"格式"状态下，可以设计报表的格式和取数公式，但不能进行数据的录入或计算等操作；在"数据"状态下，可以看到报表的全部内容，包括格式和数据，但此时不能修改格式和取数公式。

12.2.2 调整表尺寸和线条

可以随意调整一张报表的尺寸大小和线条格式，操作方法如下。

（1）在报表的"格式"状态下，打开"格式"菜单，选择"表尺寸"命令，如图 12-3 所示，系统弹出"表尺寸"窗口，在此输入需要进行调整的行数和列数。

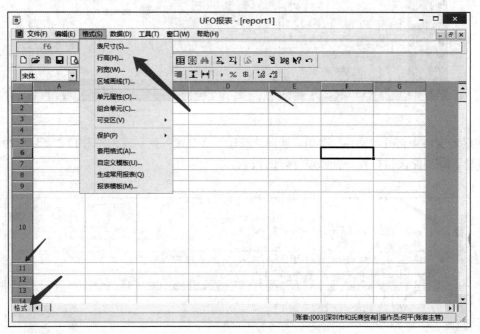

图 12-3

（2）设置完成后单击"确定"按钮保存设置。也可以通过"编辑"菜单下的"插入"或"追加"功能来增加行数、列数。

（3）打开"格式"菜单，选择"行高"或"列宽"命令调整所设置表格的整体行高或列宽（单位：mm）。也可将光标放在行或列的分隔线上，光标呈"十"字形时，按住鼠标左键拖曳来调整行高或列宽。

（4）用鼠标选定（按住鼠标左键不放，拖曳鼠标）需要实线的表格区域，然后选择"格式"菜单下的"区域画线"命令，系统会弹出"区域画线"窗口，如图 12-4 所示。

（5）选择画线类型、线条样式，然后单击"确定"按钮，即可看到区域画线的效果，如图 12-5 所示。单击"打印预览"功能按钮可以看到打印出来的预览效果。

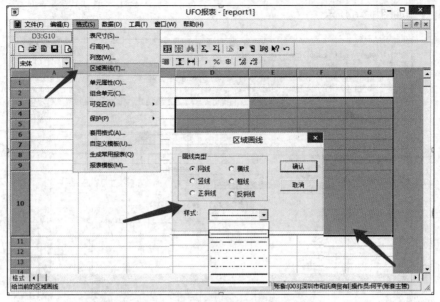

图 12-4

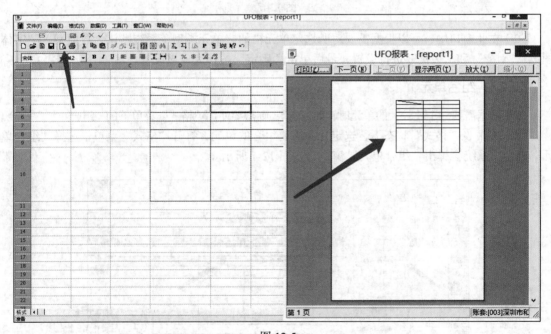

图 12-5

> **注** 需要取消线条时,也可以使用以上方法,在"样式"下拉列表框中,选择线型为空,单击"确定"按钮即可取消原先的画线。

12.2.3 单元格属性

单元格属性用于设置每一单元格的类型、数字格式和边框线。

(1)在报表"格式"状态下选定单元格,然后打开"格式"菜单,选择"单元属性"命令(或者在选定的单元格上单击鼠标右键,在弹出的菜单上选择"单元格属性"命令),系统弹出"单元格属性"窗口，如图 12-6 所示。

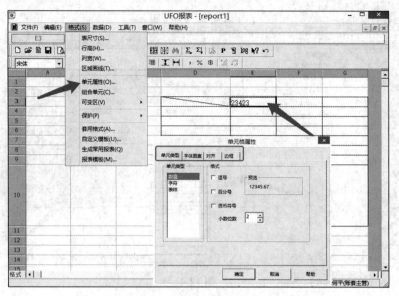

图 12-6

（2）在此窗口中，可以根据需要对所选定单元格的"单元类型（系统默认为数值型）""字体图案""对齐"和"边框"进行设置，最后单击"确定"按钮完成该设置。

12.2.4 组合单元

如果数据需要一个比较大的单元时（如标题），则需要使用"格式"菜单下的"组合单元"命令。

（1）在报表"格式"状态下，选定几个需要组合的单元，打开"格式"菜单，选择"组合单元"命令，系统会弹出"组合单元"窗口，如图 12-7 所示。

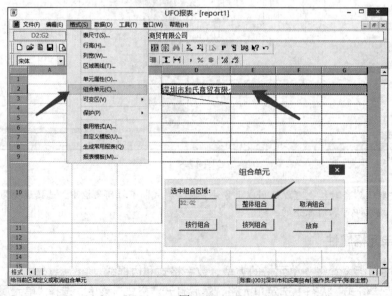

图 12-7

（2）在此选择组合单元的方式。单击"整体组合"按钮，可以把选中的区域整体设置为组合单元；单击"按行组合"按钮，可以把选中的若干行设置为组合单元；单击"按列组合"按钮，可以把选中的若干列设置为组合单元；单击"取消组合"按钮，则可把选中的组合单元恢复为区域。

（3）最终设置好的效果如图12-8所示，可以在此基础上调整字体、大小、位置。

图 12-8

12.2.5 关键字设置

关键字是游离于单元格之外的特殊数据单元，可以唯一标识表页，用于在大量表页中快速选择。

UFO报表提供了6种关键字——单位名称、单位编号、年、季、月和日，另外为了满足需要，用户也可自定义关键字。

在"格式"状态下设置关键字的显示位置，在"数据"状态下录入关键字的值，设置UFO报表中的取数公式时，往往是默认取关键字的值，比如设置了一个关键字"月"，则在进行取数时，需要录入月的具体值（1～12中的一个数），系统根据录入的月份值取当月的业务数据，每个报表可以定义多个关键字，但不能重复。

（1）选中需要输入关键字的单元格，打开"数据"菜单下的"关键字"子菜单，选择"设置"命令，弹出"设置关键字"窗口，如图12-9所示。

（2）选择关键字，然后单击"确定"按钮即可。

（3）如要取消所设置的关键字，则打开"数据"菜单下的"关键字"子菜单，选择"取消"命令即可。

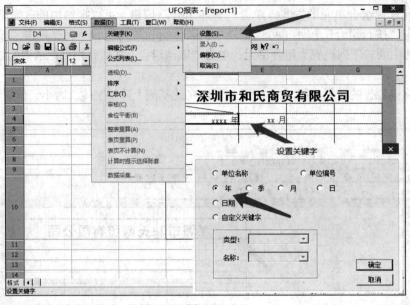

图 12-9

（4）如果需要重新设置关键字的位置，则打开"数据"菜单下的"关键字"子菜单，选择"偏移"命令，如图 12-10 所示。

 提示

如果只将"单位编号"作为关键字进行输入，则只有"单位编号"项是可编辑的，其他关键字不会出现在报表中。在此录入该关键字偏移的位置，正数或负数都可以，然后单击"确定"按钮即可进行调整。

关键字的位置只能左右偏移，不能上下偏移。

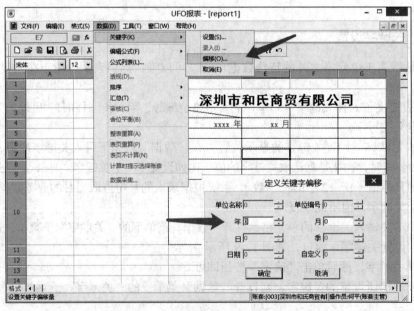

图 12-10

12.3 编辑报表公式及数据处理

企业常用的财务报表的数据来源于总账系统或报表系统本身,用友 UFO 报表中的公式可以从其他功能系统(如总账系统、应收款管理系统和应付款管理系统等)中取数。本节将介绍如何定义单元格内的取数公式、如何进行取数,以及如何保存设置好的报表。

12.3.1 定义单元公式

单元公式是报表取数的基础,定义单元公式就是定义如何从其他系统取数并计算的方式。
(1)选定单元格,之后可以手工输入单元公式,也可以利用函数向导来定义单元公式。
录入公式的 3 种方法如下。
① 单击工具栏中的 fx 按钮;
② 打开"数据"菜单下的"编辑公式"子菜单,选择"单元公式"命令;
③ 直接按键盘上的"="键。
(2)按图 12-11 的格式录入数据,单击"="键,系统弹出"定义公式"窗口。

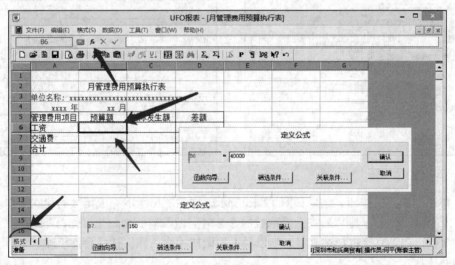

图 12-11

(3)在窗口中输入函数公式,如果该单元格是一个具体的数值,则可以直接录入数值,如图 12-11 所示;如果该单元格是要通过公式从用友 U8 系统中的其他系统取数,则单击"函数向导"按钮进行函数公式设置,如图 12-12 所示。
(4)选定"函数分类"中所需的函数类别,右侧的函数名会依据所选择的函数类别显示出相应的函数名,在此选定需要使用的函数名,如图 12-13 所示。这里可以取用友 U8 中不同模块的数据,当然用得最多的还是财务函数。
(5)然后单击"下一步"按钮,系统会提示所选择函数的格式,可在"函数录入"框中直接依据所提示的内容进行录入,如图 12-14 所示。

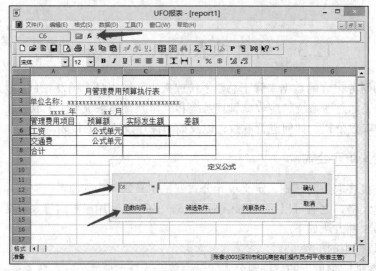

图 12-12

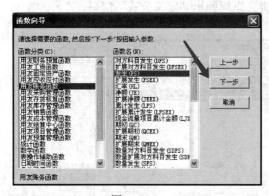

图 12-13

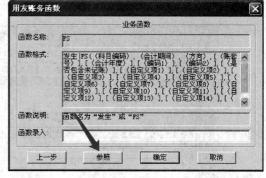

图 12-14

（6）单击"参照"按钮，结果如图 12-15 所示，在系统提示下完成函数的建立工作。输入账套号，如果选择"默认"，则以后在选择取数的账套时需做账套的初始化工作，否则系统不知道从哪套账中取数；如果直接选择账套号，则以后不用做初始化工作。选择会计年度、科目、期间、方向和辅助核算。

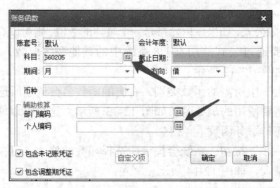

图 12-15

> **提示** 勾选"包含未记账凭证"复选框,这样在所设置的公式取数范围中就包含了未记账凭证,操作员在凭证未做记账时就可以看到所有已填制凭证的最终结果,进而方便凭证在未记账时操作员进行财务数据的调整;账套号、会计年度如果选用"默认",则系统会根据当时打开的是哪套账、哪个会计年度取该账套和该会计年度的数据,也可以指定账套和年度,所以也就可以实现在一张报表上取不同账套和会计年度的数据;会计科目的方向,在此向导中一个函数取数公式只能取一个方向的数据,系统默认取该会计科目的余额方向,比如有的财务人员在做账时,不喜欢将预收款数据放在预收款会计科目中,而是放在应收账款会计科目的贷方(因为应收账款会计科目的余额方向默认为借方),于是系统在函数向导取数时,只能取出应收账款借方的数据,如果想借方和贷方的数据都取出来,则需要设置两次取数公式,并通过减法公式再拼在一起,所以建议会计人员在做账时,类似于这样的业务,还是放在业务对应的会计科目中;如果该科目有辅助核算,则可以指定取该科目的辅助核算项,否则取的是该科目所有辅助项的总数;上级和下级科目都设辅助核算时,在进行公式设置时,比如 QM(期末)函数的时候,要勾选累计取数项进行取数;函数取数公式不仅可以取财务的数据,还可以取业务数据,如采购、库存、销售管理系统的数据,使用者根据需要自行设定。

(7)设置完毕后单击"确定"按钮,系统自动将公式带回到"定义公式"窗口中。单击"确认"按钮,系统将公式写入单元格中,单元格中显示的不是函数内容,而是"公式单元"字样。双击单元格可以看到函数内容(可进行手工调整),如图 12-16 所示。

图 12-16

(8)用同样的方法设置其他单元格的公式,也可以复制设置好的单元格公式,然后修改(如修改会计科目),如图 12-17 所示,达到快速设置公式的目的。

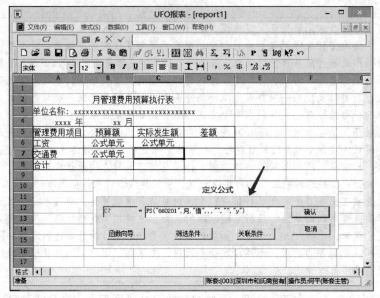

图 12-17

（9）有的单元格中的数据不是通过设置公式取出来的，而是通过单元格之间的互相引用数据计算出来的，如图 12-18 所示。

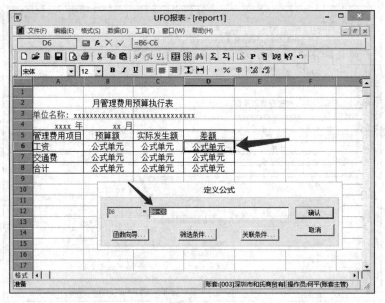

图 12-18

12.3.2 保存报表格式

定义完公式之后，需将报表的格式保存起来，以备在日后的工作中随时调用，而不必重新设置。
（1）选择"文件"菜单下的"另存为"命令，系统弹出"另存为"窗口，如图 12-19 所示。
（2）选择目的文件夹，输入保存后的文件名称，后缀为"rep"，单击"另存为"按钮完成保存工作。

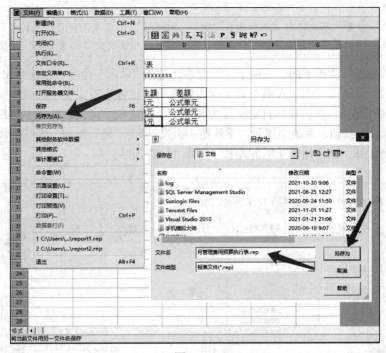

图 12-19

12.3.3 报表数据处理

报表的数据处理是指将已设置格式的报表文件，在"数据"状态下完成生成报表数据、审核报表数据和舍位平衡等操作。

（1）选择"文件"菜单下的"打开"命令，打开一个已设置好格式的报表文件，如图 12-20 所示，单击左下角的"格式"按钮，将报表转换为"数据"状态。

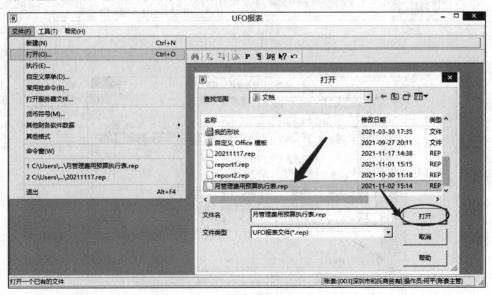

图 12-20

> **说明** 系统自动将当前表页设为第 1 页,可以打开"编辑"菜单下的"追加"子菜单,选择"表页"命令,系统弹出"追加表页"窗口,在此窗口中填入所需要追加的表页数,单击"确认"按钮完成表页的追加操作,每一张表页都可根据关键字的数值单独取数。

(2)打开"数据"菜单下的"关键字"子菜单,选择"录入"命令,系统弹出"录入关键字"窗口,如图 12-21 所示。在此录入第 1 页(因为现在所处位置为第 1 页)的关键字数据,如果在关键字设置时没有将月、季、日和自定义设为关键字,则这几个窗口都处在不可编辑状态,录入完毕后单击"确认"按钮。系统会提示"重算第一页",单击"是"按钮,系统会以关键字的录入数据为依据开始计算,最终结果(时间略长)如图 12-22 所示。

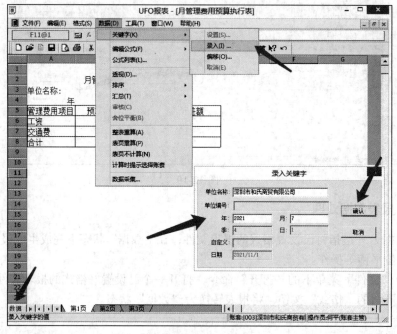

图 12-21

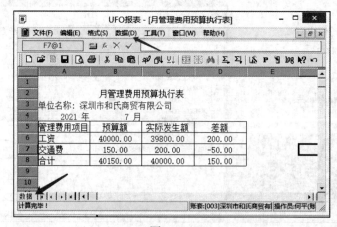

图 12-22

> 提示　关键字的录入只能在"数据"状态下进行。

（3）计算结果出来后，在该表页的左下角出现"计算完毕"字样。如果发现数据有误，可回到"格式"状态，检查函数公式，修改后再进入"数据"状态，进行整表重算工作。

关键字是每一张表页的特定标识，每张表在"格式"状态下都设置了关键字的位置，但是在"数据"状态下每一张表页还需要录入关键字来标识该张表页。

> 注　只有在"格式"状态下变动了单元公式，在进入"数据"状态时系统才会提示是否将整表进行重算；选择不同的表页，然后在不同的表页中录入不同的关键字，系统将进行与第1页一样但关键字不同的计算，比如第1页进行2021年1月的数据计算，第2页进行2021年2月的数据计算。

（4）选择"数据"菜单下的"整表重算"命令，则本表中所有的表页都将重新进行计算。如果单击"表页重算"命令，则系统只重新计算当前表页的内容。选择"表页不计算"命令，则当前表页被锁定，不管在什么情况下，表页中的单元公式都不再重新计算。选择"计算时提示选择账套"命令，则每次进行表页计算时，系统都会自动弹出"注册"窗口，提示操作员重新选择需要进行计算的账套等。

（5）如果数据中出现"######"这样的字符，表示单元格太窄，将单元格增宽即可显示正常数据（用鼠标直接拉宽单元格即可）。

（6）选定一个有数据的单元格，单击鼠标右键，在弹出菜单中选择"联查明细账"命令，如图12-23所示，这样就可以联查到该单元格中数据来源的明细账，然后在明细账中联查到凭证，并可以查到生成该凭证的原始单据。

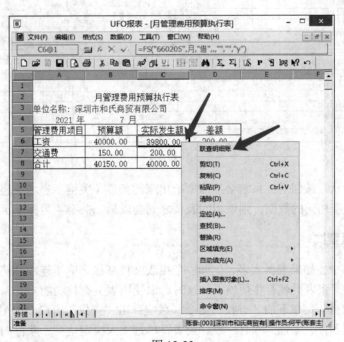

图 12-23

> 提示　用友报表可以从不同的账套中取数，只需要在设置取数公式时定义不同的取数的账套即可。

12.4 报表管理

报表管理包括表页排序、表页查找、表页透视、显示比例、显示风格和设置打印分页等。

12.4.1 表页排序

报表中不同的表页可能取了不同时间的数据，如第1页取的是该账套1月的数据，第2页取的是该账套2月的数据，如果要进行表页排序，该怎么做呢？系统是根据关键字的数值进行排序的。

（1）在"数据"状态下打开"数据"菜单下的"排序"子菜单，然后选择"表页"命令，系统弹出"表页排序"窗口，在此录入原先设计好的关键字的排序原则，如图12-24所示。

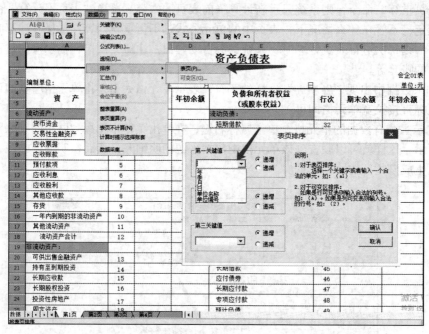

图 12-24

（2）单击"确认"按钮后，系统会按照所给出来的条件（关键字递增或递减，如果有表页与表页之间第一关键字相同的数据，则该相同表页之间会以第二关键字为标准）进行表页排序。

12.4.2 表页查找

一个报表文件中，如果表页太多，比如一个报表文件从账套取了连续几年的数据，一个月为一张表页，则查找某张表页就有些烦琐了，这时可以使用表页查找功能。

（1）选择"编辑"菜单下的"查找"命令，系统弹出"查找"窗口，如图12-25所示。

（2）输入查找条件，勾选"并且"或"或者"单选项来决定这两个条件的搭配关系是都需要符合，还是符合其中一个即可。

单击"查找"按钮，系统自动将符合条件的表页设定为当前页，单击"下一个"按钮，可自动依据现有条件查询下一个符合条件的表页。

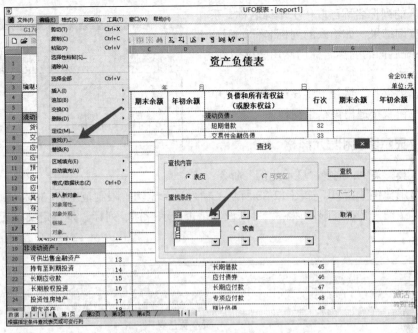

图 12-25

12.4.3 表页透视

使用表页透视功能可以将多张表页指定的区域同时显示在一个平面上，这样不需要一张一张翻动不同的表页，这个功能一般用做将不同表页同一单元格的内容放在一起进行比较分析。

（1）选择要开始透视的第一张表页的页标，将其作为当前页，系统从该页开始向其后的表页透视。

（2）选择"数据"菜单下的"透视"命令，系统弹出"多区域透视"窗口，如图 12-26 所示。在区域范围内输入需要透视的区域，如果两个区域不是连续的，则在区域与区域之间用","分开，如"A1:C3, E5:G7"。在"输入列标字串"栏中，输入列标名称，然后单击"确定"按钮。

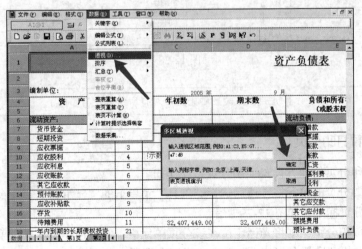

图 12-26

（3）输入的列标名称已取代了坐标名称，系统自动填入查询结果，如输入的列标名称数不及列标数，则系统后面的列标名称仍然用坐标名称，如图 12-27 所示。

（4）单击"保存"按钮，将该结果保存，单击"确定"按钮直接退出该结果窗口。

12.4.4 显示比例和显示风格

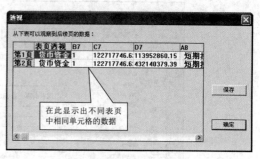

图 12-27

打开"工具"菜单，选择"显示比例"命令，系统弹出"显示比例"窗口，如图 12-28 所示。输入显示比例（限制范围为 30%～900%），然后单击"确认"按钮。选择"显示风格"可以设置是否显示行标、列标，是否定义单元类型颜色和网格颜色。

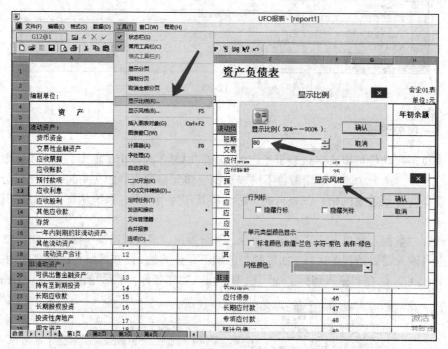

图 12-28

 提示　显示比例指在计算机屏幕上的显示比例，对打印结果没有影响。

12.4.5 设置打印分页

可在需要打印分页的地方设置强制分页，操作如下。

（1）单击需要分页的单元格，然后选择"工具"菜单下的"显示分页"命令，系统在所选单元格处显示强制分页标记，如图 12-29 所示。

（2）如果要取消分页，则将光标定位在该分页单元格，然后选择"工具"菜单下的"取消分页"命令即可，选择"取消全部分页"命令也可以取消所有分页设置。

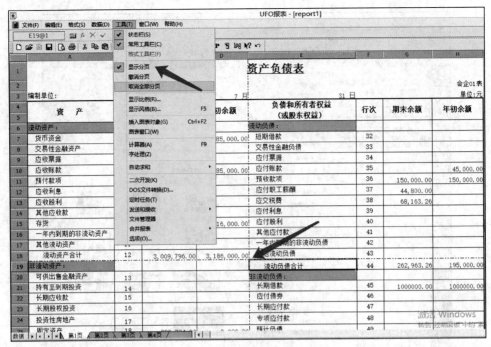

图 12-29

12.5 图表功能

图表功能可对已经取得数据的报表进行图形化，包括生成直方图、圆饼图、折线图和面积图。

（1）打开一个已设计好的表页，如果表页处于"格式"状态，则将其转换到"数据"状态。

（2）选定需要进行图表显示的单元格，如图 12-30 所示。

（3）选择"工具"菜单下的"插入图表对象"命令，系统弹出"区域作图"窗口，如图 12-31 所示。在"数据组"中选择"行"，则原先数据组区域中的"行"为图表的斜轴（x 轴），"列"为 y 轴。最后单击"确认"按钮，结果如图 12-32 所示。

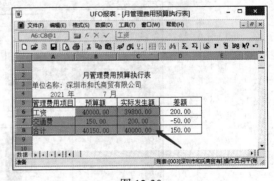

图 12-30

- 操作范围：选择"当前表页"表示利用当前表页中的数据作图，选择"整个报表"表示利用所有表页中的数据作图。
- 标识：当选择"当前表页"作图时，"标识"变灰不能编辑。
- 图表名称：输入图表名后不能修改。
- 图表格式：系统提供 10 种图表格式，可任选一种。

（4）可以用鼠标拖动图表的边框线对图表的大小和位置进行调整。可以双击选定该图表，然后单击鼠标右键，在弹出的快捷菜单中重新选择该图表的格式。双击 x 轴或者 y 轴，系统会出现"编辑标题"窗口，在此可修改标题。直接单击表页上面的"图表格式"进行当前图表格式的更改。

图 12-31

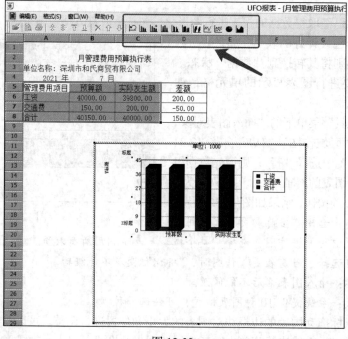

图 12-32

> **提示** 当单元格内的数据变动后，图表的内容也会相应地做出变动。

（5）可在同一个报表内插入不同的图表对象。这些图表对象有时可能会相互重叠，除了拖动改变其位置之外，还可以决定图表的前后位置。选定需操作的图表，单击鼠标右键，在弹出的快捷菜单中，选择"对象置前"命令或"对象置后"命令，也可选择"对象打印"命令单独打印选定的图表，单击"清除"命令删除选定的图表。

12.6 报表模板

UFO报表为用户提供了不同行业的各种标准财务报表模板，用户也可以自己编制报表模板，如资产负债表、损益表（利润表或收益表）等。用户一般不用自己编制相关的报表，只需调出所需的报表模板进行修改即可。

会计知识：资产负债表、损益表

资产负债表是反映企业在某一特定日期（如月末、季末和年末等）财务状况的会计报表，也称为财务状况表，该表按月编制，对外报送，年度终了时还应编报年度资产负债表，内容包括企业所拥有或控制的资产、企业所负担的债务及偿债能力、所有者在该企业持有的权益和企业未来的财务形势和趋向。

资产=负债+所有者权益，这是资产负债表的理论依据。

通过资产负债表，可以了解企业的财务状况，分析企业的债务偿还能力，从而为未来的经济决策提供参考。

利润表又称为收益表或损益表，它是反映企业在一定会计期间（月份、季度和年度）经营成果的会计报表。利润是收入减费用的结果，结果为正，则表示盈利；结果为负，则表示亏损。

利润表有以下几个作用。
1. 了解企业的获利能力及利润的未来发展趋势。
2. 了解投资者投入资本的保值增值情况。
3. 分析与预测企业的长期偿债能力。
4. 考核管理人员的业绩。
5. 合理地分配经营成果。

12.6.1 调用报表模板

例12-1 调用资产负债表和利润表模板，对003账套进行取数。

（1）在"格式"状态下，选择"格式"菜单下的"报表模板"命令，系统弹出"报表模板"窗口，选择行业类型、所需的财务报表，然后单击"确认"按钮，如图12-33所示，系统将提示"模板格式将覆盖本表格式！是否继续？"。

（2）单击"是"按钮，原来表页的内容将全部丢失（此操作需慎重），表格式被新的财务报表所覆盖，如图12-34所示。

> **注** 如果在建账时选择的是"2007年新会计制度科目"，则在此应选择"2007年新会计制度科目"，否则取数会不正确，修改模板内的取数公式之后才能正确取数。

（3）修改完成之后，单击窗口左下角的"格式"按钮，将表页转换到"数据"状态。

（4）录入关键字。

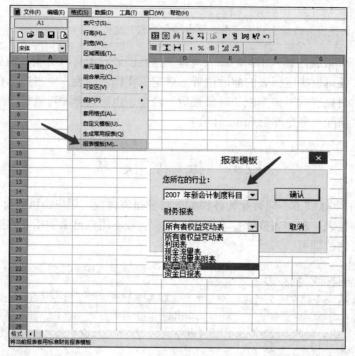

图 12-33

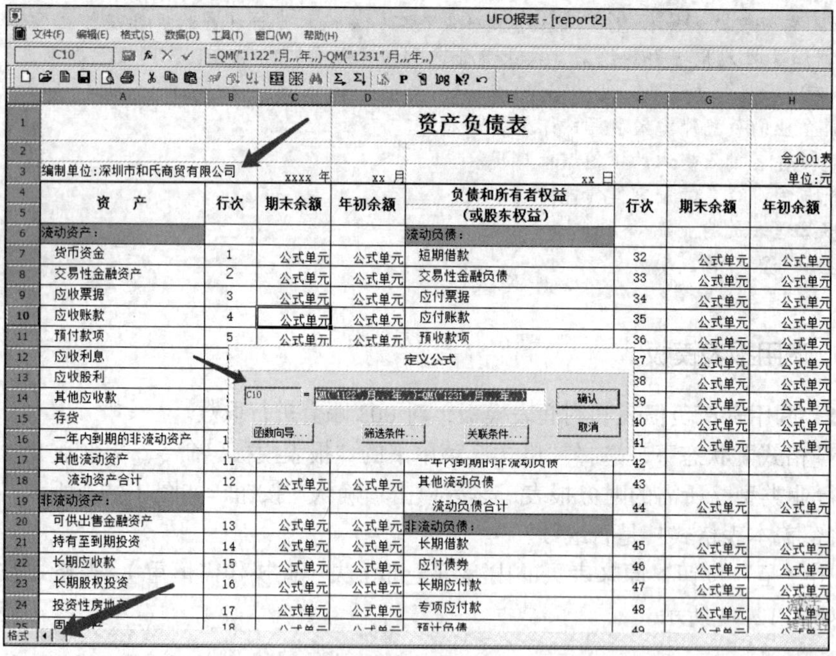

图 12-34

（5）关键字录入完成后，单击"确认"按钮，系统提示"是否重复第 1 页？"，单击"是"按钮，系统开始重算该表页，然后列出图 12-35 所示的重算结果。最后保存结果。

（6）利润表如图 12-36 所示。

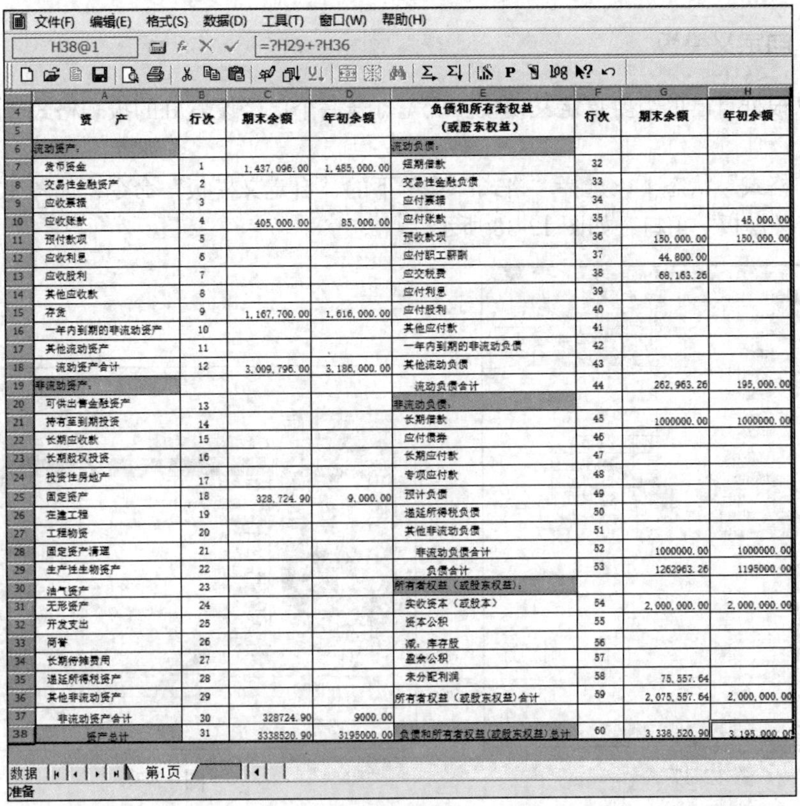

资　产	行次	期末余额	年初余额	负债和所有者权益（或股东权益）	行次	期末余额	年初余额
流动资产:				流动负债:			
货币资金	1	1,437,096.00	1,485,000.00	短期借款	32		
交易性金融资产	2			交易性金融负债	33		
应收票据	3			应付票据	34		
应收账款	4	405,000.00	85,000.00	应付账款	35		45,000.00
预付款项	5			预收款项	36	150,000.00	150,000.00
应收利息	6			应付职工薪酬	37	44,800.00	
应收股利	7			应交税费	38	68,163.26	
其他应收款	8			应付利息	39		
存货	9	1,167,700.00	1,616,000.00	应付股利	40		
一年内到期的非流动资产	10			其他应付款	41		
其他流动资产	11			一年内到期的非流动负债	42		
流动资产合计	12	3,009,796.00	3,186,000.00	其他流动负债	43		
非流动资产:				流动负债合计	44	262,963.26	195,000.00
可供出售金融资产	13			非流动负债:			
持有至到期投资	14			长期借款	45	1000000.00	1000000.00
长期应收款	15			应付债券	46		
长期股权投资	16			长期应付款	47		
投资性房地产	17			专项应付款	48		
固定资产	18	328,724.90	9,000.00	预计负债	49		
在建工程	19			递延所得税负债	50		
工程物资	20			其他非流动负债	51		
固定资产清理	21			非流动负债合计	52	1000000.00	1000000.00
生产性生物资产	22			负债合计	53	1262963.26	1195000.00
油气资产	23			所有者权益（或股东权益）:			
无形资产	24			实收资本（或股本）	54	2,000,000.00	2,000,000.00
开发支出	25			资本公积	55		
商誉	26			减：库存股	56		
长期待摊费用	27			盈余公积	57		
递延所得税资产	28			未分配利润	58	75,557.64	
其他非流动资产	29			所有者权益（或股东权益)合计	59	2,075,557.64	2,000,000.00
非流动资产合计	30	328724.90	9000.00				
资产总计	31	3338520.90	3195000.00	负债和所有者权益(或股东权益)总计	60	3,338,520.90	3,195,000.00

图 12-35

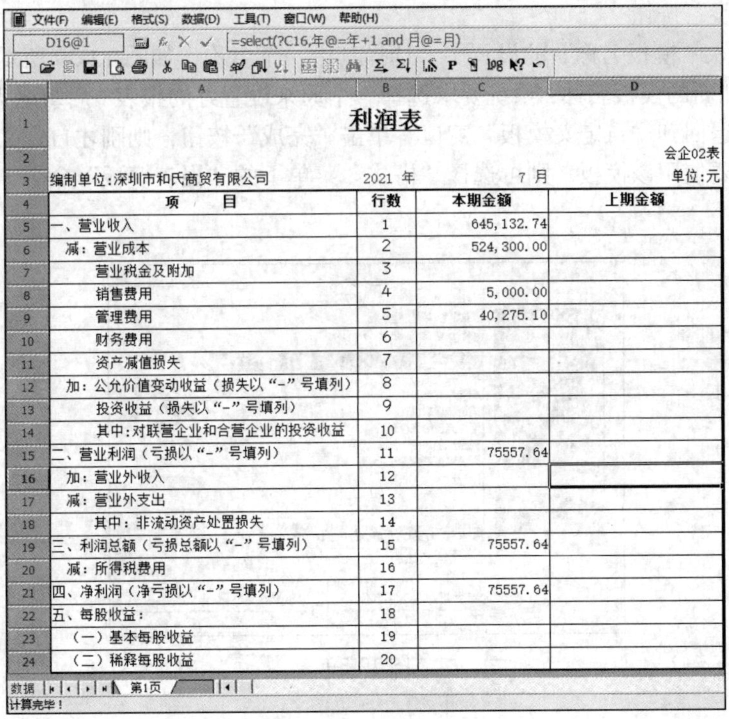

利润表

会企02表

编制单位:深圳市和氏商贸有限公司　　2021 年　　7 月　　单位:元

项　　目	行数	本期金额	上期金额
一、营业收入	1	645,132.74	
减：营业成本	2	524,300.00	
营业税金及附加	3		
销售费用	4	5,000.00	
管理费用	5	40,275.10	
财务费用	6		
资产减值损失	7		
加：公允价值变动收益（损失以“-”号填列）	8		
投资收益（损失以“-”号填列）	9		
其中:对联营企业和合营企业的投资收益	10		
二、营业利润（亏损以“-”号填列）	11	75557.64	
加：营业外收入	12		
减：营业外支出	13		
其中：非流动资产处置损失	14		
三、利润总额（亏损总额以“-”号填列）	15	75557.64	
减：所得税费用	16		
四、净利润（净亏损以“-”号填列）	17	75557.64	
五、每股收益:	18		
（一）基本每股收益	19		
（二）稀释每股收益	20		

图 12-36

12.6.2 自定义模板

用户可以根据自己的需要自定义模板。首先打开一个已经设置好的报表格式，然后开始自定义模板。

（1）在"格式"状态下，选择"格式"菜单下的"自定义模板"命令，如图12-37所示，系统弹出"自定义模板"窗口，如图12-38所示。

图12-37

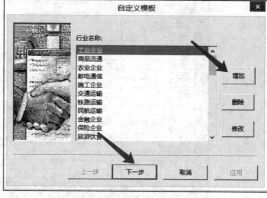

图12-38

（2）在"自定义模板"窗口中选择行业名称，也可单击"增加"按钮，增加新的行业名称，然后单击"下一步"按钮。

（3）此时进入"模板名称"的设置中，选择其中一个名称，如图12-39所示。如果单击"增加"按钮，则增加新的模板名称，系统要求选择一个原来设置好的报表（后缀名为 rep）。单击"取消"按钮，系统退回到"自定义模板"窗口。单击"完成"按钮，则刚才自定义的模板会被保存起来。如果以后要使用该模板，则可选择"格式"菜单下的"报表模板"命令，然后选定自定义的模板即可。

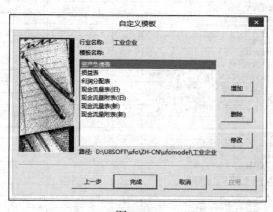

图12-39